R, K.

Renate Joesten

Stark wie der Tod ist die Liebe

Bericht von einem Abschied

BASTEI-LÜBBE-TASCHENBUCH
Band 61 147

1. Auflage 1989
2. + 3. Auflage 1990

© Copyright 1985 by Dieter Breitsohl AG
Literarische Agentur Zürich 1985
Alle deutschsprachigen Rechte: Kreuz Verlag, Stuttgart 1985
Lizenzausgabe: Gustav Lübbe Verlag GmbH, Bergisch Gladbach
Printed in Germany, Dezember 1990
Einbandgestaltung: Manfred Peters
Titelbild: Tony Stone
Satz: Fotosatz Schell, Bad Iburg
Druck und Bindung: Ebner Ulm
ISBN 3-404-61147-0

INHALT

WAS IST UNS ZUGEDACHT?

Es war ein strahlend schöner Morgen, sonnig und warm, wie es bei uns im Norden auch im Sommer nicht selbstverständlich ist. Es war Montag, der 24. August 1981.

Ich liebte den Montagmorgen nach einem ausgefüllten Wochenende an dem wir Gäste hatten und im Garten arbeiteten, einen Weg anlegten oder ein Gemüsebeet, an dem wir planten und diskutierten oder die Beine hochlegten und einen ganzen Abend fernsahen. Montags räumte ich alles wieder auf, putzte, fegte und wusch. Die Hausarbeit machte mir nichts aus, sie mußte erledigt werden, und lieber tat ich sie, wenn es sich lohnte.

Heute war alles anders. Ich erwartete seinen Anruf. Eigentlich war ich es gewohnt, allein zu sein, und von seinen Geschäftsreisen rief er häufig an: Wenn er in irgendeinem fernen Hotel ins Bett ging, wünschte er mir »Gute Nacht«, gleichgültig ob es elf oder drei Uhr war. Das Telefon stand neben meinem Bett, im Schlaf hob ich den Hörer ab und vernahm seine warme, tiefe Stimme. Morgens wußte ich manchmal nicht mit Sicherheit, ob er angerufen hatte oder nicht, bis mir eine Einzelheit, die er erzählt hatte, wieder einfiel.

Heute erwartete ich seinen Anruf aus dem Krankenhaus. Freitag hatten die Laborwerte vorliegen sollen, spätestens Montag. Ich hantierte mit dem Staubsauger, dem Geschirr in der Küche, brach ab, bevor ich fertig war. Ich sah in den Garten hinaus: die Kastanie mit den großen dunklen Blättern, der frisch gemähte Rasen, auf der Terrasse standen Geranien in Steinguttöpfen. Ich liebte unser Haus, den Garten, wir hatten uns mit soviel Hingabe, mit soviel Arbeit und auch Entbehrungen das geschaffen, was wir als unser kleines Paradies empfanden. Immer weniger entfernte ich mich vom Telefon. Ich war so aufgeregt, daß ich fast nicht mehr denken konnte.

Seit Mittwoch lag Manfred im Universitätskrankenhaus Eppendorf. Die Untersuchung war zunächst ambulant vorgenommen worden, aber sie war mißglückt, das Ergebnis gab keinen Aufschluß. Deshalb sollte noch einmal eine Gewebeprobe entnommen werden, diesmal unter Narkose.

Manfred war ein Mann, der nicht zum Arzt ging. Wenn er Beschwerden hatte, wurde der Betriebsarzt auf dem Flur, im Vorübergehen, zwischen zwei wichtigen Terminen konsultiert; oder er stellte meinem Vater — er ist Arzt —, wenn die Familien zusammenkamen, nach dem Essen einige Fragen. Lieber schluckte er ein paar Tabletten mehr, als sich die Zeit zu einer Untersuchung zu nehmen. Aber die Schmerzen waren unerträglich geworden. Sie gingen vom Rücken aus und zogen ins linke Bein. »Es ist kein Wunder, wenn einer Ischias bekommt, der in der Woche am Schreibtisch oder im Auto sitzt, von Konferenztisch zu Konferenztisch hastet, immer in höchster Anspannung, immer unter Zeitdruck, und am Wochenende Kleinpflaster und alte Eisenbahnschwellen im Garten verlegt«, dachten wir uns. Und die

Spritzen, die der Betriebsarzt dagegen gab, halfen recht gut, wenigstens bis zu den Sommerferien.

Im Urlaub aber war es immer stärker geworden. Nachts konnte er vor Schmerzen oft nicht schlafen und wanderte in der Wohnung umher. Ich merkte nicht viel davon. Die Tage waren lang und ausgefüllt, schon vor dem Frühstück gingen wir schwimmen. Das tat uns gut und machte ordentlich Hunger, denn der See war kalt von der Nacht. Wir genossen danach den heißen Tee und das italienische Weißbrot auf der Terrasse. Um diese Zeit war die Luft noch frisch, die Sonne noch hinter den großen Eßkastanien am Hang. Später, wenn die Kinder schon mit großen Badetaschen zum Strand zu den anderen aufgebrochen waren, Obst und Kuchen im Gepäck, legten wir uns gemeinsam in die Sonne, lasen, liebten uns, holten ein wenig Schlaf nach, tranken einen Campari mit Orangensaft. Oder wir fuhren zum Einkaufen nach Porto Valtravaglia. Meist aber beeilten wir uns, noch vor der Mittagspause nach Caldè zu kommen, um das Boot aus der Halle zu holen. In früheren Jahren hatten wir das nie ohne unsere Kinder Stephanie und Alexander getan, jetzt aber zogen sie es schon vor, sich zum Wasserskilaufen am Strand abholen zu lassen, der Freunde, die sie jedes Jahr wiedertrafen, und der Show wegen. Uns machte es Spaß, diesen Abnabelungsprozeß zu beobachten. Wir waren glücklich zu zweit. Ich hatte noch nicht viel über das Alter nachgedacht. Es war noch fern. Zum ersten Mal aber spürte ich, daß es wunderschön sein würde, zusammen ganz langsam älter zu werden. Wir liebten uns sehr. Wir konnten gut miteinander sprechen. Wir freuten uns, zusammen zu sein. Wir tanzten gern, wir saßen am Lagerfeuer, wir hörten Telemann und Belafonte. Wir fuhren nie in die Ferienwohnung ohne einen Stapel Langspielplatten im randvollen Kofferraum.

Im eiskalten Wasser der Maggia ließen die Schmerzen ein wenig nach. Das machte ihn nachdenklich, aber er sprach nicht viel darüber, und ich war arglos. Nur einmal sagte er etwas Merkwürdiges, was wie ein flüchtiger Blick in den Abgrund erschien. Es war nach einem sonnendurchglühten Tag auf dem Boot, an dem das Schwimmen mitten im See und das Wasserskilaufen entlang den bewaldeten Gebirgsufern des Lago Maggiore uns köstlich erfrischt hatte. Wir kehrten erschöpft im »Terrazzino« in Porto ein, um unseren Eiskaffee zu genießen. Seine Haare waren wieder ganz blond und gelockt von Sonne und Wasser, sein Gesicht leuchtete kupferrot. Wir warfen einen neugierigen Blick in das elegante Modestübchen nebenan. Die Besitzerin kannte uns. Zwei Tage zuvor hatte Manfred mir einen engen Badeanzug gekauft, großzügig im Muster, exotisch in den Farben. Ich liebte diese Farben, sie paßten zu meinem dunklen Haar und der gebräunten Haut. Und er liebte mich darin. Sie zeigte uns ein schulterfreies Kleid, fast giftig grün, brombeerfarben abgesetzt. »Non è interesssata – Sie sind nicht zufällig daran interessiert – es sind nur noch zwei, un'occasione.« Ich dachte ans Geld und zog es trotzdem an. Er war hingerissen. Es fiel in lockeren Wellen herab, schmal und doch weit, ungefüttert, mit Seitenschlitzen bis über das Knie. Er schenkte es mir. Als wir in unsere Ferienwohnung zurückkamen, fiel ich ihm um den Hals, küßte ihn und freute mich über das schöne Kleid. Lächelnd und gleichzeitig ernst sagte er: »Wir tun einfach so, als könnten wir immer so leben.« Ich öffnete die Tür, als hätte ich die Bedeutung dieser Aussage, die Sorge, die darin lag, überhört. Aber ich spürte einen schneidenden Schmerz.

Die Rückreise unterbrachen wir in München. Zwar war das ein Umweg für uns, aber es sollte ein Fest geben: Meine Schwester Petra, die zehn Jahre jünger ist als ich, hatte vor kurzem ihr Referendarexamen bestanden. Darüber hinaus hatte sie zusammen mit ihrem Freund Wolfgang eine gemeinsame Wohnung bezogen, die eingeweiht werden sollte.

Manfred liebte München und fand sich noch ganz gut zurecht, obwohl die Zeit, als er hier studiert hatte, schon lange zurücklag. Das Haus stand ganz in der Nähe des Nymphenburger Schlosses, dort wo die Allee in spitzem Winkel auf den Kanal zuläuft. Es hatte einen feuchten kleinen Vorgarten und eine einfachere Fassade als die Nachbarhäuser. Gegenüber war ein Park mit riesigen alten Bäumen.

Petra lief uns fröhlich entgegen. Der Druck war von ihr abgefallen, sie war entspannt und unbeschwert. Das schwere Examen war bestanden, und Wolfgang hatte sie liebevoll betreut.

Manfred hatte Schmerzen im Rücken. Er war unruhig und ein wenig nervös. Er versuchte, es sich nicht anmerken zu lassen. Wir stiegen die hölzernen Treppen hinauf. Von der dritten Etage an verringerte sich die Stufenhöhe, denn die Zimmerdecken waren hier nicht mehr so hoch. Die Wohnung war geräumig und einladend. Zwar standen hier und da noch Koffer und Pappkartons herum, denn es fehlten noch Schränke und Einbauten, aber das verlockte zum Planen. In der großen Küche war schon das Kalte Buffet vorbereitet.

Es wurde ein sehr geselliger Abend. Sogar unser Bruder Matthias war per Anhalter aus Heidelberg gekommen. Er studierte dort Medizin. Wir standen in Grüppchen herum, unterhielten uns, lachten und aßen. Ich wurde bewundert wegen unserer großen Kinder und bekam Komplimente. Unter den Gästen war eine junge Frau, die ihr zweites Kind erwartete. Sie war groß und sah wunderschön aus mit ihrem runden Bauch. Aber sie war sich dessen nicht bewußt. Sie war unsicher zwischen den anderen, die sich über Professoren, Klausuren und Themen des Studiums unterhielten, Erfahrungen austauschten und Berufspläne schmiedeten. Sie konnte nicht mitreden und fühlte sich ausgeschlossen. Ich konnte sie gut verstehen. Ich war in der gleichen Lage gewesen.

Auf einer Party hatte mich einmal jemand ungläubig gefragt: »Haben Sie denn nicht das Gefühl, daß das Leben an Ihnen vorüberrauscht, ohne daß Sie einen Anteil daran hätten?« Zwar liebte ich meine Kinder sehr und beschäftigte mich gern mit ihnen, aber dennoch traf mich diese Frage. War es nicht wirklich so, daß in den Büros, den Universitäten, den Agenturen das Leben prickelte und pulsierte, große Entscheidungen gefällt, Leistungen vollbracht, Ideen entwickelt wurden, während ich mit Malstiften, Knetmasse und Bauklötzen umging? Ich gestand es dem fremden Partygast nicht ein, aber dies war ein Punkt, der mich zur Verzweiflung brachte. Ich sehnte mich nach einer Beschäftigung, die mir Anerkennung und Bewunderung eintrug, je sensationeller, desto besser. Vor allem mußte ich studieren, um meinem Anspruch gerecht zu werden. Ich beneidete Manfred um sein Wissen, das er an der Universität erworben hatte, um all die Höhen und Tiefen, in denen er sich selbst erfahren hatte in dieser Zeit. Er hatte seinen Weg gefunden. Er vertrat und begründete seine Meinung, stimmte seine Gesprächspartner nachdenklich. Ich war unsicher, kam mir schwach und minderwertig vor. Was hatte ich schon zu bieten, wenn unsere niedlichen kleinen Kinder nicht bei mir waren? Was konnte ich Manfred geben außer meiner Jugend, meiner Liebe? Ich war beim Abitur stehengeblieben. Wie lange konnte man davon zehren?

Irgendwann, im Laufe eines langen Prozesses, erhob ich mich aus der Schwere und erkannte, daß Manfred in mir immer die gleichwertige Partnerin sah und nie begriff, weshalb ich mich so schwach und unterlegen fühlte. Schließlich erkannte ich, daß ich es war, die das Gleichgewicht wiederherstellen mußte, nicht er. Diese Erkenntnis leitete den wichtigsten Prozeß in meiner Entwicklung: den Weg in die Eigenständigkeit. Der Wechsel aus der Abhängigkeit des Elternhauses in die frühe Ehe und Mutterrolle hatte mir zeitweise den Blick für diesen Weg verstellt.

Ich führte ein langes Gespräch mit der jungen Frau. Ich erzählte ihr von der Beglückung, die ich beim Anblick unserer Kinder empfand, von der Liebe, die sie uns gaben, und von der Lebendigkeit eines Tages, an dem wir mit unseren Kindern die verheißungsvolle Ruhe eines Waldtümpels, die Verlockung eines Rodelberges oder die Geheimnisse einer Lateinübersetzung wiederentdeckten; wie fade manch andere Beschäftigung mir schien gegen das Wunder, Leben zu geben und bei dessen Gestaltung und Entwicklung mitzuhelfen. Ich sah, wie froh sie wurde.

Als wir wieder in Hamburg waren, veranlaßte mein Vater zunächst eine Röntgenuntersuchung der Lendenwirbelsäule. Sie gab keinen Aufschluß über die Ursache der Schmerzen. »Bist du einmal zu einer Vorsorgeuntersuchung gewesen?« fragte er Manfred. Nein, er war es nicht. Beim Gehen humpelte er leicht.

Seine Aufgabe im Betrieb ergriff wieder Besitz von ihm. Er hatte vor eineinhalb Jahren als Personalleiter zu diesem mittelständischen Unternehmen gewechselt, nachdem er vierzehn Jahre in einem Großkonzern beschäftigt gewesen war. Er war es leid, seine Entscheidungen immer mit der Konzernleitung im Ausland abstimmen zu müssen, seine Marschroute fernsteuern zu lassen. Ihn störte die Schwerfälligkeit der Organisation. Er wollte vorn an der Spitze stehen.

Die neue Firma war ein expansives, international tätiges, konzernungebundenes Industrieunternehmen. Die Unternehmensleitung wünschte eine moderne Organisations- und Führungsstruktur. Für ihn als neuen Personalleiter gab es viele Probleme. Stellenweise schaute noch die eingefahrene Struktur des alten Familienunternehmens durch und stand Neuerungen schwerfällig gegenüber. Mancher Meister, der schon seine Lehre im Unternehmen gemacht hatte und schließlich in eine Führungsposition hineingewachsen war, kämpfte verbissen um sein Terrain. Maßnahmen, die schon immer so gehandhabt wurden, waren deshalb gut. Distanz bestand zum Vorstand, gebildet aus zwei Akademikern, wenn nicht gar Argwohn. Sie waren schließlich nicht von der Pike auf dabeigewesen. Die Führungsmannschaft fand in manchen Fragen nicht zur Einigkeit.

Es galt, behutsam Bereitschaft zum Gespräch und zum Wandel zu wecken, die Zusammenarbeit in allen Führungsebenen zu verbessern und das Verständnis untereinander zu fördern. Mißverständnisse und Vorurteile mußten abgebaut werden. Das brauchte lange, intensive, oft sehr mühsame Gespräche. Manfred war dem Vorstand direkt unterstellt, hatte teil an unternehmerischen Entscheidungen und arbeitete an deren Verwirklichung. Er hatte Freude daran. Das hatte er gesucht. Aber immer standen die Menschen, die es betraf, im Mittelpunkt. Mit Ausdauer und Durchsetzungskraft bemühte er sich, das Vertrauen der Belegschaft und ihrer Vertreter zu erwerben. Das war auch für ihn schwierig, der Persönlichkeit und natürliche Autorität ausstrahlte. Das neue Betriebsverfassungsgesetz wurde manchmal als Kampfregel zweier Mannschaften ausgelegt, die sich gegenseitig überlisten und übervorteilen sollten. Er kämpfte darum, daß beide Seiten ihre gegenseitige Abhängigkeit und ihre gemeinsame Stärke erkannten.

Abends kam er spät nach Hause. Gewöhnlich rechnete ich nicht vor acht mit ihm, oft wurde es später. In den ersten Jahren unserer Ehe kämpfte ich noch dagegen. Die Kinder waren klein und sahen ihren Vater nur morgens, wenn er in aller Eile seinen Tee trank und beim Überziehen des Jacketts von dem Toast abbiß, den ich ihm in den Mund steckte. Als Stephanie in die Schule kam, führte ich wenigstens das gemeinsame Frühstück ein, mit Tischdecke, Blumen und Yoghurt. Aber es war nicht zu ändern, daß er abends spät nach Hause kam. Widerstrebend gewöhnte ich mich daran. Wenn er kam, war er müde und abgespannt. Nicht selten legte er sich nach dem Abendbrot auf das Sofa und schlief ein, oder er schaltete den Fernseher an. Ich war wütend und enttäuscht. So hatte ich mir das Leben, das Zusammenleben, die Ehe nicht vorgestellt. Ich war den ganzen Tag mit den Kindern beschäftigt — waschen, anziehen, Nase putzen, hinterherräumen —, wischte und kochte und wurde nie fertig. Ich sehnte mich nach dem Abend, nach liebevoller Zweisamkeit und geistiger Auseinandersetzung, um darin eine Rechtfertigung zu finden für mein Tun.

Als ich Manfred kennenlernte, stand ich kurz vor dem Abitur. Ich hatte kein festes Berufsziel vor Augen, aber ich wollte lernen und verstehen. Es gab vieles, womit ich mich beschäftigen wollte, ich hatte große Fragen und suchte Zusammenhänge. Er verliebte sich wohl in mich, weil ich selbstsicher schien und doch so unfertig, so voller Fragen und offen für verschlungene Antworten war, romantisch und ernst, und weil ich so gut tanzen konnte, temperamentvoll oder leicht und anschmiegsam. Es war die Zeit der Beatles mit »Can't buy me love« und »I want to hold your hand«. Auch Elvis war noch dabei und manchmal ein Twist. Ich trug Pfennigabsätze und Hochfrisur.

Es schmeichelte mir, daß er Feuer gefangen hatte, denn er war zehn Jahre älter als ich, hatte sein Studium abgeschlossen und arbeitete schon. Er war Psychologe. Wir konnten stundenlang über Atheismus und Existentialismus diskutieren, uns mit Rilke oder Ibsen beschäftigen, wenn wir abends in meinem Zimmer saßen. Wir konnten auch schweigend im Auto über einsame Landstraßen fahren und es genießen, zusammenzusein. Brachliegende, abgeerntete Felder, durch Knicks getrennt, feuchte Erde, Herbstwälder, deren Farben schon verblichen, deren Blätter teilweise abgeworfen waren, zuogen an uns vorbei. Wir genossen die wechselnden Ausblicke. Wir kannten uns noch nicht lange und hatten uns noch nicht viel zu erzählen, aber wir waren glücklich. Wir machten noch keine Pläne. Wir erwarteten die Zukunft ganz ruhig. Wir hatten Zeit, sich alles entwickeln zu lassen. Manfred legte seine Arme um mich, und ich fühlte mich so wohl und geborgen. Er zerdrückte mich fast vor Glück, als ich ihm endlich sagte: »Ich liebe dich.«

Manfred nahm sich nach jedem Urlaub vor, von jetzt ab weniger zu arbeiten. Aber in der Firma war viel für ihn liegengeblieben, während wir am Lago waren.

Wir versuchten die Urlaubsstimmung noch ein wenig in den Alltag hinüberzuretten. Stephanie und Alexander hatten noch zwei Wochen Ferien, und das Wetter war hochsommerlich. Bevor er morgens ins Auto stieg, machten wir einen kleinen Rundgang durch den Garten. Dann erst brachte ich ihn zur Garage. Wir umarmten und küßten uns, und ich winkte ihm nach, bis er um die Ecke fuhr.

Am Sonnabend waren wir bei Freunden zum Essen eingeladen. Es war ein warmer, fast schwüler Abend. Der Tisch war sommerlich-üppig auf der Terrasse gedeckt und von einer großen Markise überspannt. Manfred sah blendend aus in seinem wildseidenen Jackett und der dunkelblauen Leinenhose, braungebrannt und entspannt. Ich strahlte vor Glück und Stolz und Liebe. »Sie werden immer schöner«, sagte die Gastgeberin zu mir. Ich war gerade 36 Jahre alt. Wir führten interessante und anregende Gespräche, lachten und erzählten. Manfred berichtete auch von seiner Beeinträchtigung durch die Rückenschmerzen. »Sie sollten sich zu einer gründlichen Untersuchung entschließen«, wurde ihm geraten.

Erst als Manfred am Montagabend aus der Firma nach Hause kam, erzählte er mir, daß er morgens beim Arzt gewesen war. Die Schmerzen waren inzwischen unerträglich geworden. Jede Nacht suchte er in der Badewanne Entspannung.

Der praktische Arzt schickte ihn sofort zum Urologen. Wir kannten ihn von Elternabenden und Schulfesten her, denn sein Sohn ging in dieselbe Klasse wie unser. Er untersuchte Manfred sehr gründlich, nahm ihm Blut ab und machte ein bedenkliches Gesicht.

Ich spürte Manfreds Beunruhigung an der Art, wie er mir von diesem Besuch berichtete. Der Arzt hatte ihm ein starkes Schmerzmittel gegeben. Manfred befürchtete, daß eine undeutliche Ahnung sich bestätigte. Es war noch vor unserer Verlobung, daß er mir sagte: »Ich glaube, ich werde nicht alt.« Als ich damals nachfragte, winkte er ab: »Ach, es ist nur so ein Gefühl.« Als er aber am nächsten Tag bei Dr. Timm anrief, um das Untersuchungsergebnis zu hören, hieß es: »Die Untersuchung ist mißglückt, wir müssen sie wiederholen.« Er sah mich einen Augenblick lang an und sagte dann: »Das glaube ich nicht! Ich vermute, daß das Ergebnis sehr schlecht ist und Dr. Timm es nicht wahrhaben will.« Er fuhr zu ihm, um sich ein zweites Mal Blut abnehmen zu lassen.

Am folgenden Vormittag rief der Urologe mich aufgeregt an. Er wollte dringend mit Manfred sprechen, konnte ihn in der Firma aber nicht erreichen. Wir sollten beide zusammen sofort in seine Praxis kommen, um das Untersuchungsergebnis zu besprechen. Noch heute sollte er ins Krankenhaus. Mir zitterten die Hände, als ich Manfreds Nummer wählte. Ich ließ ihn im ganzen Haus suchen. Er kam sofort. Wir sahen uns schweigend an und fielen uns in die Arme. Wir sagten kein Wort.

Dr. Timm wartete auf uns, die Sprechstunde war schon vorüber. Er erklärte uns, daß das Blutergebnis sehr schlecht ausgefallen sei. Drei Ursachen kämen dafür in Frage: eine chronische Blasenentzündung, eine Entzündung der Prostata oder ein Tumor. Zur Abklärung seien weitere Untersuchungen nötig. Er habe mit dem Professor schon gesprochen.

Hitze stieg schmerzend in mir hoch, ich mußte mich an den Stuhllehnen festhalten. Nur die Hände waren eiskalt. Der Hals war wie zugeschnürt, das Gesicht erstarrt. Ich fühlte Tränen aufsteigen. Unverwandt starrte ich auf einen Punkt an der Wand und konzentrierte mich darauf, die Tränen niederzukämpfen. Wir saßen ganz ruhig, Manfred und ich, dem schmächtigen Mann hinter dem Schreibtisch gegenüber und sahen uns nicht an. Ich hätte gern seine große, warme Hand ergriffen, sie hilfeschreiend an mich gepreßt und jede Fingerspitze geküßt. Ich wäre in meinen Tränen ertrunken. »Ich bin es nicht, die Schmerzen hat«, dachte ich, »ich will keine Szene machen, ich muß klar zu denken versuchen!«

Bilder von bunten Blumenwiesen hingen an den Wänden des Sprechzimmers. Sie waren so farbenfroh und so fremd. Sie strahlten pralles Werden und Lebensfreude aus. Daneben war das Leuchtfenster für Röntgenbilder. Der Arzt erklärte uns Einzelheiten des vorläufigen Befundes. Endlich fragte ich ihn zaghaft: »Wenn sich der Verdacht auf einen Tumor bestätigt, gibt es dann eine Chance?«

»Natürlich«, antwortete er mit ruhiger Stimme, »man kann operieren, bestrahlen, medikamentös behandeln. Aber wir wollen erst einmal die weiteren Ergebnisse abwarten.« Ich beobachtete, wie sein Schnauzbärtchen leicht vibrierte.

Nachmittags fuhren wir zusammen ins Universitätskrankenhaus. Am nächsten Morgen sollte eine Gewebeprobe aus der Prostata entnommen werden. Wenn es nur kein Tumor war! Weinend, schluchzend ließ ich Manfred im Krankenzimmer zurück.

Zu Hause warf ich mich erschöpft auf die Terrassenliege. »Wenn es nur kein Tumor ist! Wenn es nur kein Tumor ist! Oh, Gott im Himmel, hilf!« Mir war, als sollte ich an meiner Angst ersticken. Mein Inneres zog sich krampfartig zusammen. Schluchzend, stöhnend warf ich mich auf der Liege herum, bis ich völlig ermattet liegenblieb. »Oh, Gott im Himmel, wenn es nur kein Tumor ist!«

Langsam senkte sich Ruhe über mich, andere

Gedanken traten in den Vordergrund. Was sollte ich den Kindern sagen, wenn sie nachher vom Sport zurückkamen? Welche Einstellung sollte ich einnehmen, um ihr Kommen und die nächsten Tage überhaupt zu überstehen? Ob Dr. Timm vielleicht ein wenig vorschnell war, Ob er vielleicht übervorsichtig und überbesorgt war, gerade weil wir uns kannten? Und kamen nicht auch Laborfehler vor? Es war nur eine von drei Möglichkeiten! Manfred klagte schon länger über Beschwerden beim Wasserlassen: War da nicht eine chronische Blasenentzündung viel wahrscheinlicher?

Ich lag noch immer auf der Terrasse, aber sie erschien mir wie ein morsches Floß auf wildem Wasser: Alles war ins Schwanken geraten. Ich war verwirrt und fand nichts, woran ich mich klammern konnte. Aber ich mußte mich fassen. Irgendwie mußte ich mich in den Griff bekommen.

Ich rief meine Freundin Anke an. Ich sagte nur wenige Sätze. Sie stieg sofort ins Auto, und zehn Minuten später war sie bei mir. Sie umarmte mich lange und hörte mir zu. Während wir sprachen, versuchte ich, meine Gedanken zu ordnen und die Angst niederzukämpfen. Ich wollte nicht mehr weinen. Es war doch nur ein Verdacht!

Nacheinander kamen die Kinder nach Hause. Ich beobachtete, wie sie die Fahrräder in die Garage stellten und ihren Freunden fröhlich zuwinkten. Ich empfand Freude bei ihrem Anblick. Ich beschloß, sie nicht zu beunruhigen, und wenn es auch nur wäre, um mir ihren frohen, beglückenden Anblick zu erhalten.

Erst als sie schlafen gegangen waren, war ich wieder allein. Verzweiflung stürzte sich über mich wie ein zerberstendes Dach. Ich war unfähig, etwas anderes zu denken als: »Wenn es ein Tumor ist —« Dieser abgebrochene Satz schwirrte in meinem Kopf herum wie Hunderte von Hitchcock-Vögeln, ich konnte mich ihrer nicht erwehren, denn sie hackten von innen. Ich starrte auf diese eine Formel wie das Kaninchen auf die Schlange: Ich war gelähmt vor Angst.

Am nächsten Morgen spürte ich eine Distanz, eine Fremdheit zwischen mir und allem, was mich umgab. Der Frohsinn, die Liebe der Kinder waren das einzige, was mich wirklich erreichte. Ein Wort, ein Verdacht nur, hatte alles verändert.

Ich bemühte mich, Hausarbeiten zu erledigen, aber es fiel mir schwer. Ich brach immer wieder mittendrin ab, als hätte ich die Sinnlosigkeit meines Tuns erkannt. Ich begann mit einer neuen Aufgabe und fand mich aus dem Fenster starrend, als hätte ich den Faden verloren. Was war dies für eine Situation, in der wir uns befanden? Was kam auf uns zu? Was war uns zugedacht? Ich weinte und weinte. Nachmittags holte ich Manfred aus dem Krankenhaus ab. Er saß auf einer Bank zwischen blühenden Büschen in der Sonne. Ich entdeckte ihn erst, als er aufstand und mir zögernd einen Schritt entgegenkam. Er sah sehr ernst aus und lächelte kaum. Ich sah, daß er Schmerzen hatte. Was mochte er wohl durchgemacht haben in dieser Nacht?

Wir fielen uns weinend in die Arme. Ich zitterte so, daß ich befürchtete, mir würden die Knie versagen. Ich schmiegte mich an ihn, und er streichelte mein Haar. Er kam mir so groß vor, größer noch als sonst, und stark, und doch so in Gefahr. Ich wußte nicht, wie ich das begreifen sollte.

Ich war mit seinem Wagen gekommen, und er

setzte sich ans Steuer. Auf vierspurigen Straßen wälzte sich der Feierabendverkehr stadtauswärts. Die Lüftung blies warme, abgasgeschwängerte Luft in den Innenraum. Ich stellte keine Fragen. Die Angst hatte mich sprachlos gemacht. Auch Manfred blieb beim Reden an der Oberfläche. Ich erfuhr von freundlichen Schwestern, dem eindrucksvollen, vertrauenerweckenden Professor und der Untersuchung.

Wir fuhren nicht gleich nach Hause, sondern machten einen kleinen Spaziergang. Im Wald war es kühl und schattig, über den Weg zogen sich Baumwurzeln. Manfred versuchte, mir zu verbergen, daß es ihm Schmerzen bereitete, den Fuß darüber zu heben. Ich tat, als bemerkte ich es nicht. So gingen wir Arm in Arm und sprachen nicht viel. Wir stellten keine Spekulationen an. Wir wußten, daß wir abwarten mußten, wie das Ergebnis ausfiel. Wir wollten nur zusammensein, dem gewohnten Alltag um uns herum für ein paar Minuten entfliehen.

Es waren nicht viele Minuten: Die Schmerzen nahmen heftig zu. Wir stiegen ins Auto und fuhren in die Praxis des Urologen, der Manfred sofort eine Spritze gab. Dr. Timm bot ihm an, ihn an den folgenden Tagen morgens vor den Sprechstunden zu besuchen, um ihm mit der Spritze das Aufstehen zu erleichtern. Wir waren sehr dankbar für diese Hilfsbereitschaft. Abends machten wir einen kleinen Spaziergang zum Haus des Arztes, wo er ihm eine weitere Spritze gab.

Herr Conrad, Manfreds Vorgesetzter, besuchte uns gleich am nächsten Vormittag. Er schenkte mir einen bezaubernden Blumenstrauß und begrüßte Manfred kameradschaftlich. Von seinen Worten ging eine wohltuende Sachlichkeit und Nüchternheit aus, die die Angelegenheit aus der vitalen Verunsicherung in ein berechenbares Verhandlungsrisiko zu rücken versuchte. Er ermunterte uns, erst einmal die anstehenden Untersuchungen durchzustehen, die Ergebnisse zu sondieren und keine Angst vor ihnen zu haben, denn sie seien nötig, um die richtigen Entscheidungen für das weitere Vorgehen zu treffen. Er nahm sich viel Zeit für uns. Er berichtete Manfred von den Vorgängen im Betrieb, damit keine Informationslücken entstünden, und weihte ihn in Pläne ein. Dieses Verhalten setzte voraus, daß es sich um eine vorübergehende Störung der Einsatzfähigkeit handelte. »Es ist ja noch lange nicht alles verloren! Manfred wird sich seinen Aufgaben wieder uneingeschränkt widmen können, wenn dies erst einmal alles vorüber ist!« redete ich mir ein.

Abends waren wir mit einem Kreis von Freunden und Bekannten in einer Weinstube verabredet. Manfred ließ sich vorher von seinem Arzt die Schmerzspritze geben. Ich zog ein schönes Kleid an, denn ich wollte mich für ihn schmücken, und die anderen sollten von unserer schweren Belastung nichts merken. Wir hatten keine Lust, darüber zu sprechen, und es war ja noch alles offen. Sie saßen schon alle in einer gemütlichen Ecke an einem Holztisch und beugten sich über die Speisekarten. Ich sagte bei der Begrüßung »Auf Wiedersehen« und verwechselte die Namen. Mit einem Lächeln versuchte ich, meine Zerstreutheit und Verwirrung zu vertuschen. Bernd war der einzige, der Bescheid wußte. Er musterte mich besorgt. Er war allein gekommen, denn Barbara, seine Frau, lag mit Fieber im Bett. Als wir aufbrachen und uns noch plaudernd ein wenig in den Weinregalen umschauten, kaufte Manfred ein Sektfläschchen und gab es Bernd für Barbara mit. Es waren die kleinen Gesten, die anderen nicht einfielen.

Die Spritzen linderten die Schmerzen zeitweise, aber wenn ihre Wirkung nachließ, litt Manfred schwere Qualen. Es war jetzt jede Nacht, daß er stöhnend erwachte und vom heißen Wasser der Badewanne Entspannung erhoffte. Wenn ich aufwachte, setzte ich mich still auf den Wannenrand, um ihm Gesellschaft zu leisten und ihn zu betrachten. Wie war es nur möglich, daß dieser Mann, muskulös und kraftvoll, unversehrt und unverletzlich scheinend, solche Schmerzen litt? Was ging in diesem Körper vor? War dort Zerstörung am Werk?

Die Angst zerriß mich wieder und wieder, Verzweiflung und Hoffnungslosigkeit überfielen mich. Aber wenn ich ihn sah, wenn ich in seiner Nähe war, glätteten sich die Wogen. Denn sein Anblick, seine Wärme und seine Kraft widersprachen den Befürchtungen. Wenn nur der Schein nicht trog!

Mit beinahe unerträglicher Spannung erwarteten wir das Untersuchungsergebnis aus Eppendorf. Aber auch zur Erhärtung des Verdachts auf Blasenentzündung waren Untersuchungen vorgenommen worden. Im Bundeswehrkrankenhaus hatten sie Bakterienkulturen zur Abklärung des Erregers angelegt.

Schmerzen und Angst begleiteten uns durch das Wochenende. Fast körperlich spürte ich die Überspannung der Nerven. Wir umarmten uns, klammerten uns aneinander, stürzten ineinander in liebevoller Verzweiflung. »Gott im Himmel, steh uns bei! Laß uns nicht stürzen aus höchstem Glück!« Gegenseitig versuchten wir, uns zu beruhigen. Freunde aus der Nachbarschaft luden uns zur Ablenkung zum Grillen ein. Die Unbefangenheit und Lebhaftigkeit der zahlreichen Kinder verhalf mir Augenblicke lang zu der Illusion, daß alles in Ordnung sei. Manfred erzählte von unserem Urlaub, wir lachten und genossen das kräftige Essen. Aber die Rückenschmerzen verschlimmerten sich schnell. Manfred entschuldigte sich für seinen vorzeitigen Aufbruch, er müsse sich hinlegen. Er bat die Kinder und mich, noch zu bleiben, aber ich folgte ihm bald. Er lag im Bett und las in der Zeitung.

Montagnachmittag fuhren wir zusammen ins Krankenhaus, um uns das Ergebnis erläutern zu lassen. Wir saßen in einem Krankenzimmer und erwarteten den Professor. Mir war, als sollten wir auf einem Seil tanzen: Mußten wir abstürzen, oder konnten wir uns halten? Freundlich und mit offensichtlichem Bedauern erklärte der Professor uns, daß der Eingriff mißglückt sei und er kein verwertbares Ergebnis erhalten habe. Es sei kein Prostatagewebe gewesen, was man untersucht habe, und der Eingriff müsse stationär und unter Narkose wiederholt werden. Am folgenden Nachmittag sollten wir wiederkommen. Wir hielten den Atem an.

Meine Eltern machten seit einer Woche Urlaub am Lago Maggiore. Als sie anriefen, erwähnte ich versehentlich, daß Manfred zu Hause sei, aber sie vergaßen, sich darüber zu wundern. Wir wollten sie nicht beunruhigen.

Manfred lag auf der Terrasse. Trotz der warmen Sonne fror er, und ich legte ihm eine Wolldecke über die Beine. Er hatte sich einige Akten und Ordner herausgesucht. Ich sah, daß er seinen Arbeitsvertrag studierte und die Unterlagen zur Rentenversicherung durchlas. Er war ganz ruhig. Herr Conrad kam, um uns beizustehen und Mut zu machen.

Nachmittags fuhren wir wieder in die Klinik. Manfred hatte wichtige Arbeitsunterlagen im Aktenkoffer bei sich, er kam mir vor, als ginge er auf eine Geschäftsreise. Er sah fabelhaft aus, braungebrannt, mit seiner neuen Lederjacke, sportlich, kraftvoll. Aber die gewohnte Dynamik fehlte. Die großen Schmerzen hatten ihn schweigsam, duldsam gemacht. Seine Bewegungen waren ein wenig schwerfällig. Sicher hatte auch er Angst vor dem Ergebnis der bevorstehenden Untersuchung. Aber er zwang sich, sich nichts auszumalen. Im Vordergrund stand die Hoffnung, die Schmerzen loszuwerden.

Sein Anblick im weißen Krankenbett verwirrte mich. Wir waren allein. Ich umarmte ihn immer wieder und weinte auf seiner Brust. Seine große, warme Hand lag tröstend auf meinem Rücken.

Schließlich wurde ich ruhiger. Ich bemerkte, daß Manfred jetzt verzagt war, und erläuterte ihm mit Überzeugung, für wie wenig wahrscheinlich ich einen Tumor hielte, und daß eigentlich alle Symptome eine schwere Blasenentzündung nahelegten, zufällig kombiniert mit Ischias. Ich war selbst überrascht von diesem Wandel und nahm ihn dankbar an. Er war nicht von langer Dauer.

Die Kinder waren nicht erschrocken, daß ihr Vater im Krankenhaus lag. Sie glaubten an die Allmacht der Medizin. Sie hatten ihn Schmerzen leiden sehen und fanden es an der Zeit, daß etwas geschah.

Als ich mittags ins Krankenhaus kam, war Manfred noch im Operationssaal. Beunruhigt wanderte ich den Gang der Urologischen Abteilung auf und ab, und Angst stieg in mir hoch. War etwas Unvorhergesehenes passiert? War dies der Anfang einer Tragödie? Ich atmete schwer und ging unablässig auf und ab. Schließlich wurde er herangefahren: Blaß und reglos, mit offenen Augen lag er auf dem Rücken. Meine Spannung löste sich ein wenig, ich war erleichtert, ihn zu sehen, und lächelte ihm aufmunternd zu. Ich ging neben dem Krankenbett her, aber er verzog keine Miene, folgte mir nur mit den Augen. Ein wenig erbost dachte ich: »Kann er nicht wenigstens einen Versuch machen, mein Lächeln zu erwidern?« Hilflos betrachtete ich ihn. Er war noch nicht richtig von der Narkose erwacht, und ihm war übel. Schüchtern begann ich, ihn zu streicheln und zu küssen.

Das Ergebnis der Gewebeprobe sollte erst am nächsten Montag, also in fünf Tagen, vorliegen. Manfred mußte bis dahin in der Klinik bleiben. Ein- oder zweimal täglich saß ich stundenlang bei ihm. Er erholte sich schnell von dem Eingriff, und die Schmerzmittel halfen. Notfalls bekam er eine krampflösende Spritze. Ich erzählte ihm von den Kindern, dem Garten, von Anrufen, die ich erhalten hatte, und richtete Grüße aus. Wir spielten Mühle, manchmal strickte ich auch an einem Pullover, während er las.

Herr Conrad besuchte mich zu Hause, auch diesmal mit einem zauberhaften Blumenstrauß. Wir unterhielten uns lange, und er wirkte beruhigend auf mich. Er war unsicher, ob die Firma Manfred bis in die Klinik verfolgen oder ihn lieber ganz in Ruhe lassen sollte. Ich brauchte nicht lange zu überlegen; Manfreds Denken, sein Ehrgeiz und sein Streben richteten sich auf seinen Beruf und seine Aufgabe. Er hatte inzwischen ein Telefon am Bett, und Berge von Akten umgaben ihn. In der Firma hatte sich vieles angesammelt. Er arbeitete Pläne aus, traf Anordnungen, unterschrieb und verwarf. Kollegen besuchten ihn und brachten neue Arbeit mit. So war er sehr beschäftigt, und das war gut so. Es lenkte ihn ab, denn er verfolgte alles mit Interesse und Intensität. Das Ergebnis der Untersuchung war etwas, was er nicht beeinflussen konnte. Er mußte warten. Da wollte er sich nicht verrückt machen.

Wenn ich bei Manfred war, ihn sehen und berühren konnte, empfand ich meist Zuversicht und Hoffnung. Wir liebten uns so sehr, waren füreinander da, trösteten und ermunterten uns — was konnte uns da schon geschehen?

Fast beschwingt wanderte ich durch das große Krankenhausgelände, bemerkte die Vielfalt der Blüten auf den Rabatten und das schattige Grün der alten Bäume. Stolz bestieg ich Manfreds großen Wagen, den ich hinter dem Gitter geparkt hatte. Doch oft schon hinter der nächsten Kreuzung, wieder eingegliedert in den Strom der anderen, brach es aus mir heraus, oder mitten bei der Hausarbeit, abends vor dem Einschlafen und morgens beim Aufwachen: Wenn es nur kein Krebs ist. Wenn er nur nicht sterben muß! Tränen überschwemmten mein Gesicht, Verzweiflung schüttelte mich. Wenn es nur nicht zu spät war!

Ich dachte und erlebte vieles im voraus: Wenn es Krebs ist — wird er zu retten sein? Wird er sterben müssen? Werden wir jahrelang vor Untersuchungsergebnissen zittern müssen? Werde ich allein zurückbleiben? Werde ich Witwe sein? Wenn er nur nicht sterben muß!

Ich versuchte, mich zu beruhigen. Gab es nicht so viele Erfolge in der Krebsbehandlung! Ich rief Freunde an, um von meiner Angst etwas abzuladen, und traf auf Erschütterung, Mitleid und Sprachlosigkeit. Manche fuhren in die Klinik, um Manfred zu besuchen. Es war für sie nicht leicht, mit dieser Situation fertig zu werden. Aber sie waren froh, Manfred offenbar voller Zuversicht und Mut anzutreffen.

Bernd besuchte ihn jeden Tag. Er brachte ihm die Tageszeitung, Wirtschaftsmagazine und interessante Neuigkeiten aus seinem früheren Konzern mit. Sie sprachen fast nur über derartige Themen. Privates blieb vorsichtig an der Oberfläche.

Zu Hause ging alles seinen gewohnten Gang: Die Kinder gingen in die Schule, zum Training, zu Geburtstagsfeiern, zum Turnier. Zu den Mahlzeiten war ich rechtzeitig aus der Klinik zurück, hatte die verweinten Augen neu geschminkt, tief Luft geholt und umgeschaltet. Ich wollte die Kinder nicht beunruhigen. Ich liebte es, wenn sie froh und sorglos nach Hause kamen. Und ich selbst brauchte eine Zeit der Entspannung. Erst am Sonntag nahm ich Alexander mit in die Klinik. Er war glücklich, seinen Vater zu sehen, und erleichtert, daß es ihm scheinbar gut ging. Er erkundigte sich, was ihm nun eigentlich fehle. Wir erklärten ihm, daß dies noch nicht herausgefunden sei.

Am Tor des großen Universitätskrankenhauses erwarteten uns Bernd und Barbara. Sie luden uns in ein chinesisches Restaurant ein. Alexander war begeistert und ließ es sich vergnügt schmecken, mir jedoch erschien, am Vorabend des Untersuchungsergebnisses, die Welt in einem fremden Licht: Ich wußte mich nicht einzuordnen und konnte die Situation nicht begreifen, in der wir uns befanden.

Ich rief meinen Bruder Matthias an, der in Heidelberg Medizin studierte. Ich wollte ihm möglichst sachlich mitteilen, daß Manfred mit Tumorverdacht in Eppendorf liege. Es gelang mir nicht. Ich schluchzte es heraus. Er sagte: »Ich möchte dich jetzt ganz fest in die Arme nehmen.«

Es wurde Montag, 24. August. Ich versuchte, mich auf irgendeine Arbeit zu konzentrieren. Aber was ich auch anfing, es schien mir sinnlos und ohne Bedeutung. Ich hantierte mit dem Staubsauger, dem Geschirr in der Küche, brach ab, bevor ich fertig war. Ich sah in den Garten hinaus. Die Sonne strahlte mit aller Kraft, die dunklen Schatten der Bäume zeichneten kräftige Muster auf den frisch gemähten Rasen. Die Geranien leuchteten rot.

Immer weniger entfernte ich mich vom Telefon. Meine Spannung wuchs und schnürte mir die Kehle zu. Meine Hände zitterten.

»Hast du Besuch?« fragte Manfred, als er endlich anrief.

»Nein«, sagte ich, ohne die Frage zu verstehen.

»Wie war die Nacht?«

»Mäßig«, antwortete ich leise. Meine Stimme zitterte: »Ist das Ergebnis da?«

»Ja.«

»Ist es ein Tumor?«

»Ja.«

Der Professor hatte einen Therapievorschlag gemacht. Manfred wollte, daß Dr. Timm ihn mir erklärte, deshalb war er auf dem Weg zu mir. Hastig stieg ich in ein Sommerkleid, steckte mir noch Taschentuch und Lippenstift in die Rocktasche, als es klingelte. Dr. Timm war erstaunt, daß ich es schon wußte. Ein dringender Patientenbesuch hatte ihn aufgehalten. Mit seinem Wagen fuhren wir wenige Straßen weiter auf einen Feldweg. Zwischen den Äckern blieben wir stehen. Die Kinder sollten, wenn sie bald aus der Schule kämen, nicht erschreckt werden.

»Das Untersuchungsergebnis ist katastrophal«, erklärte Dr. Timm. »Die Blutwerte sind ganz schlimm, und ein Tumor ist durch die Biopsie außer Zweifel. Ihr Mann wird noch ein halbes Jahr zu leben haben.«

Ich war erschüttert. Leise sagte ich: »Darauf war ich nicht gefaßt. Ich hatte mit einer mittelschweren Katastrophe gerechnet.«

»Nein«, sagte er, »es ist ganz schlimm.«

Versonnen sah ich aus dem Fenster des großen Wagens, betrachtete die weiten, saftig-grünen Flächen der Felder, die hohen Büsche der Knicks, die sie begrenzten. Sie wiegten leise im Wind.

»Es war alles gut«, dachte ich, »alles, was wir gehabt und gemacht haben, war gut. Ich bereue keinen Augenblick.« Ich sah mich weit über die Felder gehen, im Sommerwind, an jeder Hand eins unserer großen Kinder, ernst, stolz und aufrecht.

»Wir können nichts für Ihren Mann tun, es gibt nicht den Funken einer Hoffnung. Die Krankheit ist zu weit fortgeschritten«, verstärkte Dr. Timm. Er schien sich zu wundern, daß ich nicht händeringend, krampfgeschüttelt reagierte. Vielleicht dachte er, ich hätte ihn nicht verstanden. Ich saß ganz ruhig, zog nur gelegentlich das Taschentuch hervor, um mir die Nase zu putzen. Ich betrachtete meine Hände, die entspannt in meinem Schoß lagen, den Ring, sah über die Felder zum Himmel, an dem die Sonne wärmend schien, und wußte: Ich werde das ertragen.

Dr. Timm erklärte mir den bevorstehenden Eingriff: »Es gibt über viele medizinische Fragen verschiedene Meinungen, aber bei einem Fall wie diesem ist man sich auf der ganzen Welt einig, daß es nur eine Möglichkeit gibt: man muß die Samenproduktion unterbinden und den gesamten Hormonhaushalt neutralisieren. Das wird Ihrem Mann keinen Tag seines Lebens schenken, es wird nur die Schmerzen lindern und die Zeit erträglicher machen. Sie müssen ihm unbedingt zureden, denn es gibt keine anderen Wahl. Nach dem Eingriff wird es ihm eine Weile besser gehen, er wird arbeiten können, und Sie werden mich solange nicht brauchen. Langsam werden die Schmerzen wieder schlimmer. Vielleicht müssen Sie lernen, Spritzen zu geben«, schloß er zögernd.

»Das will ich gern tun, wenn es ihm hilft«, antwortete ich.

Manfred hatten sie nicht offenbart, wie hoffnungslos seine Lage war. Vielleicht hatten sie es einfach nicht fertiggebracht, einem so kraftvollen, vitalen Mann das Todesurteil zu verkünden. Er hatte es nicht verdient. Ich wünschte jetzt nur dies: sofort zu ihm zu fahren. Dr. Timm brachte mich nach Hause. Als wir die Brücke des kleinen Bachs überquerten, sahen wir Alexander mit seinem Freund Ulf. Sie schnitten Schilf und ließen es schwimmen. Ich winkte ihnen zu, aber wir hielten nicht an. Hastig suchte ich Handtasche und Autoschlüssel zusammen und fuhr nach Eppendorf. Dr. Timm bat unsere Nachbarin Helga, unsere Kinder zum Mittagessen aufzunehmen. Ich hatte nicht daran gedacht, etwas vorzubereiten.

Manfred war angezogen und saß traurig auf der Bettkante. Unsicher lächelte er mir entgegen. Ich fiel in seine Arme, drückte ihn an mich, streichelte sein Haar, sein Gesicht. Wie ich ihn liebte!

Der Professor hatte ihm, als er den Eingriff vorschlug, ermutigend zugesprochen. »Es tut mir selbst sehr weh, aber es ist die einzige Möglichkeit. Sie sind jung, haben Familie und wollen leben. Wir wollen sichergehen. Sonst haben Sie nur noch ein halbes Jahr zu leben.« Die Anteilnahme und Souveränität des Professors imponierten Manfred. Er vertraute ihm. Er wollte leben. Aber er war voller Zweifel wegen des Eingriffs. Er wünschte, daß er ihn auch mir erklärte, denn er war sich nicht sicher, ob er ihn richtig verstanden hatte.

Wir saßen dem schlanken älteren Herrn von aristokratischer Ausstrahlung in seinem Büro gegenüber. Er wandte sich uns freundlich zu. Während er uns erklärte, daß er die Absicht habe, beide Hoden zu entfernen, um die Produktion der männlichen Hormone einzuschränken, und die übrigen tumorstimulierenden Drüsensekrete durch Medikamente zu neutralisieren, damit der Tumor keine Nahrung bekomme und nicht weiterwachse, sich sogar zurückbilde, fragte ich mich, ob er wohl wüßte, was Dr. Timm mir kurz zuvor eröffnet hatte. Er verriet sich durch keinen Blick. Aber seine Version gefiel mir besser.

Manfred erkundigte sich, auf welche Weise er sich durch diesen Eingriff verändern würde. Der Professor beruhigte ihn. In diesem Alter wirkte es sich nicht mehr auf die Stimme aus, auch sein Bart bleibe mit Sicherheit erhalten. Vielleicht werde er Figurprobleme bekommen, die Konturen könnten etwas weicher werden. Manfred nahm sich vor, Diät einzuhalten. So brauchte es niemand zu merken. Das Problem bestünde nur für uns beide.

Ich war verwirrt. Der Professor strahlte Zuversicht aus. Hatte Dr. Timm schwarzgemalt? Gab es doch eine Rettung? Manfred bat sich einen Tag Bedenkzeit aus. Er wollte alles mit mir besprechen, noch eine Nacht mit mir zusammensein. Im stärksten Feierabendverkehr stürzten Fragen und Visionen auf uns ein. Wie mochte es weitergehen?

»Ist es nicht besser, noch ein halbes Jahr als Mann zu leben und dann abzutreten, statt als Krüppel fortzubestehen?« fragte er mich.

Ich widersprach entschieden. Was immer daraus werden würde, wenn die Operation den Hauch einer Chance versprach, wollte ich sie mittragen. »Wie kannst du mich dann noch lieben — einen impotenten Mann? Wirst du mir nicht eines Tages davonlaufen?

Was soll eine junge, attraktive Frau mit einem Mann, der sie nicht mehr lieben kann?«

Beruhigend sprach ich auf ihn ein. Ich erinnerte ihn an schwere Krisen, die wir gemeinsam gemeistert hatten, an unsere Liebe, die durch alle durchgestandenen Sorgen und Probleme immer tiefer geworden war. »Wir werden diese schwere Aufgabe gemeinsam lösen! Ich werde nicht von deiner Seite weichen. Und wir werden Wege finden, unkonventionelle Lösungen, uns gegenseitig zu erfreuen und zu beglücken«, versprach ich ihm. »Du mußt nur am Leben bleiben — alles andere wollen wir gemeinsam meistern!« Ich merkte, daß ich glaubte, was ich sagte. War es ein Trugbild?

Wir fuhren zunächst zur Firma. Manfred wollte seinem Büro einige Anweisungen geben und den Vorstand über die neuen Erkenntnisse informieren. Ich sah ihm nach, wie er mit schweren Schritten über die Straße ging und im Verwaltungsgebäude verschwand. Ich wollte keinem Menschen begegnen. Ich blieb still im Auto sitzen und wartete lange. Ich war glücklich, als er endlich wieder in der Tür erschien. Ich wünschte, daß die Liebe in meinem Blick sich zu einer Kraft verdichtete, die ihn schweben ließe.

Bei unserem Blumenladen hielt Manfred an. Er stellte einen zauberhaften großen Strauß in zarten Champagnerfarben zusammen und legte ihn mir mit einem ernsten, fragenden Blick in die Arme. »Gott im Himmel, laß ihn nicht sterben!« flehte ich. »Senke Hoffnung in unsere Herzen! Wie sollen wir sonst alles ertragen?«

Die Schmerzen schwollen wieder ins Unerträgliche an, Manfred konnte weder sitzen noch liegen. Dr. Timm gab ihm eine Spritze, ich füllte die Badewanne mit heißem Wasser, damit er sich darin ein wenig entspannen konnte, und setzte mich zu ihm auf den Wannenrand.

Ein Schleier über Abgründen

Wir beschlossen, die Operation durchführen zu lassen. Dr. Timm hatte gesagt, dies sei der einzige Weg, den Schmerzen beizukommen. Und der Professor hatte gesagt, sie bremse den Krebs. Ich erkannte, daß Manfred daran glaubte, auf alle Fälle daran glauben wollte. Sollte ich da etwas anderes annehmen? Sollte ich ihm Theater vorspielen, Hoffnung vortäuschen, während ich seinen Tod erwartete? Wer kann denn überhaupt mit Sicherheit den Verlauf einer Krankheit vorhersagen? Wer kann schon wirklich die Zukunft sehen? Nahmen nicht schlimmste Krankheiten manchmal überraschende, nicht vorherzusehende Entwicklungen? Erfreuten sich nicht Menschen, denen der nahe Tod längst vorausgesagt war, noch heute des Lebens?

Ich konnte die Hoffnungslosigkeit nicht ertragen. Ich konnte Manfred nicht mit ihr gegenübertreten. »Vielleicht hat Dr. Timm recht mit seiner Prognose — vielleicht auch nicht«, dachte ich. »Wir müssen es abwarten.«

Während wir am folgenden Nachmittag zur Klinik fuhren, fühlte ich mich zuversichtlich und stark: »Wir halten fest zusammen, und nichts wird uns trennen. Was immer auch geschieht — er ist mein Mann. Ich liebe ihn.« Wir traten an, den Tumor zu besiegen. Das war die Hauptsache. Für die Operation war der Professor zuständig. Alles andere wollten wir gemeinsam schaffen. Ich liebte Manfred mit aller Kraft, und sein Bedürfnis nach Zärtlichkeit wollte ich schon pflegen!

Vor der Operation legte der Professor väterlich den Arm um Manfreds Schultern. Mit tröstender, ermunternder Stimme sagte er, als müsse er sich selbst einen Ruck geben: »Dann wollen wir mal!« In Manfred erweckte diese Geste Mut, Zuversicht und das Vertrauen, in guten Händen zu sein.

Als ich ihn besuchte, war die Narkose schon etwas abgeklungen. Er lächelte mir traurig und unsicher entgegen. Ich beugte mich zärtlich über ihn: »Hauptsache, du bleibst bei mir — über das andere mache dir keine Sorgen!«

Er hatte jetzt keine Schmerzen, und das tat ihm wohl. Später, als Bernd kam, war er ziemlich aufgeräumt. Er sagte: »Jetzt kannst du Johanna zu mir sagen.« Wir lachten. Mit drittem Vornamen hieß er wirklich so. Am Vorabend hatte er Bernd um einen Testamentsvordruck gebeten. Ich war nicht erschreckt darüber. Ich fand es richtig, daß er sich damit beschäftigte.

Manfred blieb eine Woche im Krankenhaus. Täglich war ich mehrere Stunden bei ihm und beobachtete, wie er sich von der Operation erholte. Die Schmerzen waren deutlich verringert, er fühlte sich bald kräftiger, bald schon traf ich ihn mit dem Telefonhörer in der Hand und Akten auf dem Schoß an. Bewußt konzentrierte er sich auf seinen Beruf. Gelegentlich hatte er krampfartige Schmerzen im linken Oberschenkel. Dann gab ihm die Schwester eine Spritze. Ansonsten versuchten sie, mit Zäpfchen die Schmerzen zu lindern. Er wurde sehr bewundert für seine Haltung.

Für meine Besuche in der Klinik machte ich mich besonders schön. Ich trug farbenfrohe Sommerkleider, denen die Atmosphäre des gerade erst beendeten Italienurlaubs anhaftete, pflegte die Haare und schminkte mich sorgfältig. Ich wollte mich nicht gehen lassen. Ich wollte schön für ihn sein. Sein Terminkalender war ausgefüllt. Die Kollegen aus der Firma sprachen sich untereinander ab, um ihn nicht zu sehr zu belasten. Täglich besuchten ihn einer oder zwei, lenkten seine Aufmerksamkeit auf Fragestellungen des Betriebs. Anne fuhr zu ihm, zaghaft und irritiert, Bettina umarmte ihn und schenkte ihm Marzipanherzen. Ich spielte ein wenig Eifersucht: Er sollte nicht denken, daß er unattraktiv sei. Er hatte weder seinen Charme noch seine Dynamik verloren, er konnte tanzen, lachen, flirten und lange, ernste Gespräche führen. Das alles hatte sich nicht verändert. Was er verloren hatte, ging nur uns beide an.

Manfred war sehr dankbar für meine aufmunternde Haltung. Sie gab ihm Mut und Hoffnung, daß er die Zukunft würde ertragen können. »Ich danke dir für deine Liebe«, sagte er. »Du bist großartig!«

Ich winkte ab. »Du würdest doch genauso reagieren, wenn mir die Brust amputiert werden müßte!«

»Und manchmal wollen wir uns auch streiten wie bisher«, sagte er unvermittelt. Er wollte nicht, daß ich Rücksicht auf ihn nahm, weil er krank war. Er wollte die Lebendigkeit unserer Beziehung erhalten.

Bevor Herr Conrad zu ihm fuhr, besuchte er mich. Wir hatten ein langes Gespräch. Er wollte mir helfen. Als ich etwas über die finanzielle Sicherung Hinterbliebener wissen wollte, riet er mir, erst einmal abzuwarten, was die Operation bringe, und mir nicht zu viele Sorgen zu machen. Ich fragte mich: Sah er es nicht so schlimm? Oder wollte er es selbst nicht wahrhaben? Wollte er es sich nicht anmerken lassen?

Manfred sorgte sich am meisten darum, wie ich alles verkraftete, sagten unsere Nachbarn Helga und Volker mir nach einem Besuch bei ihm. Sie hatten ihm erzählt, daß ich tatkräftig und munter sei, und er war erleichtert darüber gewesen. Tatsächlich schaffte ich fast mehr als zuvor. Ich wußte nicht, was die Zukunft brachte. Ich fürchtete, Manfred könnte pflegebedürftig sein, wenn er nach Hause käme. Es sollte nicht alles angefangen liegenbleiben. Er sollte sehen, daß ich nicht aufgab und kraftlos die Hände in den Schoß legte, nicht verzweifelt und hoffnungslos war, wenn er zurückkehrte. Wir wollten der Zukunft vertrauen! Vor dem Urlaub hatte ich Zaunelemente bestellt, die jetzt geliefert wurden. Das Fundament hatten wir selbst gießen wollen. Ich beauftragte einen Handwerker damit. Er verlegte auch die Platten und Pflastersteine, die wir noch nicht geschafft hatten. In Wirklichkeit standen in meinem Inneren Zuversicht und Verzweiflung in ständigem Wechsel. Immer die gleichen Gedankengänge folgten aufeinander, drehten sich im Kreis, bis sie sich verwirrten und sich alle Lebenskraft in meinen Tränen zu vergießen drohte. Aber das geschah nur, wenn ich allein war. Was mein Leben ausmachte, war bedroht: Er und unsere Liebe. Ich dachte an ihn im weißen Krankenbett und ahnte, was in ihm vorging, las es aus seinem Verhalten. Er glaubte, daß er leben werde, aber er fürchtete sich davor, weniger stark, weniger wertvoll zu sein als vorher und das Bild, das er sich von sich gemacht hate, nicht mehr auszufüllen.

War er verzweifelt, ängstlich, zornig? Manchmal war er ein wenig zaghaft. Aber es gelang mir immer, sein Vertrauen zu erwecken, zumindest in mich.

Meine Eltern wollten auf der Rückreise vom Lago bei Matthias in Heidelberg einkehren. Ich war froh, daß sie sich bis jetzt nicht wieder bei uns gemeldet hatten. Ich wußte nicht, ob ich ihnen die schreckliche Nachricht hätte verheimlichen können. Aber wir wollten sie auch nicht hier damit überfallen. Wir übertrugen Matthias die schwere Aufgabe, sie vorzubereiten. Als sie Manfred im Krankenbett wiedersahen, drückte mein Vater ihn erschüttert an seine Brust. Meine Mutter hatte Mühe, Haltung zu bewahren.

Ich führte zuvor ein kurzes Gespräch mit meinem Vater. Er erkundigte sich, was der Professor mir gesagt hatte. Ich stellte ihm beide Versionen genau dar, die des Professors und die des Urologen, und er nahm sich vor, sich am nächsten Tag mit beiden in Verbindung zu setzen. Ich schloß das Gespräch mit einer Bitte: »Ich will nicht, daß man mir die Hoffnung zerstört, denn ich kann ohne Hoffnung nicht leben!«

Ab Montag ging es mit Manfred deutlich bergauf. Wir gingen zum ersten Mal im Krankenhausgelände spazieren und waren glücklich. Er brauchte jetzt weniger Spritzen, denn die Schmerzen ließen nach. So hatte es Dr. Timm vorausgesagt. Wenn es aber doch wirklich besser würde!?

Manfred belastete es sehr, nicht mehr liebesfähig zu sein. Ich tröstete ihn: »Ich werde lieb zu dir sein dürfen, und du wirst mich streicheln wollen.«

Aber es waren noch mehr Gedanken, die mir durch den Kopf gingen: Wird er keine sexuellen Empfindungen mehr haben, oder wird er sie nur nicht realisieren können? Werde ich reizlos für ihn? Sollten wir wie Geschwister zusammenleben? Ich merkte, daß ich gedanklich geistige und geschlechtliche Liebe nicht voneinander trennen konnte. Beides gehörte zusammen. Wir waren so glücklich, weil wir uns liebten, mit Leib und Seele. War das jetzt vorbei?

Ich schämte mich nicht für diese Zweifel. Ich wußte, daß der einzige Weg, Probleme zu lösen, über ihre genaue Kenntnis führte. Und ich glaubte, daß wir sie bewältigen könnten, denn sie waren nichts gegen den Tod.

Am folgenden Tag dehnten wir unseren Spaziergang über das Klinikgelände hinaus bis zu einem Straßencafé aus, wo wir lange miteinander sprachen. Ich war glücklich über die schnellen Fortschritte, die er machte, war voller Hoffnung, daß uns doch noch eine gemeinsame Zeit vergönnt wäre. Ich wollte sie nutzen, mich an ihn zu verlieren und für ihn dazusein, denn nichts zählte jetzt mehr als er und ich und unsere Kinder. Aber ich stellte betroffen eine Diskrepanz zu seinem Denken fest: Er sprach nur von der Firma, nicht von sich, nicht von uns. Seine größte Sorge galt seinem Arbeitsplatz. Verwirrt fragte ich mich: »Hat er denn keine anderen Sorgen? Begreift er nicht, daß es um Leben und Tod geht? Hegt er keine Zweifel an der Wirksamkeit der Operation, an der Aussage des Professors? Hat er denn keine Angst? Oder: Schiebt er diese Fragen von sich, weil er weiß, daß er den Verlauf nicht beeinflussen kann? Weiß er, daß er nur abwarten, hoffen und beten kann? Und stürzt er sich deshalb in die nächstliegende Problemstellung, die er gestalten und bewältigen kann?«

Er versuchte, es mir zu erklären: »Meine Arbeit ist unsere Existenzgrundlage. Ich kann mich nicht gehenlassen. Und ich möchte mir meine Position erhalten.« Ich verstand. Es war nicht nur Existenzgrundlage, es war auch Selbstbestätigung. Gerade jetzt, unter der großen persönlichen Verunsicherung wurde sie besonders wichtig, und ich durfte sie ihm nicht schmälern. So bestimmte seine Haltung unseren künftigen Umgang mit der Krankheit: Wir schoben sie in den Hintergrund, so gut es ging, und bemühten uns, die Probleme des Tages zu meistern. Ich beschloß, ihm beizustehen bei allem, was er zu tun für richtig hielt, und ihn bei seiner Abeit zu unterstützen, soweit es ging.

Wir mußten uns beeilen, um zur Chefvisite zurück-zusein. Auf dem Gang trafen wir auf den Professor. Er war erstaunt und erfreut, uns frohgelaunt zu sehen. Ich hing strahlend, vielleicht fast triumphierend an Manfreds Arm. Der Professor hatte einen merkwür-digen Gesichtsausdruck. Er lächelte wohlwollend und sibyllinisch. »Ja, Professor«, dachte ich. »Ich weiß! Aber ich will jetzt nicht daran denken. Jetzt sind wir zusammen und sind glücklich darüber.« Manfred deutete den Blick ganz anders. Ihm schien es, als wolle der Professor sagen: Ich habe getan, was ich konnte, jetzt seid ihr dran zu zeigen, was ihr könnt, was eure Liebe kann. Ihr schafft es schon! »Wollen Sie morgen nach Hause?« fragte er Manfred.

Mittwoch arbeitete ich, wie immer, in der Praxis meines Vaters. Anschließend fuhr ich mit klopfendem Herzen zur Klinik. Ich war aufgeregt wie vor meinem ersten Rendezvous: Ich holte meinen Liebsten nach Hause! Manfred erwartete mich schon vor dem Gebäude. Groß, gepflegt und braungebrannt stand er da, als wäre nie etwas geschehen. Ich würde mich in ihn verlieben, wenn ich ihn nicht schon so sehr liebte. Ich flog ihm in die Arme, wir zerdrückten uns fast. Ich weinte nicht, denn der Anschein widersprach allem, was ich wußte. Er lächelte verlegen: »Kannst du mich denn immer noch lieben?«

Am liebsten wollte ich ihn in Watte einpacken, ihn umsorgen, pflegen, ihm alles abnehmen. Aber mir war klar, daß ich das nicht durfte. Alles mußte so normal wie möglich weiterlaufen. Er sollte sich nicht hilfsbedürftig, unselbständig und minderwertig vorkommen, nicht krank, wenn er sich nicht so fühlte. Ich wollte ihm gerade nur so viel abnehmen wie nötig. Am selben Abend noch ließ ich mich wieder zur Elternvertreterin in Alexanders Klasse wählen. »Es ist gut, wenn ich Aufgaben habe«, dachte ich »sie zwingen mich weiterzumachen.«

Manfred blieb fast drei Wochen zu Hause. Die Schmerzmittel und die radikale Hormonumstellung, die jetzt medikamentös weitergeführt wurde, ließen ihn schnell ermüden, leichte Übelkeit belastete ihn. Er nahm Sitzbäder im Duschbecken, damit die Operationswunden verheilten, und hatte Mühe, daraus aufzustehen. Ich reichte ihm meine Hand.

Das gemeinsame Frühstück am sonnigen Eßtisch war ein eigentümlicher, bittersüßer Genuß, froh und schwermütig zugleich. Wir sprachen nicht über Zukünftiges und machten keine Pläne. Wir versuchten, der gegenwärtigen Situation Herr zu werden und Erlebtes zu verarbeiten. Wir sahen aus dem Fenster in den sonnigen Garten, unterhielten uns über den Urlaub, die Kinder, die Firma und warteten eine Besserung geduldig ab. Wir registrierten jeden Fortschritt und freuten uns darüber.

Manfred ging Belastungen nicht aus dem Weg. Am Tag nach der Entlassung aus der Klinik lud ich Freunde mit ihren Kindern zum Essen ein, um seine Rückkehr zu feiern, gab mir viel Mühe beim Kochen und deckte liebevoll den Tisch. »Nicht aufgeben«, prägte ich mir ein. »Wir wollen genießen, was gut ist, und solange es geht!« Wir holten Stephanie gemeinsam vom Bahnhof ab, als sie von der Klassenreise zurückkehrte, fuhren nach Hannover, Manfred halb liegend, um Freunde zu besuchen, machten einen Ausflug in die Heide und gingen sogar ins Theater. Manfred fiel es schwer, dies alles durchzustehen, er hatte Schmerzen im Bereich des Kreuzbeins und im linken Bein, das Gehen und Sitzen bereitete ihm Mühe. Gelegentlich erlitt er einen leichten Schwächeanfall, wenn er sich zuviel zugemutet hatte. Er bekam Schüttelfrost und fühlte sich schwach und elend. Ich fuhr ihn nach Hause und brachte ihn schnell ins Bett. Aber er wollte es so. Ganz bewußt wollte er die Belastungen steigern, sich trainieren, um bald seine Arbeit im Betrieb wieder aufnehmen zu können. Als einmal Freunde von uns gegangen waren, sagte er zu mir: »Du hast Heino diesmal beim Verabschieden gar nicht umarmt! Ich möchte nicht, daß du falsche Rücksicht auf mich nimmst, das ist nicht gut. Wir wollen leben wie bisher.«

Mittwoch ging ich wieder zu meinem Vater in die Praxis, während Manfred einen Termin zum Knochenszintigramm hatte. Er fuhr seinen Wagen jetzt wieder selbst. Unsagbare Furcht begleitete mich durch den Vormittag, so daß ich mich nur mühsam auf meine Arbeit konzentrieren konnte. Ich zog mich ins Labor zurück, wenn ich mich der Tränen nicht erwehren konnte. Bedeutete es, daß es keine Hoffnung mehr gab, wenn der Krebs die Knochen befallen hatte? Mein Vater sprach beruhigend: »Man kann heute mit der Röntgenbestrahlung sehr viel ausrichten, auch am Knochen.« Er schilderte mir einen entsprechenden Fall aus seiner Praxis. Ich war dankbar, aber ich wußte auch, daß er sich an meine Bitte, mir die Hoffnung nicht zu zerstören, bestimmt halten würde. Und seine Formulierung war sehr allgemein.

Meine Heimfahrt unterbrach ich bei Anke. Ich mußte so heftig weinen, daß ich nicht weiterfahren konnte. »Ich habe solche Angst, daß Manfred sterben muß«, schluchzte ich laut und fassungslos. Anke bewirtete mich mit frischem Kuchen und hörte mir zu. Wenn Manfred schon zu Hause war, sollte er mich nicht so verzweifelt sehen, so voller Angst. Wir warteten, bis ich langsam die Fassung wiedergewann. Schließlich machte ich mich vor dem Spiegel zurecht und fuhr nach Hause. Manfred saß auf der Terrasse, hatte sich eine Wolldecke um die Beine geschlungen und arbeitete. Der Arzt hatte ihm ein Ergebnis der Untersuchung nicht mitgeteilt. »Es wird schon nicht so schlimm sein!« beruhigte er mich. Viel später erfuhr ich von Dr. Timm, daß zu diesem Zeitpunkt sämtliche Knochen von Krebs befallen waren.

Manfreds Mutter und seine Schwester Theresa besuchten uns für eine Woche. Sie waren in größter Sorge. Aufmerksam verfolgte ich, wie er ihnen seine Krankheit schilderte. Er bemühte sich offensichtlich, alles wahrheitsgemäß und ohne es zu beschönigen zu erzählen. Aber er vertraute auf seine Rettung. Als ich mit Theresa allein war, fragte sie mich: »Ich glaube, ich habe das nicht richtig verstanden. Heißt das, daß er ...« — sie machte eine Pause, und ich erwartete, daß sie fragen würde, ob er in Lebensgefahr sei, und war bereit, mit ja zu antworten — »keine Liebe mehr empfinden kann?« Sie hatte nach passenden Worten gesucht. Seine Zuversicht hatte sich offenbar auf sie übertragen. So ließ ich sie ihr. Ich kannte das grausame Maß, das die Angst annehmen konnte, und ich wollte sie ihr nicht ungefragt aufbürden.

Eineinhalb Wochen nach seiner Entlassung aus der Klinik nahmen wir am Betriebsausflug seiner Firma teil. Manfred wollte langsam wieder in Erscheinung treten, auch wenn er sich noch recht schwach fühlte. Er hatte Freude daran, seinen Wagen durch die Elblandschaft zu fahren, seine reduzierte Kraft durch die Pferdestärken zu potenzieren. Wir unternahmen dort einen kleinen Spaziergang mit Herrn Conrad und seiner Frau. Beide bewunderten seine tapfere Haltung und meinten, daß die Zuversicht, Liebe und Geborgenheit, die wir uns gegenseitig gaben, die beste Voraussetzung für eine Heilung sei. Manfred mußte sich beim Gehen leicht auf mich stützen. Er versuchte sogar zu kegeln, und nachmittags wurde ich für Augenblicke sehr froh: Ganz vorsichtig wagten wir zu tanzen.

Dies war seit Wochen der erste Versuch, wieder gemeinsam am normalen Leben teilzunehmen. Wir waren umgeben von Menschen, die gesund waren, und ich war die einzige, die die Prognose kannte. In Gesprächen erfuhren wir Anteilnahme und Zuneigung. So rutschte ich immer stärker in die Haltung hinein, die mich in den folgenden Wochen begleitete: Eine gewisse Gelassenheit ergriff von mir Besitz. Ich wollte mich nicht mehr von Angst und Verzweiflung zerfleischen lassen. Ich wußte, daß sie mich zerstörten, und ich hatte eine Aufgabe, die meine ganze Kraft erforderte. Schwäche konnte ich mir nicht leisten. Ich beschloß, der Hoffnung den Vorrang zu geben, die Zuversicht zu nähren, damit ich ihn damit beschenken konnte. Ich wollte mutig sein und vertrauen. Wenn wir mit Seelenkräften gegen diese Krankheit etwas ausrichten konnten, sollte es daran nicht mangeln. Was immer auch geschah, ich wollte es mit ihm durchstehen.

Dem Arzt ging ich bewußt aus dem Weg. Ich wollte mich nicht erneut verunsichern lassen. Seine Beurteilung der Lage kannte ich, aber er sollte mich nicht daran erinnern. Wenn Manfred ihn brauchte, fuhr er allein zu ihm.

Ich lernte, seine Bedürfnisse zu erkennen, ohne hinzusehen. Ich wollte ihn nicht mit besorgten Blikken beobachten und aufspringen, wenn er mich brauchte. Ich wollte ihn nicht überbehüten. Er sollte sich ruhig anstrengen, denn er wollte es so, und er merkte es selbst, wenn es zuviel wurde. Aber ich holte ihm den Mantel von der Garderobe und half ihm hinein, als wäre es nur gerade dies eine Mal, ausnahmsweise.

Abends gingen wir zeitig ins Bett. Um unserer Beziehung neue Dimensionen zu eröffnen, schlug Manfred vor, etwas gemeinsam zu lesen. Wir lasen Goethes »Faust« mit verteilten Rollen. Er war Faust, ich die anderen — der Geist, Wagner, Mephistopheles. Ich war begeistert, aber wir kamen nicht weit. Die Firma rückte langsam wieder in den Vordergrund.

Gegen Ende September ging Manfred zunächst für wenige Stunden ins Büro. Er fühlte sich langsam kräftiger. Gleichzeitig beobachtete ich einen stimmungsmäßigen Aufschwung. Jetzt konnte er beginnen, sein normales Leben wieder aufzunehmen. Auch meine Stimmung stabilisierte sich. Ich sah, daß es deutlich aufwärts ging. Wir gingen essen und besuchten Freunde. Rosi war eine der ganz wenigen, mit denen ich offener über meine Befürchtungen sprach, aber ich gab nicht zu, daß es eine ärztliche Prognose war. Sie reagierte sehr einfühlsam. »Wie ich euch kenne, werdet ihr eine wichtige Zeit miteinander erleben«, sagte sie, »und ihr werdet sie nutzen!«

Eine Woche darauf meinte Manfred, er müsse zur Tochterfirma nach Wattenscheid. Ich äußerte keine Bedenken. Ich beschloß, ihn zu begleiten. Er sollte meinetwegen gern selbst fahren, aber ich wollte dasein, wenn es nicht mehr ging, um ihn abzulösen. Aber das war nicht einmal nötig. Wir übernachteten bei seiner Schwester Theresa in Essen, die uns mit einer köstlichen Mahlzeit verwöhnte, und am nächsten Morgen fuhr Manfred allein nach Wattenscheid weiter. Theresa und ich besuchten unterdessen die Villa Hügel. Hoch über dem Baldeneysee, der in der tiefstehenden Sonne glitzerte und flimmerte, umgeben von gepflegten Rasenflächen und herbstlich gefärbten Wäldern, beschlich mich Wehmut. Was wird aus mir, wenn alles vorbei ist? Werde ich als Wrack zurückbleiben? Oder eine alternde Intellektuelle werden, die ihre verdrängten Bedürfnisse mit Kultur zu stillen versucht? Mich schauderte. Ich werde mich wehren.

Auf meinem Schreibtisch lagen seit Wochen Pläne für einen offenen Kamin. Seit Jahren hatten neue Fenster im Altbau, die Verlegung einer haltbaren Wasserleitung, der Bau der Doppelgarage Vorrang gehabt. In diesem Jahr wollten wir endlich einen Kamin bauen lassen, und natürlich sollte es etwas Besonderes sein. Wir wollten einen Vorsatz aus Marmor. Ich hatte mich in einschlägigen Hamburger Marmorwerken umgesehen, und wir waren uns einig, daß wir cremefarbenen Stein und eine moderne Gestaltung wollten. Ich fertigte eine Zeichnung nach der anderen an und hatte Freude an immer neuen Entwürfen, bis wir uns für einen entschieden. Aber dann kam die böse Entdeckung, Manfreds Krankenhausaufenthalt und die Unsicherheit, wie es weitergehen würde. Wir stellten den Bau zurück, aber ich beschäftigte mich noch gern mit der Planung, um mich abzulenken. Jetzt fuhr Manfred wieder regelmäßig ins Büro. Sein Gang war etwas schwerfällig, aber die Schmerzen waren zu ertragen, und eine plötzliche Verschlechterung sei nicht zu erwarten, sagte mein Vater. Könnten wir dann den Kamin nicht vielleicht doch bauen lassen? Manfred überließ die Entscheidung mir. Ich sei es, die die Handwerker im Haus und den Lärm ertragen, den Schmutz beseitigen müßte. Ich schwankte. Ich wollte den Kamin, für uns, für mich. Aber war es jetzt nicht besser, das Geld zusammenzuhalten und eine Rücklage zu haben? Ich bat meinen Vater um Entscheidungshilfe, und er riet mir zum Bau. Ich fragte nicht warum. Die Behaglichkeit und Lebendigkeit eines offenen Feuers wird uns diesen Winter erwärmen, hoffte ich.

Da das Wohnzimmer von den übrigen Räumen durch keine Tür abgetrennt war, wurde eine schwere Plastikfolie quer hindurch an der Holzdecke befestigt. Zementsäcke stapelten sich, eine Mörtelwanne wurde aufgestellt, Wassereimer durch das Haus geschleppt, ein Loch für den Abzug in die dicke Außenwand geschlagen. Fast zwei Wochen lang gab es Lärm und Schmutz.

Ich war froh, daß etwas geschah, das meine Zeit und meine Aufmerksamkeit in Anspruch nahm. Es war Mitte Oktober, als endlich der Marmorvorsatz geliefert und aufgestellt werden konnte. Er sah genauso aus, wie ich ihn mir vorgestellt hatte. Ich machte mich daran, den Schmutz zu beseitigen und tapezierte und strich die Wände. Manfred empfand die Zeit zwar als etwas ungemütlich und unruhig, aber die Arbeit in der Firma nahm ihn so sehr wieder in Anspruch, daß er abends meist noch ein wenig am Schreibtisch saß und bald zu Bett ging. Erleichtert, fast amüsiert beobachtete er meine Einsatzfreude. Am Wochenende half er mir, die staubige Holzdecke feucht abzuwischen. Es war anstrengend, über Kopf zu arbeiten und Stück für Stück von der Leiter aus zu säubern. Wir wechselten uns ab. Dann kam er sogar mit einem Pinsel und dem Kanister schwarzer Holzlasur, um die große staubige Schiebetür frisch zu streichen. War vielleicht doch alles nicht so schlimm?

Auf einer Abendeinladung hörte ich ihn sagen: »Ich fühle mich fast gesund. Ich muß nur so viele Medikamente nehmen, dadurch leide ich etwas unter Übelkeit. Aber meine Frau unterstützt mich in allem ganz großartig. Wir packen das schon!«

Seit einer Woche hatten die Kinder Herbstferien, und beide waren verreist. Alexander hatte sich einer Jugendgruppe angeschlossen und war zum Skilaufen auf einem österreichischen Gletscher. Stephanie war in Malmö. Im Sommer hatten wir noch Pläne für eine gemeinsame Reise gemacht. Manfred riet mir zwar, alles wie geplant, nur ohne ihn, durchzuführen, und auch meine Eltern fanden, ich brauchte Erholung. Ich war in einem großen Zwiespalt. Aber ich entschied mich, bei ihm zu bleiben. Ich wollte ihn jetzt nicht verlassen. Selbst wenn ich mir keine Sorgen zu machen brauchte, daß er allein nicht zurechtkäme, wollte ich doch nicht so unerreichbar fort sein, wenn er traurig oder unglücklich wäre, wenn es ihm nicht gut ginge oder er Angst hätte. So rief ich unsere Freunde in Malmö an, ob Stephanie sie für zwei Wochen besuchen könne.

Wir hatten die Familie zwei Jahre zuvor beim Skilaufen in der Schweiz kennengelernt. Am Pistenrand waren wir miteinander ins Gespräch gekommen. Dann standen wir zusammen in der Skigondel. Ich merkte, daß Helene bedrückt war, und fragte sie danach. Sie erzählte mir, daß sie das jüngste ihrer drei

Kinder, die dreijährige Ellen, ins Krankenhaus hatten bringen müssen. Im Jahr darauf trafen wir uns zufällig wieder. Sie liefen Ski mit ihren Kindern Max und Jenny. Die kleine Ellen ging mit der Großmutter spazieren. Die Krankheit hatte sich als Leukämie herausgestellt. Aber sie waren voller Hoffnung. Man stand dieser Erkrankung heute nicht mehr ganz so hilflos gegenüber, gerade bei Kindern gab es ermutigende Heilerfolge. In gewissen Abständen mußten sie eine Chemotherapie durchmachen. Sie verlor dann ihre blonden Haare, auch Wimpern und Augenbrauen, war schwach und hinfällig, aber sie erholte sich gut davon und sah bald wieder so aus, als wäre sie völlig gesund. An einem Abend verabredeten wir uns in einem Restaurant. Unsere Kinder versuchten, sich auf englisch zu verständigen. Wir waren fröhlich miteinander, genossen das köstliche Essen und tanzten.

Im Oktober desselben Jahres schickte ich ihnen eine Einladung zu Manfreds Geburtstagsparty. Per, Helenes Mann, war geschäftlich öfter in Deutschland, und ich hielt es für möglich, daß er diese zwei Dinge miteinander verknüpfen konnte. Sie kamen tatsächlich. Wir erfuhren, daß sich Ellens Gesundheitszustand verschlechtert hatte und daß ein schwerwiegender Eingriff geplant war. Seit Wochen hatte man ihrer Schwester Jenny Blut abgenommen, um an einem Tag im November das Rückenmark der inzwischen vierjährigen Ellen in stundenlanger Röntgenbestrahlung völlig zu zerstören, unter Transfusionen mit dem Blut der Schwester. Darauf müßte die Kleine in wochen-, ja monatelanger Quarantäne leben. Die Mutter hatte sich vorgenommen, diese Quarantäne mit dem Kind zu teilen. Bevor die Familie sich dieser großen Belastung aussetzte, kam unsere Einladung gerade recht. Sie wollte noch einmal ein besonderes gemeinsames Wochenende erleben.

Das war jetzt genau ein Jahr her. Ellen war nicht gesund geworden, aber es ging ihr recht gut. Stephanie war willkommen. So ging sie mit vierzehn Jahren zum ersten Mal allein auf eine große Reise. Ich brachte sie morgens zum Hauptbahnhof. In Kopenhagen mußte sie aussteigen und zu Fuß oder mit dem Taxi zum Hafen gelangen. Ich zeichnete ihr den Weg auf dem Stadtplan ein. Das Tragflügelboot brachte sie nach Malmö, wo Helene sie in Empfang nahm. Ich war sehr erleichtert, als ich abends ihre vergnügte Stimme am Telefon hörte. Alles hatte ohne Schwierigkeiten geklappt, und unsere Freunde hatten sie gleich zu ihrem uralten Bauernhaus am See mitgenommen. Sie war begeistert.

Ich blieb bei Manfred zu Hause, bis die Baustelle im Wohnzimmer beseitigt und alles wieder hergerichtet war. Abends gingen wir ins Theater oder besuchten Freunde. Das Leben nahm seinen normalen Verlauf. Es war scheinbar alles in Ordnung. Wenn wir nur diese verteufelte Kenntnis über Manfreds Krankheit nicht hätten! Wir versuchten, sie so sicher wie möglich zu verdrängen. Wir erwogen nicht, was sein könnte, wir nutzten, was war. Beglückt erlebten wir, daß ich meinen Reiz für ihn nicht verloren hatte, daß er mich doch noch lieben konnte. Vielleicht blieb uns doch auch dies erhalten, wenigstens ab und zu, begannen wir zu hoffen. Aber bedeutete das nicht auch, daß die Operation kein voller Erfolg, daß dies alles nur ein Trugbild von kurzer Dauer war? Ich schluchzte in höchstem Glück. »Weine doch nicht!« bat Manfred mich.

Am Montag der zweiten Ferienwoche brach ich mit dem Auto zu einer kleinen Reise auf. Ich wollte Alexander abholen, ein paar Freunde besuchen und auf andere Gedanken kommen. Vielleicht wollte ich auch mit jemandem über unsere Lage sprechen, aber daß ich um Manfreds nahen Tod wußte, wollte ich keinem erzählen. Da Alexander immer bei mir war, kam es nirgends zu einem Gespräch. Ich bemerkte, daß ich nicht auf höchster Bewußtseinsstufe lebte. Meine Aufmerksamkeit reichte für alle Aufgaben des täglichen Lebens, sie reichte zum Autofahren, zum Teilhaben an fröhlicher Gesprächsrunde, zum Umarmen unseres kleinen Sohnes. Aber irgendwie in meinem Bewußtsein schwebte ein Schleier über Abgründen. Er war dünn, aber ziemlich haltbar.

Als wir nach Hamburg zurückkehrten, fuhren wir zuerst zur Firma, um Manfred zu sehen. Er kam uns strahlend entgegen, und mein Herz sprang vor Wiedersehensfreude und Schmerz. Er humpelte. Schlagartig wurde mir klar, wie groß die Gefahr war. Unterwegs war ich der Illusion erlegen, daß alles gut werden könnte, daß Hoffnung bestand. Ich war ruhiger geworden und hatte zu der Krankheit eine Distanz gefunden. Jetzt wurde ich durch eine eckige Bewegung, durch die Blässe seines Gesichts, den Anflug des Schmerzes in seinem strahlenden Lächeln schlagartig damit konfrontiert. Ich wünschte, ich wäre gar nicht erst fortgefahren. Es hatte keinen Sinn, davonzulaufen.

Stephanie war schon einen Tag vorher aus Malmö zurückgekehrt. Manfred hatte sie vom Bahnhof abgeholt, sie mit in sein Büro genommen, um seine Arbeit zu beenden, und war dann mit ihr essen gegangen. Sie hatte ihm munter und ununterbrochen von Schweden erzählt und von den Erlebnissen der Reise, und er war beglückt und begeistert von seiner Tochter.

Im Oktober begab Manfred sich mit seinem Wagen auf eine Geschäftsreise. Ein Kollege begleitete ihn. Sie befanden sich auf der Rückfahrt, als es vor ihnen auf der dreispurigen Autobahn zu einer gefährlichen Situation kam: Zwei Wagen waren einer Kollision knapp entgangen und schleuderten. Da Manfred sich mit hohem Tempo näherte, wäre er beim Bremsen zwischen beiden in Bedrängnis geraten. Er gab Vollgas und schoß so zwischen beiden hindurch.

Meine Gedanken waren zwiespältig, als er mir diese Begebenheit lebhaft schilderte. Er hatte großartig reagiert. Aber eine falsche Reaktion hätte ihm vielleicht vieles erspart. »Er war noch nicht an der Reihe«, sagte meine Mutter.

An Manfreds Geburtstag, dem 1. November, gaben wir seit Jahren große Feste mit vielen Kerzen, festlicher Kleidung, Tanz und kaltem Buffet. Ich hatte Spaß daran, alles zu verplanen, vorzubereiten und liebevoll auszuschmücken. Wir liebten die Geselligkeit und tanzten sehr gern. Es war keine Frage, ob wir auch in diesem Jahr feiern würden. Vielleicht war es sein letzter Geburtstag — ich schob diesen Gedanken von mir, so gut ich konnte. Ich wollte nicht unter einer Schwere zerdrückt werden und handlungsunfähig am Boden liegen. Was immer auf uns zukam — ich wollte seinen Geburtstag feiern, trotzdem oder auch gerade deshalb.

Es war ein Sonntag in diesem Jahr. Manfred konnte nicht tanzen, und nach einer glanzvollen Party stand mir nicht der Sinn. Es war eine stillere, innigere, angstvolle Freude darüber, daß er geboren war. Wir gaben einen Empfang für die Familie und unsere Freunde. Manfreds Mutter war mit Theresa aus Düsseldorf gekommen. Während wir uns mit den Gästen unterhielten, baute meine Mutter mit ihr das Mittagsbuffet auf. Ich hörte, wie sie meine Schwiegermutter, die mit beladenem Herzen angereist war, bei der Arbeit aufheiterte, so daß sie bald munter plauderten. Ich wußte, wie sie das schaffte: In ihrem Herzen gab es eine Kommode, in deren Schubladen sie Ängste und böse Erkenntnisse versteckte. Gelegentlich schlossen die Schubladen nicht dicht genug, Angst, Trauer und Leid drohten herauszuquellen. Dann stemmte sie die Schublade mit aller Kraft ihrer Seele wieder zu.

Manfred war sehr blaß an diesem Tag, aber er sah fabelhaft aus in seinem eleganten Anzug mit Weste: groß, schlank und breitschultrig. Er freute sich über die liebevollen Worte und Gesten und berichtete in kleinen Gesprächsrunden über seine Erlebnisse mit der Krankheit, auch über seine Ängste vor den bevorstehenden Röntgenbestrahlungen, aber er stellte nie sein Überleben in Zweifel. Der neue Kamin wurde gelobt und bewundert. Da der Mörtel erst trocknen mußte, durften wir ihn noch nicht einweihen. Ich hatte deshalb ein Tablett voller dicker Kerzen darin angezündet. Stephanie machte Manfred eine selbstgebackene, ganz mit Schokolade überzogene und mit 46 kleinen Kerzen geschmückte Torte zum Geschenk, die ihr einen glanzvollen Auftritt verschaffte. Alexander hatte ihm eine Wanne voll Kaminholz gehackt und es mit Marzipanherzen dekoriert.

Mir war die Auswahl eines Geschenks schwergefallen. Wir kannten einen Bildhauer, und ich wußte, daß Manfred ihn sehr schätzte. Ich wollte, daß er im Leben ein Werk dieses Mannes besessen hatte. In dem Bauernhaus des Künstlers standen drei oder vier kleine Bronzeplastiken zur Auswahl. Auf Anhieb griff ich zu einem etwa 40 cm hohen Männertorso. Die Haltung, die zerklüftete Oberfläche, die Dunkelheit des Materials sprachen mich unmittelbar an. Ich mochte diese Art der Darstellung schon lange, und ich wußte, daß sie auch Manfred gefiel. Ich dachte an unseren gemeinsamen Besuch der großen Kunstausstellung in Kassel. Wir kannten uns damals erst wenige Wochen, und ich ging noch in die Oberprima. Unsere Kunstlehrerin wollte die Dokumenta III mit uns besuchen. Zu meinem großen Erstaunen machten weder sie noch meine Eltern Schwierigkeiten, als ich darum bat, mit Manfred dorthin fahren und nicht in der Jugendherberge, sondern bei seinen Freunden in Höxter schlafen zu dürfen. Wir hatten dort unsere erste richtige Liebesnacht, die alle übrigen Ereignisse und Erinnerungen verzauberte. Manchmal schlossen wir uns der Klasse an, dann wanderten wir wieder Arm in Arm durch die riesigen Parkanlagen, blieben vor monumentalen Plastiken von Hans Arp, Henry Moore und Alexander Calder stehen und tauschten unsere Meinungen darüber aus. Ich hatte einen gefühlsmäßigen Bezug zu Ausgewogenheit und Spannungen der ausgestellten Werke, strich über die seidenmatten oder groben, aufgerauhten Oberflächen und spürte ihren Reiz auf der Innenseite der Hände. Manfred fügte seine Kenntnisse vom Symbolgehalt der Formen und mythologischen Hintergründen hinzu.

Ich hielt den Torso lange in der Hand. Das Metall war schwer und kalt, die rauhe Oberfläche, die fehlenden Gliedmaßen zeigten Zerstörung und Verfall. Ich war so ergriffen, daß ich nichts sagen konnte. Ich fürchtete, die Fassung zu verlieren. Ich wußte, daß mir das Kunstwerk gefiel, und hätte es gern erworben. Aber ich sah, daß es Manfred war, und konnte es nicht ertragen.

Ich entschied mich für zwei kleinere abstrakte Figuren, die ein Paar bildeten. Die eine, weiblichere

Form hatte eine liegende Haltung, die andere stand aufrecht. Sie waren nicht miteinander verbunden, so daß man sie beliebig zuordnen konnte. Sie hatten beide eine selbständige, ausgewogene Form und eine seidige, dunkel schimmernde Oberfläche. So wollte ich uns sehen.

WIR LEBEN JETZT!

Entgegen der Empfehlung des Professors wollte Dr. Timm Manfred nun doch bestrahlen lassen. Was hatte das zu bedeuten? Waren die Blutwerte oder irgendein anderes Ergebnis besser als erwartet? Gab es einen Anhaltspunkt für eine schwache Hoffnung?

Ich ging dem Arzt weiterhin aus dem Weg. Er sollte mein Kartenhaus nicht umblasen. Ich wollte nicht verzagen. Solange Manfred lebte, solange er bei mir war, wollte ich hoffen. Vielleicht machte der Arzt doch noch einen Versuch, diesen Krebs zu besiegen?

Wir fürchteten uns vor den Bestrahlungen. Acht Wochen lang sollte Manfred täglich ins Universitätskrankenhaus. Wie konnte er das durchstehen? Würde er sich anschließend hinlegen müssen? Könnte er überhaupt noch arbeiten? Mußte ich ihn fahren? Welche Nebenwirkungen waren zu befürchten? Mein Vater riet mir, alles erst einmal abzuwarten. Es sei mit einer gewissen Übelkeit zu rechnen, wie bei einem Kater, es gäbe auch manchmal Verbrennungen auf der Haut. Aber er schilderte auch das Beispiel der Bekannten, die sehr unter der Bestrahlung gelitten hatte, deren Haut verbrannt und wieder verheilt war und die sich jetzt des Lebens freute. Ich bewunderte seine ruhige, medizinisch-nüchterne Haltung, die den Glauben an Wunder, die täglich geschehen, mit einschloß.

In der Woche nach seinem Geburtstag begann die Strahlentherapie. Die Prostata sollte aus verschiedenen Winkeln bestrahlt werden. Die Ansatzpunkte des Gerätes wurden genau vermessen, und mit rotem Filzschreiber wurden die Felder auf seinem Körper eingezeichnet. In der Mitte wiesen sie ein Zielkreuz auf. Die Haut durfte mit Wasser nicht in Berührung kommen. Er konnte weder baden noch duschen.

Manfred fuhr zu seinen täglichen Bestrahlungen mit der Zuversicht, daß sie ihm helfen würden. Er legte die Termine dafür auf den Vormittag, so daß er morgens zunächst in die Firma, dann durch die halbe Stadt zur Klinik und hinterher gleich wieder in die Firma fuhr. Das Personal der Röntgenabteilung bewunderte seine Haltung und ließ ihn nicht warten. Verzögerte sich der Beginn der Bestrahlung ein wenig, las er inzwischen mitgebrachte Akten durch. Abends erzählte er mir erschüttert von einem Kind, auf dessen kahlgeschorenem Schädel Bestrahlungsfelder eingezeichnet waren. Es war im Gang munter auf und ab gehüpft. Er fand, daß die meisten Patienten schlimmer dran seien als er.

Aber auch er hatte Angst. Er reduzierte sie auf die Furcht vor einer zu starken Schwächung durch die Bestrahlung, so daß er dieser doppelten Belastung nicht bis zu ihrer Beendigung standhalten könnte. Er konnte doch in der Firma nicht schon wieder fehlen! Zwar war er im Besitz eines Ausweises, der eine Schwerbehinderung von 80 Prozent auswies, und er wußte natürlich, daß man ihm so nicht kündigen konnte. Trotzdem hatte er große Angst davor. Er war noch nicht lange in dieser Firma und könnte es verstehen, wenn man ihn zurückstufte, sollte er nicht mehr voll einsatzfähig sein. Er war zu fair, um eine hochbezahlte Belastung sein zu können. Aber er kämpfte, um sich, um seine Position.

Die Firma wollte eine Tochtergesellschaft in Japan gründen. Er sollte dort mit einer Reihe von Bewerbern Gespräche führen und eine Wahl treffen. Er konnte zum ersten Mal in seinem Leben Europa verlassen! Er wollte Japan sehen! Aber die Bestrahlung durfte nicht unterbrochen werden, nicht einmal für einen Tag, geschweige denn für eine Woche. Ich verstand das nicht. Wenn doch sein Leben nicht zu retten war, worauf kam es dann noch an? Aber ich wagte nicht zu fragen. Manfred fürchtete, man werde einen anderen nach Japan schicken. Er kämpfte. Dies war sein Job. Er wollte ihn nicht aus der Hand geben. Die Reise wurde auf einen späteren Zeitpunkt verschoben.

Manfred arbeitete bis zur Erschöpfung. Sein Beruf und seine Position hatten Vorrang, und ich unterstützte ihn darin. Seine Zuversicht übertrug sich auf die Menschen, mit denen er umging. Seine Kollegen und Mitarbeiter behandelten ihn, als sei er gesund, hätte höchstens etwas mit der Bandscheibe. Sie belasteten ihn stark, manchmal fast zu stark, gab er mir lächelnd zu, aber er war froh darüber, und es half ihm. Er wollte sich nicht krank fühlen, und er wollte keine Sonderstellung.

Vormittags, wenn die Kinder in der Schule waren, fühlte ich mich oft unsagbar allein und verlassen. Ich erledigte meine Hausarbeit laut schluchzend und betete händeringend zu Gott: »Laß ihn leben, laß ihn an meiner Seite! Ich will alles für ihn tun, alles ertragen, wenn es nur für ihn erträglich ist. Nimm ihn mir nicht fort!« So bat ich, so flehte ich, so forderte ich.

»Ihr Mann wird nur noch ein halbes Jahr zu leben haben, es gibt keine Hoffnung.« Diese Worte waren gesagt und waren gegenwärtig. Die Verzweiflung, die mich immer wieder ergriff, sollte mich zerstören, so wünschte ich. Ich wollte nicht weiterleben, wenn die Prognose Wirklichkeit würde.

Aber immer wieder, ohne mein Zutun, entstand Hoffnung in mir. Der Arzt konnte sich geirrt haben, die Krankheit einen anderen Verlauf nehmen und Manfred stärker sein als erwartet. Wer wußte, welche Macht dem Faktor Liebe in dieser Rechnung zukam? Mein Wille wuchs, diesen Kampf aufzunehmen und ihn durchzustehen, zu meistern, mit dem Schwert der Liebe das Böse, die Zerstörung zu bezwingen.

Ich sprach mit niemandem über diese Vorgänge in mir, denn keiner außer meinen Eltern kannte die Prognose. Menschen, mit denen Manfred sprach, sollten nicht mehr wissen als er. Sie sollten nicht zusammenzucken, wenn er über Zukunftspläne sprach, und keine betroffenen Gesichter machen, wenn er seine Therapie erläuterte. Solange er selbst hoffte, sollte keiner ihn ernüchtern. Es mußte mir genügen, daß diese inneren Vorgänge in mir eine Haltung hervorriefen, die es mir ermöglichte, zu tun, was ich tat, und mit der Konfrontation jeden Tag wieder fertig zu werden. Täglich wieder erkämpfte ich mir diese Einstellung: Wir können nicht wirklich wissen, was uns bevorsteht, und wenn es etwas Schreckliches ist – wir können es jetzt nicht überschauen. Unsere Aufgabe, unsere Bewährung liegt in der Gegenwart. Ich will meinen Teil so gut wie möglich gestalten. Ich will mithelfen, daß gute Chancen genutzt werden. Ich will meine Kraft dazuschießen, wenn Manfreds nachläßt.

Er hatte den festen Willen, normal weiterzuleben, wollte nicht umsorgt und behütet werden. Ihn zu schonen hatte keinen Sinn. Er war es gewohnt, seine Belastbarkeit voll auszuschöpfen, und er wollte es weiterhin. Deshalb unterdrückte ich nicht meinen Wunsch, Konzerte und Theatervorstellungen zu besuchen und Einladungen anzunehmen. Wir konnten von Mal zu Mal entscheiden, ob es ging, aber wir wollten nicht von vornherein verzichten, abwenden, absagen. Wir wollten so viel wie möglich zusammen erleben.

Manfred erzählte uns immer gern von den Martinsabenden, wie sie sie als Kinder in Düsseldorf gefeiert hatten, und einmal, als unsere Kinder noch ziemlich klein waren, hatten wir dieses Fest dort gemeinsam erlebt. Später gedachten wir immer des Rituals der Mantelteilung und der Laternenumzüge und freuten uns an der Erinnerung.

In diesem Jahr wollte ich ihm einen kleinen Martinsabend ins Haus zaubern. Nachmittags buk ich Mutzenmandeln und abends, in der Hoffnung, daß er bald käme, zündete ich endlich mit Alexander den neuen Kamin an. Auf den Tisch stellte ich einen Krug mit fünf oder sechs bunten Laternen und eine Schale frischer Mutzenmandeln.

Manfred kam, erschöpft von dem langen Arbeitstag und der Röntgenbestrahlung, erst um halb zehn nach Hause. Ich hatte in den langen Jahren gelernt, ihn nicht vorwurfsvoll zu empfangen, weil er so spät kam, sondern mich zu freuen, daß er jetzt da war. Er war beglückt über die romantische Szenerie und die liebevolle Atmosphäre, in die er einfach eintauchen konnte. Er setzte sich in unsere Mitte und begann, ein Märchen vorzulesen. Daraus entwickelte sich ein Ritual für viele Abende in den folgenden Wochen: Wenn er abends matt und überanstrengt aus der Firma kam, legte er sich auf das Sofa, Alexander zündete den Kamin an, und einer von uns las eines der Hauff-Märchen vor. Manchmal schlief Manfred dabei ein, dann half ich ihm später ins Bett. Wir zelebrierten diese Abende, und ich sorgte dafür, daß wir alle das Zusammensein als Beglückung empfanden. Ich wollte, daß die Kinder bei ihm waren und ihn erlebten, damit sie einmal gute Erinnerungen hätten.

Am Wochenende arbeiteten wir alle zusammen im Garten. Es war viel liegengeblieben in den letzten Wochen. Manfred verpflanzte mit Alexanders Hilfe einen großen Goldregen. Mit seiner derben Cordhose, den Gummistiefeln und einem uralten Anorak sah er aus wie ein kraftvoller Landmann. Ich betrachtete ihn und konnte es nicht begreifen. Dieser Mann trug den Tod in sich?

Viel später sagte mir Dr. Timm, er habe einen großen Schreck bekommen, als er von der Gartenarbeit hörte. Ein kranker Wirbel hätte brechen und eine Querschnittslähmung verursachen können. Doch das geschah nicht. Wir arbeiteten lange im leichten Nieselregen. In der Garage fand Manfred eine Schachtel mit Blumenzwiebeln und setzte sie bedächtig ein. Würde er sie jemals blühen sehen!

Zu seinem Geburtstag hatten Bernd und Barbara ihm Eintrittskarten für die Staatsoper geschenkt. Er arbeitete täglich wie besessen und kam abends spät und ausgelaugt nach Hause. Ich war in Sorge, ob er in der Lage war, anschließend mit mir auszugehen. Er wurde schon zweieinhalb Wochen bestrahlt.

Er kam eilig aus der Firma, und es war nicht einmal Zeit, etwas zu essen. Eine leichte Übelkeit begleitete ihn ohnehin ständig. So trafen wir die Freunde, wie immer in letzter Minute, im Foyer.

Es war eine wunderschöne Ballettaufführung der Kameliendame, und John Neumeier hatte sie inszeniert. Ich war hingerissen von dem Tanz, dem Farbrausch der Kostüme, die wie Schmetterlingsflügel schwebten, flatterten, sich hoben und senkten, und der ergreifenden Liebesgeschichte. Ich war fasziniert und gefangen. Auf meinem Schoß lag die Hand meines geliebten, meines kranken Mannes. Eine merkwürdige Stimmung überkam mich und Gedanken, die ich vorher nicht gehabt hatte: »Es ist eine Gemeinheit, eine so bodenlose Gemeinheit, diesem Mann, diesem Bild von einem Mann, die Liebesfähigkeit zu nehmen! Ich liebe ihn, ich begehre ihn, ich will von ihm geküßt, gestreichelt und geliebt werden! Ich will das Maß der Liebe mit ihm ausschöpfen! Was passiert, wenn er das alles nicht erwidern kann? Wenn jedes Knistern, jede Spannung dahin ist, wenn er mich nicht mehr begehrt — wer bin dann ich?«

Ich erkannte, wie sehr die Selbsteinschätzung ein Spiegel unserer Umwelt ist. Ich gefiel mir in der Rolle der geliebten, begehrten Frau, sie machte mich heiter und mutig, aus ihr entsprangen Unternehmungslust, Kreativität und Arbeitseifer. Welche Einengung der Lebensbereiche würde der Verlust seiner Liebesfähigkeit auch für mich nach sich ziehen? Würden wir neugierig und offen Unbekanntem gegenübertreten, mutig und zuversichtlich Probleme anpacken? Würde unsere Beziehung ihre Leichtigkeit und Tiefe behalten? Früher war ich manchmal streitbar gegen ihn gewesen, hatte ihn angegriffen, an ihm herumgenörgelt, bis es zu einem kräftigen Streit, einer Entladung gekommen war, deren Gipfelpunkt ein köstliches Liebesspiel voller Hingabe und Erfüllung war. Würde es das je wieder geben?

Ich dachte nicht an die Menschen, die die Operation befürwortet hatten, denn ich glaubte, daß es nötig gewesen war, aber ich dachte an Gott, der die

Krankheit hatte wachsen lassen und nichts dagegen unternommen hatte. Ohnmächtige Wut und Haß stiegen in mir auf: Gott im Himmel, es ist eine bodenlose Gemeinheit!

Verwirrt folgte ich der Musik und dem Schweben auf der Bühne. Ich hielt Manfreds Hand und war froh, an seiner Seite zu sein. Ich will nicht undankbar sein, rief ich mich zur Ordnung. Es ist ein Bereich seiner Persönlichkeit, der verlorengeht, aber wieviel mehr bleibt erhalten! Ich bemerkte, daß ich davon ausging, daß er leben werde.

Nach der Vorstellung besuchten wir eine schummrige, fast dunkle Weinstube in der Nähe des Opernhauses und bestellten Käse und Wein. Manfred hatte seit dem Morgen nichts gegessen. Trotz der Dunkelheit sah ich, daß er leichenblaß war. Er entschuldigte sich, er müsse ein wenig frische Luft schnappen. Ich hatte das Bedürfnis, mit ihm zu gehen und ihn zu beschützen, aber ich wollte ihm nicht das Gefühl geben, hilfsbedürftig und unselbständig zu sein. Wir warteten lange, bis er zurückkam. Er war in dem dunklen Flur zusammengebrochen, hatte sich gerade noch auf einen Stapel Weinkartons sinken lassen können, wo die Wirtin ihm einen kalten Waschlappen auf die Stirn gelegt hatte. Ihr Sohn hatte ihm schließlich aufgeholfen und ihn auf die Straße begleitet. Mir zitterten die Hände. Jetzt geht es los, dachte ich, das ist der Anfang einer bösen Zeit.

Aber am Wochenende, wenn die Arbeiten in der Firma und vor allem die Bestrahlungen fortfielen, ging es ihm besser. Wir gaben einen kleinen Empfang für seine Kollegen und ihre Frauen, ich hatte einen Imbiß vorbereitet und Getränke gekauft. Manfred hielt eine kurze Ansprache, bedankte sich für die Besuche im Krankenhaus und die nette Betreuung, für das Verständnis und die freundschaftliche Rücksichtnahme. Manche Dame hatte noch nie Kontakt zur Firma ihres Mannes gehabt und war froh, die Kollegen, mit denen er täglich umging, einmal kennenzulernen. Wir unterhielten uns über die Rolle der Ehefrau im Berufsleben ihres Mannes und über ihren Anteil an seinem Erfolg. Ich war nicht mehr sicher, in welcher Rolle ich mich befand.

Aber ich wollte mich nicht der Mutlosigkeit hingeben. Ich begann, ihm einen Pullunder zu stricken. Es sollte ein Weihnachtsgeschenk werden. Ich wollte allen, die ahnten, fürchteten oder wußten, zeigen, daß ich nicht aufgab zu hoffen, auch ihm, auch mir.

Ratlos stand ich der Frage nach dem kommenden Skiurlaub gegenüber. Die Kinder drängten mich, endlich ein Quartier zu bestellen. Ich wußte, daß es Zeit wurde und die Entscheidung nicht ohne einleuchtende Erklärung aufgeschoben werden konnte. Aber meine ganze Kraft wurde verzehrt von der Last der Gegenwart, täglich wieder mußte ich den Felsbrocken den steilen Abhang hinaufschaffen, auf daß ich für eine kurze Verschnaufpause das Gesicht heben und den Himmel sehen konnte. Wie sollte ich jetzt vier Monate vorausplanen?

Manfred hielt sich aus diesen Überlegungen heraus. Er hatte andere Sorgen. Aber er beobachtete, was ich tat.

Ich kämpfte lange mit mir, und niemanden konnte ich um Rat fragen. Ich wünschte, es gäbe keine Fragen, keine Entscheidungen, keine Zukunft. Ich hatte zu tun, das Heute hinunterzuwürgen. Wenn ich nicht, wie im Frühjahr beschlossen, wieder die Ferienwohnung in der Schweiz für uns reservieren ließ, mußte

Manfred annehmen, daß ich kein Vertrauen in seine Genesung hatte. Wenn er aber zu krank war, um zu reisen? Ich wollte ihn mit Sicherheit nicht wieder allein lassen. Was aber, wenn er dann schon nicht mehr lebte?

Ich unterschrieb den Mietvertrag. Es war eine wichtige Entscheidung auf die Zukunft hin. Ich war schließlich in der Lage zu denken: Wenn er lebt, werden uns Sonne, Schnee und Bergluft guttun. Wenn er nicht mehr lebt — dann fahre ich trotzdem, mit unseren Kindern.

Es kam die Adventszeit, und Manfred wurde weiter bestrahlt. Jeden neuen Tag erwarteten wir mit Unruhe und Spannung. Wie lange konnte er so noch durchhalten?

Beim Erwachen fühlte er sich matt und zerschlagen, die Glieder waren steif, und Übelkeit belastete ihn. Aber wenn er sich erst einmal gewaschen und rasiert hatte und wir zusammen am Frühstückstisch saßen, kehrte Tatendrang in ihn zurück. Noch immer fuhr er mit dem Wagen in die Klinik und ins Büro und arbeitete bis in die späten Abendstunden. Noch blieb die Haut an den Bestrahlungspunkten unversehrt.

»Daß Manfred so stabil ist und alles so gut erträgt, beeinflußt natürlich auch die Beurteilung der Aussichten«, sagte mein Vater dazu. Ich war ihm dankbar für eine solche Bemerkung und wollte es nicht genauer wissen. Es bestand keine Gefahr, daß ich mich in Sicherheit wiegte. Zu groß war meine Angst um ihn, zu groß die Verunsicherung meiner ganzen Lebensgrundlage, zu deutlich die Aussage des Arztes. Und ich sah auch, daß mein Vater sich Sorgen machte, wenn auch verschlüsselt: Es war der Hochzeitstag meiner Eltern, den wir zu viert feierten. Wir waren von einer Fröhlichkeit und Ausgelassenheit, als tanzten wir auf dem Vulkan. Mein Vater sprach und trank mehr als gewöhnlich, prostete Manfred zu und sagte bewegt und mit einem hilflosen Lächeln: »Du bist mein bester Freund!« Ich spürte seine Verzweiflung, seinen Wunsch, ihn zu halten. Er konnte nicht fassen, was mit seinem Schwiegersohn geschah und daß er als Arzt tatenlos zusehen mußte. Er wollte ihm zeigen, wie sehr er an ihm hing und was er ihm bedeutete. Ihn drängte es, dies wenigstens einmal auszusprechen, bevor es zu spät war.

Ich holte Tannenzweige und band einen großen Adventskranz. Zahlreiche bunte Zinnfiguren hingen von ihm herab, die meisten hatte Manfred gekauft. Jeden Abend zündeten wir die Kerzen an, wenn er sich nach dem Büro auf das Sofa legte. Alexander entfachte ein Feuer im Kamin. Wir saßen beisammen und erzählten von den Ereignissen des Tages oder planten nahe bevorstehende. Der Duft des Räuchermännchens und selbstgebackener Kekse zauberten eine festliche Stimmung. War dies unsere letzte gemeinsame Adventszeit? Ich bemühte mich, traurige, verzweifelte Gedanken zu unterdrücken, solange wir beisammen waren. Ich verschob sie einfach. Morgen, wenn er wieder in der Firma war, war so viel Zeit zum Weinen. Wenn dies unsere letzte gemeinsame Adventszeit war, wenn Bitternis und Abschied in ihr lagen, so sollte es doch eine erfüllte, eine intensiv erlebte, schöne Adventszeit werden.

Ich schmückte das Haus mit Tannenzweigen und Silbersternen und stellte die vielen hölzernen Engel, den großen bunten Nußknacker und die Weihnachtspyramide auf. Manfred liebte alle diese Dinge und war froh, daß es wie immer war. Um das Bild abzurunden, legte er eine Platte mit weihnachtlicher Barockmusik auf. An jedem Adventssonntag legte er den Kindern ein kleines Päckchen auf den Frühstücksteller, einen Engel für Stephanies himmlisches Orchester, einen Zinnanhänger für Alexander. Auch das war wie immer.

Wir trafen uns mit Freunden zum Kegeln und zu einem deftigen Essen. Wir erlebten ein festliches Adventskonzert in der wunderschönen, kerzengeschmückten Michaeliskirche und aßen anschließend Weinbergschnecken. Wir lauschten unserer Freundin Anne und ihrem Chor bei der Krönungsmesse in der uralten Bergstedter Dorfkirche, aßen bei Helga und Volker Raclette und besuchten die Weihnachtsmesse der Kunsthandwerker im Museum für Kunst und Gewerbe. Wir waren glücklich um alles, was wir zusammen erleben konnte. Wir nutzten unsere Zeit.

Einmal übte Manfred mit Alexander für eine Musikarbeit. Es ging um Spirituals und Gospelsongs. Mit seiner tiefen, vollen Stimme sang er: »Nobody knows the trouble I have seen, nobody knows my sorrow!« Es schnitt mir ins Herz. Ich ging in die Küche und hielt mir die Ohren zu.

Manchmal mußten wir auch eine Einladung kurzfristig absagen, eine Konzertkarte verfallen lassen. Das ließ sich nicht ändern. Alle Verabredungen waren unter Vorbehalt getroffen worden. Es kam vor, daß Manfred mich aus der Firma anrief, um mir zu sagen, daß er sich ziemlich wohl fühle, sich aber, wenn er eine halbe Stunde später zu Hause war, erschöpft und niedergeschlagen ins Bett legen mußte. Das geschah um so häufiger, je näher das Weihnachtsfest rückte. Aber wir beklagten uns nicht. Er wurde schon sechs, schon sieben Wochen bestrahlt. Wir glaubten jetzt, daß er so bis zum Ende der Bestrahlungen durchhalten würde. Er war so unglaublich tapfer und willensstark.

Er arbeitete bis zur Erschöpfung an seinem Schreibtisch, in Besprechungen und Konferenzen. Ich konnte an nichts anderes denken als an ihn. Fast täglich rief ich ihn im Büro an, fragte leichthin, wie es ihm gehe und was er mache. Er freute sich, meine Stimme zu hören, erzählte in kurzen Worten, was ihn beschäftigte, und sagte, daß er mich liebe. Abends, wenn er noch später im Büro saß, als er gedacht hatte, rief er mich noch einmal an. »Ich komme gleich«, versprach er. Ich wußte, daß es bestimmt noch eine Stunde dauern würde. »Ich habe einen schönen Salat für dich gemacht«, sagte ich, oder »heute abend bekommst du Hering in Sahnesoße«, um sein Bedürfnis danach zu wecken. Wegen der Übelkeit merkte er gar nicht, daß er Hunger hatte, und ich wußte, daß er sich keine Zeit für eine Mittagspause nahm. Ich wollte ihn so gern verwöhnen. Und ich wollte, daß er bei mir war, daß sein Anblick die Angst verjagte.

Ich lebte gleichzeitig auf zwei Ebenen. Ich verfolgte mit Eifer das Ziel, die Situation, in die wir geworfen waren, zu bewältigen, indem ich die Probleme des Augenblicks packte und dieser Zeit Tag für Tag eine Gestaltung, eine Prägung aufdrückte, die ihr Wert verlieh. Die Einstellung und Kraft dazu erwarb ich mir in täglichem Kampf, in dem ich mich immer wieder von neuem mit meiner Angst auseinandersetzen mußte. Während ich versuchte, meine täglichen Pflichten zu erfüllen, damit für die Kinder und für uns alle das Leben einen geregelten, normalen Gang nehmen konnte, überfiel mich die Verzweiflung wie ein riesenhafter Skorpion und stieß mir ihren Stachel ins Herz. Ich war verwundet, ich schrie meinen Schmerz hinaus, warf mich auf mein Bett und weinte. Ich wollte sterben, um allem zu entfliehen.

Aber es regten sich Abwehrkräfte. Ich konnte Manfred nicht allein lassen mit seinem Schicksal. Ich mußte weitermachen wie bisher, damit es erträglich war.

Das glanzvollste Ereignis in dieser Vorweihnachtszeit war ein festlicher Ball. Stephanie hatte einen Tanzkurs besucht. Der Abschlußball fand Anfang Dezember in den Festsälen eines Hotels statt, und sie wollte ihn mit uns besuchen.

Ich bereitete alles vor, damit es ein glücklicher Abend werde. Aus hellblauem Batist nähte ich ihr ein zauberhaftes, volantbesetztes Ballkleid. Ich besorgte einen zierlichen silbernen Ring mit blauen Edelsteinen. Manfred wollte ihn ihr als Erinnerung an ihren ersten Ball an den Finger stecken. Aber noch am Nachmittag wußte ich nicht, ob er würde mitgehen können. Ich betete darum. Und um Kraft für mich.

Manfred kam wahrhaftig rechtzeitig aus der Firma, war froh gestimmt und stieg in seinen elegantesten Anzug. Er wurde schon vier Wochen bestrahlt. Wenn er nur nicht zusammenbrach! Ich wünschte, daß der Abend schon glücklich vorüber wäre.

Ich entzündete alle Kerzen im Wohnzimmer und füllte Sekt in hauchdünne Schalen. Manfred überreichte seiner Tochter den kleinen Ring, und sie schlang ihm begeistert die Arme um den Hals. Sie sah bezaubernd aus, aufgeregt und voller Erwartung. Wir machten einige Fotografien, bevor wir ins Auto stiegen.

Es war ein merkwürdiger Abend. Ich schwebte irgendwo zwischen Gegenwart und vollendeter Vergangenheit: Es wird ein glücklicher Abend gewesen sein. Ich sah uns zu, wie wir durch die festlich erleuchteten Säle schritten. Wir saßen zusammen mit anderen Eltern und Tanzschülern an einem großen Tisch, plauderten munter und tranken Wein. Wir tanzten langsam und anschmiegsam, denn Manfred hatte Schmerzen. Eng umschlungen wiegten wir uns im Takt der Musik. So hatten wir uns kennengelernt, damals, am Anfang. Wo waren wir jetzt? Ich empfand strömende, zärtliche Liebe für ihn — an anderes wollte ich nicht denken. Alexander kam mir in den Sinn, hochaufgeschossen und ernst, und ein schwarzes Abendkleid.

Wenn der Rhythmus der Kapelle besonders heiß war, bat Manfred seine Tochter um einen Tanz. Er wirbelte mit ihr über die Tanzfläche, bis sie mit roten Wangen, nach Atem ringend, an den Tisch zurückkehrte. Sie strahlte ihn bewundernd an, er lachte froh und reichte ihr seinen Arm. Es war ein glücklicher Abend.

Auch am Vormittag des Heiligen Abends fuhr Manfred zur Bestrahlung in die Klinik. Mehr als sieben Wochen lagen hinter ihm. Er hoffte, es sei das letzte Mal, und er werde sich in den Weihnachtsferien richtig erholen. Enttäuscht nahm er zur Kenntnis, daß er noch bis zur Jahreswende bestrahlt werden sollte, aber er wehrte sich nicht dagegen. Er wollte geduldig tun, was die Fachleute für richtig hielten, um der Krankheit Herr zu werden.

Wie gewöhnlich schmückte er schon am Abend zuvor den Weihnachtsbaum. Er saß auf dem Boden, um aus zahlreichen Schachteln die kleinen, einzeln eingewickelten Anhänger auszupacken. Liebevoll und mit Bedacht teilte er jedem seinen Platz am Baum zu. In voller Lautstärke drang festliche Barockmusik durch das Haus. Ein Paravent verstellte den Blick auf den Baum. Auch ich wollte überrascht werden. So war es seit unserem ersten Weihnachtsfest vor fünfzehn Jahren.

Damals sah ich mit fast furchtsamer Spannung dem Heiligen Abend entgegen. Das erste Mal nicht bei den Eltern, allein mit einem Mann, der mir noch nicht ganz vertraut war, werdendes Leben im runden Bauch und vor einem eigenen Tannenbaum. Würde peinliche Rührseligkeit entstehen oder gar sprachlose Fremdheit angesichts der ungewohnten Situation und unserer hohen Erwartungen? Wie wenig kannte ich doch meinen Mann! Er nahm meine Hand, stellte sich mit mir vor dem strahlenden, glitzernden Weihnachtsbaum auf und hub an, aus voller Kehle zu singen. Ich sah ihn verwundert an und mußte lachen. Dann sang ich mit.

Als wir zum Gottesdienst kamen, war er schon fast vorüber. Ich war enttäuscht und verärgert. Ich hätte mich nach den Anfangszeiten erkundigen sollen. Zwar sollte die nächste Andacht bald darauf beginnen, aber so lange konnte Manfred nicht auf der harten Bank sitzen. Wir blieben im Vorraum hinter einer Anzahl von Menschen stehen, die keinen Platz mehr in der kleinen Kirche gefunden hatten. Manfred und Stephanie konnten über ihre Köpfe hinwegsehen. Wir hörten die festlichen, frohen Gesänge und Segenswünsche. Ich war traurig. Ich sah Manfred stehen wie einen Fels in der Brandung, groß, stark scheinend und so zerbrechlich, so krank, dem Tod so nah. Es war nicht zu ertragen. Mir wurde heiß, ich mußte mich stützen, mich setzen. Es kann nicht wahr sein! Er muß leben! Gott im Himmel, er ist einer deiner Besten! Nimm mich für ihn! Ich bin schwach, meine

Möglichkeiten sind beschränkt auf einen kleinen Wirkungskreis, er aber bewirkt so viel Gutes, tut an seinem Platz mehr in deinem Sinne als mancher deiner Hirten in den Kirchen. Laß ihn doch nicht sterben!

Ich mußte mich zusammenreißen. Ich konnte den Kindern und ihm meine Verzweiflung nicht zeigen. Nur nicht schwach werden! Keine trüben Gedanken! Wenn dies unser letztes Weihnachtsfest war, sollte es doch ein schönes sein!

Ich konnte die Tränen nicht ganz unterdrücken, sie liefen mir still über das unbewegliche Gesicht. Ich versuchte, mich auf einen Punkt zu konzentrieren und an das Abendessen zu denken. Manfred setzte sich neben mich und legte den Arm um meine Schultern. Er sagte nichts. Wir sahen uns nicht an. Was mochte er denken und fühlen? Womit rechnete er?

Ich war nicht sicher, ob er nicht an dem gleichen Punkt war wie ich. Er demonstrierte Hoffnung, Zuversicht und Stärke. In der Weihnachtspost schilderte er seine Situation genau wie im Freundeskreis und in der Firma: Durch die Operation und die Medikamente sollte der hormongespeiste Tumor von selber einschrumpfen. Die Bestrahlung sollte dies sicherstellen und beschleunigen. Das klang sehr vernünftig.

Mußte aber nicht gerade die Bestrahlungstherapie, die der Professor für nicht nötig erklärt hatte, Zweifel an dem Erfolg der Operation wecken? Machte ihn die ungewöhnlich lange Bestrahlungsdauer nachdenklich? Ließ sie ihn befürchten, daß es in Wirklichkeit schlimmer war, als er gedacht hatte? Rechnete er vielleicht sogar damit und setzte sich damit auseinander? Zog er den Tod in Erwägung?

Als wir die Kirche verließen, war es dämmrig. Manfred setzte mich vor unserer Tür ab und fuhr mit den Kindern weiter, um einen kurzen Besuch bei Freunden zu machen. Es war heute ihr fünfter Hochzeitstag, und Manfred war Trauzeuge gewesen. Er hatte es sich zur Gewohnheit gemacht, ihnen einen Blumenstrauß zu bringen und nachzusehen, ob die Ehe noch in Ordnung war.

Ich war allein zu Hause. Ich weinte, heulte, schluchzte und schrie und wünschte, tot umzufallen. Aber ich riß mich wieder zusammen. Ich wollte froh sein, wenn Manfred und die Kinder zurückkamen. Wir lebten jetzt! Jetzt waren wir zusammen und wollten Weihnachten feiern! Was scherte uns die Zukunft? Niemand wußte doch, was auf ihn zukam, und das war gut so. Was würde man planen, woran mit Freuden arbeiten und bauen, wenn man den Ausgang wüßte! Der Sinn konnte nicht im Ergebnis liegen, nur in dem Weg, den man ging. Also Kopf hoch! Mut und Haltung!

Ich nahm die weiße Tischdecke mit goldenen Sternen, die Manfred mir geschenkt hatte, und deckte den Tisch zum Abendessen. Ich schmückte ihn mit Tannenzweigen, Engeln und Kerzen. Das machte mir Freude. Dann wusch ich mir das Gesicht und schminkte mich frisch.

Manfred und die Kinder kamen frohgestimmt. Wir kleideten uns festlich. Manfred zündete die Kerzen am Tannenbaum an, legte die Schallplatte mit Weihnachtsliedern auf, die mit Glockengeläut beginnt, stellte den Paravent beiseite. Die Geschenke lagen bunt verpackt unter dem Baum. Ich war überwältigt von dem festlichen Anblick, mehr noch als in den anderen Jahren. Wir faßten uns bei den Händen und stellten uns im Halbkreis vor den Baum. Manfred unterbrach den Plattenspieler. Wir sangen »O du fröhliche«, »Stille Nacht« und »Süßer die Glocken nie klingen«. Ich bekam zuerst keinen Ton heraus und mußte mich häufig räuspern.

Was geschieht mit uns, heiliger Vater, der Du uns Deinen Sohn geschickt hast, auf daß alle unsere Sünden vergeben werden? Was hast Du mit uns vor? Wirst Du es zulassen, daß diese kleine glückliche Familie zerstört wird?

Ich konnte Manfred nicht ansehen beim Singen. Ich schaute zum Tannenbaum, der wunderschön strahlte und mit kleinen Holzspielsachen geschmückt war. Schlitten mit bunten Päckchen darauf, Nußknacker, Schneemänner, der Nikolaus und Musikanten in Uniformen. Dazwischen rotlackierte Herzen, die die Kinder vor Jahren mit der Laubsäge hergestellt hatten, an goldenen Bändchen. Und oben eine große Engelschar mit ausgebreiteten Flügeln und kurzen Hemdchen, einer in der Mondsichel sitzend, ein anderer auf einem Stern. Die roten Kerzen steckten in Haltern, die mit einem dicken, leuchtend rot lackierten Apfel beschwert waren. Der Baum war ausladend und reichte bis zur Decke.

Wir umarmten und küßten uns und wünschten uns frohe Weihnachten. Manfred ließ die Platte weiterspielen, sank erschöpft in einen Sessel und öffnete die bereitgestellte Sektflasche. Die Kinder begannen, nach Päckchen zu suchen, die mit ihren Namen versehen waren, und überreichten uns ihre liebevoll gebastelten Geschenke. Ich setzte mich vor Manfred auf den Fußboden und legte meinen Kopf in seinen Schoß.

Nach dem Essen legte Manfred sich auf das Sofa und schlief sofort ein. Er litt ständig unter Rückenschmerzen, die er mit Zäpfchen bekämpfte, unter Schwäche und Übelkeit. Beim Gehen zog er das linke Bein ein wenig nach. Aber die Haut an den Bestrahlungsstellen wies keine Verbrennungen auf, nicht einmal eine Rötung. Wie war es möglich, daß die Bestrahlung ihm so wenig zu schaffen machte? Sie sollte das bösartige Gewebe zersetzen, dessen Abbau den ganzen Körper stark belastete. Mußte seine Widerstandskraft nicht bedeuten, daß die Therapie nicht so wirksam war, wie sie sollte?

Helga und Volker kamen mit ihren drei Kindern herüber, um mit uns auf ein frohes Weihnachtsfest anzustoßen. Die Kinder waren fröhlich und berichteten sich gegenseitig von ihren Geschenken. Tim spielte uns seine ersten eingeübten Liedchen auf der Blockflöte vor, während Helga auf die Noten zeigte. Manfred kam kaum zu sich, aber die Geräusche störten ihn nicht. Er bat uns, ihn nicht allein zu lassen.

Die folgenden Tage waren ausgefüllt mit Besuchen und geruhsamen Stunden zu Hause. Nach einer erfrischenden Nachtruhe fühlte Manfred sich wohl und unternehmungslustig, aber im Laufe des Tages ließen seine Kräfte nach. Blaß und erschöpft legte er sich ein wenig zur Ruhe. Aber immer wieder raffte er sich auf, kleidete sich sorgfältig, führte angeregte Gespräche, öffnete Sektflaschen: Nur den Mut nicht verlieren, nur die Angst nicht Oberhand gewinnen lassen!

Meine Schwester Petra umschmeichelte ihn liebevoll. »Wenn du einmal so erfolgreich bist«, sagte sie zu Wolfgang auf einem gemeinsamen Spaziergang, »kaufst du dir auch so schöne Anzüge!« Schnee lag auf den Straßen, und Manfred und die Kinder bewarfen sich mit Vogelbeeren. Manfred widersprach: »Solche Anzüge kauft man für sich. Dann tragen sie zum Erfolg bei.« Er erzählte von seiner ersten großen Anschaffung. Als Schüler verdiente er sich Geld in einer Glasfabrik. Von seinem ersten Monatslohn kaufte er einen eleganten Sakko bei dem ersten Herrenausstatter der Düsseldorfer Königsallee. Das war Anfang der fünfziger Jahre, und seine Freunde erklärten ihn für verrückt.

Nachdenklich gingen wir nebeneinander her, Petra und ich. Ich war mit Sorgen beladen, aber nicht ohne Hoffnung. »Du bist noch so jung«, sagte sie, »du kannst noch so vieles beginnen. Du bist nicht stehengeblieben, sondern hast dich an Manfreds Seite weiterentwickelt zu einer attraktiven und interessanten Frau.« Ihr flog eine Dolde von Vogelbeeren ins Haar, und die anderen lachten. »Aber vielleicht wird alles wieder gut.«

Sie fragte mich, ob es Verständigungsschwierigkeiten zwischen uns gäbe. Ich dachte an diese Möglichkeit gar nicht mehr. Zu Anfang hatte ich mir große Sorgen gemacht, daß die Hormonumstellung Manfred nervös und schwierig im Umgang machen könnte, ganz zu schweigen von der seelischen Belastung, unter der er stand. Ich hatte befürchtet, daß er reizbar oder unduldsam werden könnte und daß ich, da auch meine Nerven bis zum Zerreißen gespannt waren, es nicht schaffen würde, ausgleichend und beruhigend zu wirken. Aber nichts von dem war eingetreten. Wir gingen liebevoll und zärtlich miteinander um, und Manfred erschien mir ruhiger und konzentrierter als zuvor. Und die verzweifelten Kämpfe, die ich mit mir führte, wenn ich allein war, gaben mir Kraft. Ich übte, die Last zu tragen. Ich nahm nie ein Beruhigungsmittel.

Manfreds Mutter und seine Schwester kamen für ein paar Tage aus Düsseldorf. Wir saßen gemütlich am Kamin, betrachteten den strahlenden Tannenbaum, um dessen Fuß Alexander seine Eisenbahn fahren ließ, tranken Irish Coffee und lauschten Stephanie, die wunderbare Stücke auf der Querflöte spielte. Wir machten alle zusammen einen Ausflug in das weihnachtlich geschmückte Lübeck, bummelten Arm in Arm durch die Altstadt und aßen Marzipantorte. Vor dem Schaufenster eines Antiquitätengeschäftes blieben wir lange stehen: »So einen Schreibtisch möchte ich irgendwann einmal haben«, sagte Manfred, »riesengroß und voller Bücher. Wir sitzen uns gegenüber und arbeiten, trinken ein Glas Wein und lächeln uns manchmal durch meinen Pfeifenrauch zu.«

Am Morgen des 31. Dezember fuhr Manfred zur letzten Bestrahlung. Die Ärztin nahm eine Abschlußuntersuchung vor und war zufrieden. Aber sie erlaubte ihm noch nicht zu baden. »Dann muß ich wohl wieder vom Tisch springen, damit der Schmutz abblättert«, lachte er. Sie sah ihn erstaunt an, lächelte verwundert und überprüfte die Entscheidung noch einmal, um sie zu revidieren. Der Haut war keine Reizung anzusehen.

Frohgelaunt kam Manfred nach Hause. Jetzt konnte es bergauf gehen! »Irgendwann will ich euch erklären, was das für eine Krankheit ist, unter der ich leide«, sagte er zu den Kindern. »Ja«, sagte Alexander, »ich werde manchmal gefragt und weiß dann nichts Richtiges zu sagen.« Aber Stephanie wollte es gar nicht so genau wissen.

Ich schwebte zwischen Traum und Wirklichkeit und wußte nicht, wo die Grenze, wo der Unterschied lag. Manfred war so zuversichtlich, ihm war, als hätte er das Schlimmste hinter sich. Ich bereitete ihm sein erstes köstlich durftendes Bad, schrubbte ihm den Rücken und freute mich, wie sehr er es genoß. Ich deckte den Tisch fröhlichbunt für das abendliche Festessen, und um Mitternacht stießen wir an auf ein glückliches neues Jahr.

Ich fühlte mich verwirrt, verirrt wie ein Kind im Spiegellabyrinth. Verliebt und leidenschaftlich legte Manfred sich zu mir und ich empfing ihn voller Hingabe. »Weine nicht«, bat er mich. So begann das neue Jahr.

DIE KLEINE PFLANZE HOFFNUNG

Wir wollten unsere Zeit nutzen. Arm in Arm bummelten wir durch Hamburgs Einkaufspassagen, um eine neue Lampe auszusuchen. Als Manfred plötzlich übel wurde, setzten wir uns und tranken einen Tee. Nach dieser langen Bestrahlungszeit war ein leichter Schwächeanfall doch nur natürlich.

Wir gingen zusammen in die Sauna und in ein italienisches Spezialitätenrestaurant, und am Sonntag legte Manfred sich auf den Fußboden, um mit Alexanders Hilfe Fußleisten anzubringen, die ich zurechtgesägt hatte. Dies war bedeutsamer als es scheint: Der Anbau stand nun schon acht Jahre, und es störte mich, daß der letzte Abschluß noch immer fehlte. Verwundert hörte ich irgendwann einmal Manfreds Erklärung: »Ich will eigentlich gar nicht, daß die Fußleisten angebracht sind, denn dann ist alles so fertig.« Jetzt brachte er sie an.

Das tägliche Leben nahm wieder seinen normalen Lauf. Ich arbeitete mittwochs bei meinem Vater in der Praxis, besuchte meinen Italienisch-Kurs, verteilte Schulmilch und ging zu Geburtstagskaffees. Stephanies Schulbesuch wurde unterbrochen von einem dreiwöchigen Praktikum bei einem Rechtsanwalt, von dem sie abends erschöpft, aber angeregt und fröhlich nach Hause kam.

Manfred nahm seine Arbeit in der Firma wieder auf

und bereitete mit seinen Kollegen die verschobene Japanreise vor. Aber sein Zustand verbesserte sich nicht. Er hatte morgens Schwierigkeiten, in Gang zu kommen, brauchte viel Zeit im Bad, beim Anziehen und beim Frühstück, bis er sich in der Lage fühlte, ins Auto zu steigen und zur Firma zu fahren. Abends fühlte er sich matt und zerschlagen. Die Schmerzen nahmen wieder zu.

Die Euphorie des Jahreswechsels wich einer steten Abgeschlagenheit, die manchmal in Mutlosigkeit abzusinken drohte. Das Gehen bereitete ihm Schmerzen, aber auch nach längerem Sitzen rutschte er unruhig auf dem Stuhl hin und her. Wie sollte er den achtzehnstündigen Flug nach Tokio durchstehen, die anstrengenden, alle Konzentration erfordernden Gespräche dort führen? Das Flugticket war für den 23. Januar gebucht. Ging es bis dahin bergauf — ging es überhaupt bergauf?

Er arbeitete bis zum Umfallen. Er wollte nicht nur seine Arbeiten erledigen, er wollte auch seine Belastbarkeit testen und steigern. Nichts sollte ihn hindern, nach Japan zu reisen! Es war ein Jugendtraum von ihm, einmal das Land der aufgehenden Sonne zu sehen, dessen Federzeichnungen und Gedichte er liebte.

Abends versuchte ich, ihn aufzumuntern, verwöhnte ihn mit kleinen Leckerbissen, nahm ihm die Kleidungsstücke ab und bereitete das Bett. Ich schonte ihn jetzt und wollte ihm gern alles abnehmen, denn ich sah, daß er am Ende seiner Kräfte war. Auch mir war es wichtig, daß er nach Japan reiste. Er hatte ein nahes Ziel vor Augen, für das er sich aufbaute, so gut es nur ging. Womöglich war dies die letzte

Chance für ihn, eine solche Reise zu unternehmen. Ich unterstützte ihn und machte ihm Mut. »Warte nur ab, bis dahin geht es dir bestimmt besser!«

Aber meine Zweifel wuchsen. Ich hatte mich immer wieder zu überzeugen versucht, daß alles gut werden könne. Wenn die Verzweiflung und Angst mich zu überwältigen drohten, redete ich mir ein: »Wir werden es schaffen! Weil wir es mit jeder Faser unseres Herzens wollen. Und weil Manfred stark ist.« Jetzt sah ich, daß er schwächer wurde.

Trat die Voraussage des Arztes ein? War die Phase vorüber, in der wir ihn nicht brauchten? Kam eine schlimme, eine entsetzliche Zeit auf uns zu? Ich wurde hin- und hergerissen von Sorgen, Zweifeln und Angst.

Und dann gab es Tage, an denen ich ruhig wurde, fast nüchtern, der Krankheit und unserer Zukunft distanziert gegenüberstand. »Manfreds Schicksal ist besiegelt«, dachte ich und versuchte, mich damit zu arrangieren. »Hoffentlich dauert es nicht so lange!« An einem solchen Tag fragte Manfred mich: »Liebst du mich nicht mehr?« »Doch«, antwortete ich, »ich glaube, der liebe Gott gönnt mir nur eine kleine Ruhepause, um zu verschnaufen und Kräfte zu sammeln.« Ich hatte kein schlechtes Gewissen dabei. Was mir half, half auch ihm.

Unter dem Druck der inneren Spannungen begann ich, eine Art Tagebuch zu schreiben: »Diese Zeit seit der tödlichen Diagnose ist für mich ein ungeheurer, zehrender Kampf von Ängsten und Verzweiflung, Liebe und Hoffnungslosigkeit, Zuversicht, Trauer, Mitleid und immer wieder Angst«, notierte ich zu Beginn. »Ich habe den Eindruck, daß wellenförmig in unterschiedlicher Folge eine Grundstimmung die Oberhand gewinnt. Um das festzustellen, zu ordnen und zu beschreiben, nehme ich mir vor, von Zeit zu Zeit Aufzeichnungen zu machen, so wie ich das Bedürfnis habe und es mir wichtig erscheint.«

Es bedeutete den Versuch, mir die Vorgänge in meinem Inneren bewußt zu machen, um nicht den Halt zu verlieren, um nicht von einem Strudel von Empfindungen fortgerissen zu werden. Es war aber auch noch eine andere Idee im Spiel. Ich hatte kürzlich beobachtet, daß Manfred in einem Kalender Aufzeichnungen über sein körperliches Befinden und seine seelische Verfassung machte. Ich sah ihm nur kurz über die Schulter, als er zu Hause am Schreibtisch saß, und ich wußte nicht, wie ausführlich und kontinuierlich er dies tat. Wenn wir nun beide unsere Beobachtungen und Erfahrungen aus den situationsbedingt gegensätzlichen Blickwinkeln niederschrieben und irgendwann, wenn alles überstanden war, die Aufzeichnungen rhythmisch miteinander verknüpften, könnte uns daraus ein wichtiges gemeinsames Werk erwachsen, nun, da wir keine Kinder mehr zusammen haben konnten, das uns half zu verstehen und zu verarbeiten, was mit uns geschah. Vielleicht war es auch möglich, anderen Menschen, die in eine vergleichbare Lage kamen und sich mit diesem Thema auseinandersetzen mußten, ein wenig zu helfen, wenn man es ihnen zugänglich machte. Denn unvorbereitet trifft es uns, und Angst haben wir, eine so furchtbare, erschütternde Angst vor dem Tod, der Trennung für immer, unfreiwillig, unausweichlich, erzwungen, obwohl man sich so sehr liebt, so aneinander hängt, so zusammengehört, sich gegenseitig geformt und verändert hat durch viele fruchtbare, lebendige Ehejahre, daß man nicht mehr unterscheiden kann, welche Entwicklung unbeeinflußt in jedem Fall stattgefunden hätte, welche der Partner erst zur Entfaltung gebracht hat, weil er gezeigt hat, daß er Freude gerade an dieser Komponente des eigenen Wesens hat, und welche nur möglich war aus dem Wechselspiel der beiden Charaktere. Ich flüchtete mich häufig in mein Notizbuch und vertraute mich ihm an, ich leerte mich aus in ihm. So verhalf es mir zu neuer Kraft.

Es war richtiger Winter geworden in Hamburg. Straßen und Dächer waren voller Schnee, an den Büschen und Bäumen glitzerten und glänzten Kristalle von Rauhreif. In der Luft flirrten sie, von leichtem Wind heruntergeblasen, wie feine Glassplitter.

Als ich morgens in die Praxis fuhr, mußte ich das Haus noch früher verlassen als sonst, denn die Straßen waren kaum gestreut. Es war stockdunkel draußen, und Manfred blieb noch im Bett liegen. Die Nächte waren nicht erholsam und erfrischend für ihn. Er wälzte sich herum und stöhnte im Schlaf. Auch ich schlief unruhig, aber ich träumte Belanglosigkeiten, die ich am Morgen vergessen hatte. Sie waren weder beängstigend noch beglückend oder beschönigend, sie erfüllten keine Wünsche und machten nichts ungeschehen. In dieser Nacht aber hatte ich einen bösen Traum gehabt:

Ich ging in einem Krankenhausgelände auf ein Gebäude zu, um Manfred zu besuchen. Vor der Tür waren zwei Krankenschwestern dabei, ein leeres Bett zu schieben. Sie blieben stehen, als eine Besucherin sie ansprach. Sie war ängstlich und besorgt um ihren Mann. Die Schwester besänftigten und trösteten sie: »Es ist doch gar nicht so schlimm bei Ihrem Mann, er

83

*wird schon wieder gesund! Nehmen Sie sich mal
ein Beispiel an ihr« — sie wiesen auf mich —, »ihr
Mann ist nämlich schon durch und durch von der
schrecklichen Krankheit befallen. Es dauert nicht
mehr lange mit ihm. Und sie kommt immer so tapfer
zu ihm und macht ihm Mut!« Ich nickte ihnen traurig
lächelnd zu und ging weiter, war aber zutiefst entsetzt, denn die Wahrheit, die die Schwestern da gerade
ausgesprochen hatten, war mir unbekannt gewesen,
ich hatte sie nur befürchtet. Nun wußte ich es. Weinend erwachte ich.*

Ich küßte Manfred und ließ ihm und den schlafenden
Kindern den gedeckten Frühstückstisch mitsamt
Schulbrot, Mandarinen und heißem Tee auf der
Wärmplatte zurück.

Ich versuchte mühsam, meine Gedanken auf das
Ausschreiben von Rezepten, das Ansetzen des Be-
strahlungsgerätes und die Untersuchung von Urin zu
konzentrieren. Anschließend fuhr ich, wie gewöhnlich, zu meiner Muter. Wir erzählten uns von Unternehmungen, die hinter uns lagen oder geplant waren,
sprachen lebhaft und lachten viel. Das tat mir gut.
Über unsere Angst um Manfred sprachen wir nicht.

Er flog an diesem Vormittag zu Personalgesprächen
nach Düsseldorf und wollte erst am folgenden Tag
zurückkommen. Wieder erstand die Illusion, daß alles
seinen normalen Gang nahm. So verbrachte ich einen
fröhlichen Kaffeenachmittag mit angeregten Gesprächen in der Nachbarschaft. Dort wußte keiner von
Manfreds Krankheit, und ich sprach nicht darüber.
Ich wollte gar nicht daran denken.

Als ich dann aber allein und zu Fuß den kurzen
Heimweg durch den Schnee und eine dunkle, neblige

Luft antrat, überfiel mich wieder wahnsinnige Angst: Zu denken, ich käme nach Hause und wüßte, er wäre nicht da, heute nicht und morgen nicht, überhaupt nie wieder — ich könnte es nicht ertragen! Warum überfällt man mich nicht und schneidet mir die Kehle durch — dann wäre alles vorüber! O Gott, ich hasse Dich, wenn Du ihn mir nimmst! Ich will ja alles mit ihm durchstehen, ich will ihm helfen, wieder auf die Beine zu kommen, will ihn trösten und bei ihm sein, wenn er nur nicht fortgeht und mich hier allein läßt! Mir war, als müßte ich zerspringen, und ich wünschte es mir von Herzen.

Manfred kam froh von seiner kleinen Reise zurück: Die Abwechslung hatte ihm gutgetan. Das gab uns Hoffnung für Japan. Es waren nur noch zehn Tage bis zur Abreise. Am Sonnabendvormittag sprach er auf einem Seminar. Ich raffte mich auf und ging mit Alexander und Jan auf den Wiesenteichen Schlittschuh laufen. Wir spielten mit großem Einsatz Eishockey. Das machte mir viel Spaß und verdrängte die Sorgen für eine Weile. Sogar die Alster war ganz zugefroren, nicht nur der große See in der Innenstadt, auch der gesamte Flußlauf, der in unserer Nähe vorbeiführte.

Vor zwei Jahren war dieser ungewöhnliche Zustand schon einmal eingetreten. Damals packten Helga, Volker und ihre Kinder und wir kurzentschlossen Frikadellen, hartgekochte Eier, belegte Brötchen und Glühwein zusammen und machten uns auf Schlittschuhen auf den Weg zur Außenalster. Manfred trug unseren Rucksack, Tim wurde auf dem Schlitten gezogen, weil er noch nicht Schlittschuh laufen konnte. Wir waren fröhlich und in dem stolzen Bewußtsein, etwas Besonderes zu unternehmen. Vom

Fluß her, der hier immerhin schon eine Breite von etwa zehn Metern aufwies, hatten wir eine reizvolle Perspektive in die verschneiten Gärten der großen Villen. Wir liefen auch vorbei an kleinen Bootswerften, Schrebergärten, bis sich hinter dem Feenteich und der Krugkoppelbrücke die riesige Eisfläche der Außenalster öffnete. Weit vorn über der Lombardsbrücke, die die Außenalster von der Binnenalster trennt, erhoben sich im stahlgrauen Winterhimmel die Türme der Stadt. Zehntausende von Hamburgern mit Kindern und Hunden machten ihren Sonntagsspaziergang auf dem Eis oder waren auf Schlittschuhen wie wir. Am Ufer waren Verkaufsstände aufgebaut, wo es Grillwürstchen und Glühwein gab.

Es war klar, daß Manfred diesmal nicht Schlittschuh laufen konnte, aber er selbst kam auf die Idee, mit dem Auto zur Außenalster zu fahren, um uns dort zum Mittagessen zu treffen, wenn wir den langen Weg auf dem Eis zurückgelegt hatten. Aber nach dem gemütlichen Sonntagsfrühstück fühlte er sich plötzlich maßlos schwach und mußte sich hinlegen. Ich setzte mich besorgt zu ihm, und wir hofften, es ginge gleich vorüber. Ich wollte ihn bei uns haben, ihn nicht allein zurücklassen. Was sollte ich ohne ihn?

Die Kinder standen schon auf der Straße bei den anderen, zwei von Stephanies Freunden sollten wir noch abholen. Volker kam herein. »Ich komme nicht hoch«, sagte Manfred zu ihm, »nimm du Reni und die Kinder mit!« Ich begann zu weinen.

Die Kinder hatten großen Spaß, jagten sich oder faßten sich an den Händen und glitten in einer breiten Kette über das Eis. Mittags rasteten wir am Ufer, um zu picknicken. Der Himmel war trüb, und unter den Brücken war das Eis dünn. Mit eiligen Schwüngen sausten wir einzeln darunter hindurch oder kletterten auf rutschigen Kufen das Ufer hinauf und überquerten die Straße, um auf der anderen Seite wieder hinunterzusteigen. Volker hob eine lange Holzstange auf und nahm sie mit, für alle Fälle.

Unter der Krugkoppelbrücke, hinter der sich der Flußlauf zum See der Außenalster ausweitet, war die Eisdecke nicht geschlossen. Ich war mit Volker und den großen Kindern schon hinübergeklettert und wartete auf die anderen. So beobachteten wir einen Inder in einem schweren Lammfellmantel, der mit seiner kleinen Tochter an der Hand auf uns zukam und festen Schrittes geradewegs auf das offene Wasser unter der Brücke zusteuerte. Er blickte dabei zu Boden, so daß ich sprachlos verfolgte, wie er weiterging, während der Rand des Eises unter ihm nachgab. »Der hat keine Erfahrungen mit Eis«, dachte ich nur, und schon bog es sich unter ihm, so daß er wie auf einer Rutsche ins kalte Wasser glitt, das Kind immer noch an seiner Hand. Sprachlose Verwunderung stand in seinem Gesicht. Das Kind krabbelte in Windeseile auf unserer Seite heraus, er aber war bis zur Brust im Wasser und hielt sich am Eis fest. In Sekundenschnelle lag Volker flach auf dem Bauch, streckte dem fremden Mann die lange Stange entgegen und zog ihn damit mühsam heraus. Ein Spaziergänger und ich hielten ihn dabei an seinen Schlittschuhen fest. Andere führten den frierenden Mann fort.

Um uns nicht aus den Augen zu verlieren, banden wir einen bunten Schal an das eine Ende unserer Stange und hielten sie hoch. So suchten wir unseren Weg durch die Menschenmassen. Ich fühlte mich unsagbar einsam inmitten dieses bunten Gewirrs. Gedankenversunken verlor ich immer wieder den Anschluß an unsere Gruppe, blieb stehen und suchte die Stange. Was wollte ich eigentlich hier?

Der Rückweg schien endlos lang. Die Kleinen waren erschöpft, murrten ein wenig und ließen sich von uns ziehen. Ich hatte ein schlechtes Gewissen, daß ich Manfred an einem Sonntag so lange allein ließ. Es dämmerte, als wir endlich bei den Autos waren. »Ist die Japanreise nicht zu anstrengend für Manfred?« fragte Helga mich. Sie sah, daß ich in Gedanken ganz woanders war. »Es ist wahrscheinlich die letzte Gelegenheit für ihn – wofür soll er sich da schonen?« erwiderte ich und schnaubte mir die Nase. Ich wußte nicht, ob mir jemals wieder etwas Spaß machen würde ohne ihn.

Ein lebendiges Feuer flackerte im Kamin, sonst war es dunkel im Haus. Manfred war in leisen Gesprächen mit Uschi und Peter, die einen überraschenden Besuch gemacht hatten. Ich war froh, daß er nicht allein war. Er lag auf dem Sofa mit einer Wolldecke über den Beinen. Ich flüchtete mich zu ihm. Niemals mehr wollte ich woanders sein. Manfred hatte Spaghetti und Fleischsoße für uns gekocht. Gemeinsam setzten wir uns an den gedeckten Tisch. Die fröhlichen Schilderungen von unserer Schlittschuhpartie verscheuchten die Schwermut ein wenig. Auch Helga und Volker kamen noch einmal herüber.

Aber die Bedrängnis verdichtete sich. Die Angst wurde konkreter. Manfred ging es schlechter als vor der Bestrahlung. Ich versuchte mir vorzustellen, was in ihm vorging. Er sprach nicht darüber. Könnte ich nur mit ihm darüber reden! Könnte ich mich nur an seine Brust flüchten! Warum tröstete er mich nicht, erklärte mir alles und zeigte mir einen Weg? Was ging nur in ihm vor?

Er hatte Japan vor Augen. Das wollte er schaffen.

Und dann? Hatte er Illusionen? Hatte er Angst? Er freute sich auf seine große Reise und sorgte sich darum, daß er kräftemäßig durchhalten werde. Er deckte sich mit Schmerzzäpfchen ein. Aber er sprach auch davon, daß er in diesem Jahr noch nach Amerika reisen werde.

Ich konnte ihn doch nicht in diesem Glauben lassen! Ich wußte, daß er sterben mußte, der Arzt wußte es, mußte aber nicht er es als erster wissen? War es nicht seine ureigenste Angelegenheit, das persönlichste aller Ereignisse des Lebens — konnte ich ihn da im Ungewissen lassen? War ich nicht verpflichtet, die Informationen, die mir verfügbar waren, mit ihm zu teilen? Ich wollte nicht, daß er auf einmal unvorbereitet dem Tod gegenüberstand. Er hatte den Gedanken daran immer von sich geschoben, auch bevor er krank wurde, ihn nicht in sein Leben einbezogen. War es jetzt nicht an der Zeit, sich damit auseinanderzusetzen? Vielleicht wollte er etwas regeln oder ordnen, etwas in Gang setzen oder beenden, bevor er ging. Möglicherweise wollte er zu seiner Kirche zurückfinden, aus der er durch die Heirat mit mir verstoßen war. Vielleicht waren ihm Gespräche wichtig, mit den Kindern, mit mir, hoffte ich, in denen er Wegweiser aufstellen, Anhaltspunkte geben könnte. Wie dankbar wäre ich dafür! Wie sollte ich mich ohne ihn in diesem Labyrinth zurechtfinden? Ich fühlte mich hilflos, und ich hatte furchtbare Angst, Angst vor dem Alleinsein, der Einsamkeit.

Es war wohl sechs Jahre her, daß wir bei Helga und Volker mit einem Ehepaar in unserem Alter bekannt wurden, das uns sehr sympathisch war. Sie planten ein kleines Gartenfest für den kommenden Sonntag und luden uns spontan dazu ein.

Es wurde ein strahlender, sonnenüberfluteter Tag. Wir saßen auf der verwinkelten Terrasse zwischen blühenden Azaleen, unterhielten uns vergnügt, tranken Sekt und aßen köstliche Kleinigkeiten. Ich bewunderte das schöne Haus, das sie sich gerade hatten bauen lassen, und die Eleganz der Gastgeberin. Ihr Mann strahlte freundliche Jungenhaftigkeit und einen natürlichen Charme aus. Da unsere Kinder unter der Obhut einer Freundin im Freibad waren, genossen wir das Zusammensein entspannt und unbeschwert bis zum späten Nachmittag.

Später, im Oktober desselben Jahres, schickten wir ihnen eine Einladung zu Manfreds Geburtstagsparty. Wir hatten uns inzwischen nicht mehr gesprochen. Er rief an und sagte, daß sie leider nicht kommen könnten, es ginge ihm nicht gut. Vier Wochen vor Weihnachten waren wir auf seiner Beerdigung. Ich war erschüttert. Ich dachte immer wieder an die schmale, zerbrechlich wirkende Frau in ihrem schwarzen Kostüm, wie sie weinend von einem Freund fortgeleitet wurde. Ich wollte ihr so gern helfen. Aber wie konnte ich, fast eine Fremde, einer Frau helfen, der etwas so Schreckliches widerfahren war? Ich konnte mir nicht vorstellen, daß es etwas gab, womit ich sie trösten konnte. So tat ich nichts und schämte mich immer ein wenig dafür.

Ein Jahr später eröffnete sie in unserer Nähe ein besonders elegantes Geschäft. Ich war befangen, als ich zum ersten Mal hineinging, um mit ihr zu sprechen. Sie wirkte schön und aufrecht, ruhig und konzentriert. Sie war damals in dem gleichen Alter wie ich jetzt.

Ich dachte schon länger daran, sie anzurufen. Ich wollte von ihr lernen, wie man eine solche Situation überlebt. Aber ich schob es immer auf. Ich konnte mir noch nicht eingestehen, daß meine Situation die gleiche war. Ich wollte noch hoffen und vertrauen.

Sie bewegte sich ruhig und gelassen, ohne Eifer oder Hast stellte sie Tee in einer Silberkanne bereit und wartete ab, was ich erzählte. Auf dem Tisch standen frische Blumen. »Ich bin in derselben Situation wie Sie vor Jahren«, begann ich, »und ich werde damit nicht fertig.« Ich schilderte ihr, was der Arzt mir gesagt hatte und was seither geschehen war, und sie versuchte, mir Mut zu machen. »Vielleicht ist die Krankheit zum Stillstand gekommen«, sagte sie, »wenn Ihr Mann noch immer arbeitet und sogar nach Japan reisen will, gibt das doch Anlaß zur Hoffnung!«

Sie erzählte mir, wie damals, wenige Wochen nach dem Gartenfest, die Krankheit ihres Mannes auf einer holprigen Autofahrt in Fernost ausgebrochen war, er überstürzt nach Hamburg ins Krankenhaus gebracht und dort eine weit fortgeschrittene Krebserkrankung festgestellt worden war. Auch ihr stellte der Arzt die Hoffnungslosigkeit der Lage dar, aber sie las Berichte über Krankheitsverläufe, die sich unerwartet zum Guten gewendet hatten, und versuchte, ihren Mann davon zu überzeugen, daß er wieder gesund werde, während er von Woche zu Woche schwächer, unruhiger und angstvoller wurde.

Zunächst wickelte er noch einige Geschäfte vom Sofa aus ab. Aber Fieberschübe schwächten ihn, und die bösartigen Zellen griffen von einem Organ zum nächsten über. Sie umsorgte ihn und stützte ihn beim Gehen, stellte einen Stuhl in die Dusche, um ihn dort sitzend zu waschen, und ertrug geduldig seine Gereiztheit. Sie hielt die kleinen Kinder von ihm fern, denn ihre Lebhaftigkeit machte ihn nervös. Er hatte kaum Schmerzen, aber er hatte große Angst. Er weigerte sich, ins Bett zu gehen aus Furcht, nie wieder daraus aufzustehen, und flehte verzweifelt um Rettung. Am Schluß wurde er ins Krankenhaus gebracht. Seine Frau saß viele Stunden am Tag bei ihm.

Zwei Tage bevor er starb, rief er sie in aller Frühe an: »Ich habe dir noch so viel zu sagen.« Er verfügte, wie sie die laufenden Geschäfte zu einem Abschluß bringen und ihre und der Kinder Zukunft sichern sollte. Er hatte begriffen und akzeptiert. Er nahm Abschied. Er sagte auch etwas, was sie zutiefst erschütterte und sie noch immer nicht verstand: »Dann mußt du mich ganz schnell vergessen und dir einen neuen Mann suchen.«

Der Tod war eingetreten, unmittelbar bevor sie zu ihm kam. Sie war die erste, die es feststellte, und sie schrie entsetzt die Krankenschwester an, die dazukam, »obwohl ich es doch die ganze Zeit gewußt hatte.«

»Ein ganzes Jahr lang war ich auf der Flucht«, erzählte sie mir. »Tagsüber war ich mit den Kindern beschäftigt, aber abends, wenn es dunkel wurde, überfielen mich Trauer und Verzweiflung.« Sie trank Whisky, um den Schmerz zu betäuben. Jedes Wochenende verbrachte sie mit Freunden, um nicht allein zu sein. Sie fühlte sich verwirrt.

Irgendwann erwachte Unternehmungslust in ihr. Die Einbettung in die Familie der Freunde wurde zu eng. Sie wollte selbst wieder etwas tun. Sie unternahm eine große Reise mit ihren Kindern, ließ den Whisky beiseite und beschloß einen Neuanfang. Aber sie war nicht in der Lage, den Geschäftsvertrag zu unterschreiben, die Hand versagte ihr den Dienst. Auf dramatische Weise wurde ihr vor Augen geführt, daß sie ihre Selbständigkeit und Eigenverantwortung mit ganzem Herzen bejahen mußte. Zwei Wochen später war sie soweit. Sie wurde sehr erfolgreich. Obwohl sie viel im Geschäft sein und gelegentlich Reisen nach Italien unternehmen mußte, bildete sie eine verschworene Gemeinschaft mit ihren Kindern. Eine langjährige Liaison hatte sie gerade beendet, als ich mit ihr sprach, weil der Partner sie endlich zur Heirat drängte. Sie wollte das Haus, das sie mit ihrem Mann gebaut hatte, nicht verlassen, ihn aber auch nicht dort aufnehmen. »Die Liebe war wohl doch nicht groß genug!«

Ich gestand ihr meine übermächtige Angst vor der Einsamkeit ein. Ich glaubte, nicht allein sein zu können. »Wenn Sie eine so wunderbare Partnerschaft in der Ehe hatten, zehren sie davon«, sagte sie. »Darum lassen Sie sich Zeit! Sie haben es nicht nötig.«

Es tat mir gut, mit ihr zu sprechen. In meinen Schmerz mischte sich Wagemut: Wenn dies mein Schicksal war, wollte ich es ertragen. Ich wollte der Verzweiflung nicht aus dem Wege gehen, den Becher austrinken mit ihm bis zur bitteren Neige und ihn erst aus der Hand geben an der Schwelle, die jeder allein übertreten muß. Wenn ich dieser Hölle standhielt, brauchte ich mich vor nichts mehr zu fürchten.

Jetzt war ich bereit: Ich suchte Dr. Timm in seiner Praxis auf. Unser letztes Gespräch lag fünf Monate zurück. Er sah mich im Gang stehen und zog mich beiseite.

»Wie sehen Sie es jetzt?« fragte ich ihn.

Er machte ein bekümmertes Gesicht: »Es hat sich nichts geändert. Die Blutwerte sind katastrophal.«

»Aber warum dann die ganze Tortur mit der Bestrahlung?«

Er erklärte es mir mit verhaltener Stimme: »Der Harnleiter war durch den Tumor in großer Bedrängnis, und es bestand die Gefahr, daß die linke Niere blockiert wurde, daß Koliken auftraten. Um dies zu verhindern, mußte die Prostata eingeschmolzen werden. Insofern war die Bestrahlung sinnvoll und erfolgreich.«

»Wir haben ein Urlaubsquartier für den März gemietet — soll ich absagen?«

»Ich möchte gern, daß ihr verreist«, sagte er fast bitter, »es verkürzt die Zeit wenigstens etwas.«

»Aber ich habe Angst! Was soll ich machen, wenn sein Zustand sich verschlechtert? Was kann passieren?«

»Wahrscheinlich wird gar nichts passieren.« Er dachte nach und ergriff meinen Arm: »Er darf nur nicht stürzen! Die Wirbel würden sofort brechen und eine Querschnittlähmung die Folge sein.«

Schweigend blickte ich zu Boden. Wir standen noch immer im Flur. Entsetzen stieg in meiner Brust hoch wie ein erschrecktes Pferd, das vor der Schlange scheut. Doch wie wenn man in einer Filmvorführung den Projektor bei einem einzelnen Bild anhält, hielt ich das Aufbäumen an einem unnatürlichen Punkt an, damit es nicht bis in meinen Kopf schwoll: Ich blieb noch Reiter in dieser verzweifelten Dressur und zeigte kaum eine Regung.

»Ihr beide schafft das«, ermutigte er mich. »Aber wenn ihr zurückkommt, werden wir uns öfter sehen.«

Niedergeschlagen, wie von tausend Peitschenhieben verwundet, sank ich in mein Auto. Allein war ich der Verzweiflung ausgeliefert. Sie gebärdete sich, als wollte sie mich zu Tode trampeln.

Zwei Tage darauf reiste Manfred nach Japan. Die Kinder und ich brachten ihn am Sonnabendvormittag zum Flughafen. Durch ein Empfehlungsschreiben des Vorstands hatten wir Zugang zu der Senators Lounge und wurden mit Getränken bewirtet. Nur zwei weitere Fluggäste saßen dort mit uns in den bequemen Sesseln und lasen ihre Zeitung.

Wir unterhielten uns gedämpft. Stephanie blickte voller Stolz auf ihren Vater, der so bedeutend und wichtig war und eine weite Reise unternahm. Alexander studierte die Aufrißzeichnungen der verschiedenen Flugzeugtypen. Das Telefon läutete. Die Stewardeß kam lächelnd zu uns herüber und hatte eine freudige Überraschung: »In der ersten Klasse bleiben zwei Plätze frei — wollen Sie sie einnehmen?« Manfred strahlte. Er hatte es sich schon immer, wenn auch uneingestanden, gewünscht, einmal erster Klasse zu fliegen.

Zum Abschied umarmten und küßten wir uns innig und tief bewegt, ohne viel zu sagen. Alexander machte ein trauriges Gesicht, ein paar Tränen rollten ihm über die Wangen. Ich war erstaunt, denn er weinte fast nie, und versuchte, ihn abzulenken: »Es ist doch etwas Großartiges, was Papi unternimmt, da brauchst du doch nicht traurig zu sein!« Manfred legte den Arm beschwichtigend um meine Schultern: »Sei ganz lieb zu ihm«, sagte er. »Ich habe früher auch immer geweint, wenn mein Vater nach dem Urlaub wieder in den Krieg mußte. Irgendwie fürchtet man immer, daß er nicht zurückkommt.«

Der Himmel hing voller schwerer, grauer Wolken. Am Rand des Rollfeldes lag feuchter Schnee. Mich fröstelte, als ich Manfred mit seinem Kollegen, Herrn Fuchs, das Flughafengebäude verlassen sah.

Ich setzte mich mit den Kindern ins Flughafenrestaurant. Um diese Zeit waren wir fast allein dort. Wir bestellten uns Eisbecher und sahen den Jumbo gemächlich und schwer in den grauen Winterhimmel aufsteigen, bis die tiefhängenden Wolken ihn verschluckten. Wenn er doch abstürzte! Wenn doch irgend etwas passierte, daß es ganz schnell zu Ende ginge! Wenn ihm doch nur die qualvolle Leidenszeit erlassen würde!

Ich hatte jetzt keine Hoffnung mehr, glaubte nicht mehr an Rettung. Hier saß ich mit unseren beiden Kindern in einer reizlosen Umgebung, und Manfred war unerreichbar weit und entfernte sich mit jeder Stunde weiter.

Alexander suchte meine Nähe, als wir wieder zu Hause waren, und ich war froh darüber. Wir betrachteten gemeinsam die Weltkarte und stellten Überlegungen an über das Wetter und die Temperaturen in Japan. Wir suchten Anchorage, wo Manfred zwischenlanden sollte, und stellten fest, daß wir es an ganz anderer Stelle vermutet hatten. Ich las einen Text über die landschaftlichen Gegebenheiten vor. Später, als Alexander sich bemühte, auf der Gitarre zu üben, unterbrach er sich alle paar Minuten: »Wo Papi jetzt wohl ist? Ob es da dunkel ist?« Er konnte seine Gedanken nicht von ihm losreißen.

Am nächsten Morgen rief Manfred aus dem berühmten Okura-Hotel in Tokio an. Er erzählte begeistert vom Flug und den vielen neuen Eindrücken. Er hatte kaum geschlafen, aber nach einer heißen Dusche hatte er den bereitliegenden Kimono angezogen und fühlte sich jetzt wohlig und erfrischt. In dem Brief, den er an diesem Morgen an uns abschickte, schrieb er:

»So lange bin ich noch nie über den Wolken gewesen. Über Norwegen, meinem Traumland, und Alaska hatten wir gute Sicht. Ich habe wunderbare Naturbilder in mir aufgenommen. Wir sind Glückspilze, Herr Fuchs und ich! In der ersten Klasse sind wir sehr komfortabel untergebracht und werden freundlich betreut. Wir werden mit herrlichen Mahlzeiten verwöhnt. Als Vorspeise habe ich Kaviar gewählt. Ich muß Euch die Speisekarte mitbringen! Es ist schon ein Erlebnis, darin wählen zu können, ohne daß ein Preis auf der rechten Seite steht. Inzwischen war ich auch in den USA: In Anchorage habe ich für eine Stunde amerikanischen Boden betreten. Ich bin beeindruckt von der unermeßlichen weiten, schneebedeckten Gebirgslandschaft. Nach drei Stunden Dunkelheit war für uns die Nacht zu Ende: Im Flug über das Polargebiet überlisteten wir die Sonne und sahen sie rot über Alaska aufgehen. Meinen Zeilen ist wohl auch zu entnehmen, daß es mir gut geht. Ich habe meine Medikamente genommen und über nichts zu klagen.«

Noch zweimal rief Manfred in dieser Woche an. Er wollte meine Stimme hören. Er war ein bißchen enttäuscht von Tokio. Aus seinem Hotelzimmer im 7. Stock überblickte er die immense Stadtfläche: moderne Betonarchitektur ohne Charme. Er betrachtete sie lange und fand keinen Punkt, der seine Neugier weckte. Die Fahrt nach Osaka mit dem »schnellsten Zug der Welt«, dem Hikari, machte ihm Spaß. Aber mit Osaka erging es ihm wie mit Tokio. Gewöhnlich ließ sein Entdeckergeist ihn schon vor dem Frühstück eine neue Stadt durchwandern. Diese Städte aber zogen ihn nicht in ihren Bann.

Die Tage waren ausgefüllt mit anstrengenden, alle Konzentration erfordernden Gesprächen. Trotz der Zeitverschiebung und der kurzen Nächte stand Manfred alles tapfer durch. Aber nach drei Tagen traten stärkere Schmerzen auf als sonst. Manfred deklarierte sie als Folgen der Umstellung und der starken Belastung durch die Reise. Er war gezwungen, sich zwischendurch eine Stunde hinzulegen, statt sich auf die Suche nach reizvollen Stadtvierteln zu machen, die es doch irgendwo geben mußte, und in Geschäften nach Mitbringseln zu stöbern.

»Aber wir hatten wunderbare Abende«, erzählte Herr Fuchs mir später. »Ein japanischer Bewerber zog mit uns durch Clubs und Kneipen, zu denen Ausländer sonst keinen Zugang hatten. Wir waren ausgelassen und tranken sehr viel Reiswein. In der Piano-Bar sang Ihr Mann aus voller Brust.« Die Wirtin hatte herausgefunden, daß sie zwei große, blonde Deutsche zu Gast hatte, und sie bedrängt, ein paar Volkslieder zu singen. Und alle kannten die Melodien und summten mit. »Er war offen für alles Neue. Was er alles ausprobiert hat!« erzählte er mir voller Bewunderung. »Ich wäre nie auf die Idee gekommen! Da entdeckte er in einem Restaurant ein teures, widerlich aussehendes Gericht, und prompt bestellte er es sich. Er aß rohen Fisch und allerlei Exotisches, und nicht alles bekam ihm gleich gut. Am letzten Morgen bestellte er uns zum Frühstück Papayas, als er sie auf der Speisekarte entdeckte. Er glaubte, sie würden in Japan angebaut, was aber ein Irrtum war. Sie waren sündhaft teuer. Aber der Preis schmälerte nicht ihren Reiz. Er genoß das Besondere und hatte einfach Spaß daran. Er wollte alles in sich aufnehmen. Er hat alles ganz intensiv erlebt.«

Für mich bedeutete diese Woche ein wenig Erholung. Ich sah ihn nicht humpeln, hörte ihn nicht stöhnen. Ich war nicht unmittelbar konfrontiert mit der Krankheit. Er war fort, weil er es wollte. Ich hatte ihn nicht verlassen. Ich ordnete meine Gedanken und strich die Fußleisten. Ich fühlte mich für ein paar Tage aus der Verantwortung entlassen.

Ich bat unseren Pastor um ein Gespräch. So vieles bedrängte mich, so vieles ging mir durch den Kopf, daß ich mich manchmal ganz wirr fühlte. Ich hatte so viele Fragen und suchte nach Antworten. Ich kannte den Pastor ziemlich gut, nicht aus der Kirche, sondern aus der Zeit, da ich als Elternvertreterin im Beirat des kirchlichen Kindergartens mit ihm zu tun hatte. Seine Diktion war bildhaft und sehr prägnant, er strahlte Offenheit und geistige Freiheit aus, seine Meinungsäußerungen waren durchdacht und von hohem Anspruch. Ich war damals froh, unversehens in die Nähe dieses Mannes geraten zu sein, denn der Kirche und dem Christentum stand ich distanziert gegenüber. Seit ich mich in der Oberstufe wochenlang mit dem Existentialismus Sartres herumgeschlagen hatte, um ein Referat darüber zu erarbeiten, war diese Welt nicht mehr heil für mich. Nachdem ich mit Sartre erst einmal alles Porzellan in mir zerschlagen hatte und das menschliche Leben aus nüchterner, emotionsloser Distanz sah, begann mich diese weißgekachelte Philosophie der Leere anzuwidern. Ich wollte Gott nicht negieren, ich hatte nur keinen Zugang zu ihm. Aber ich war bereit, mich mit ihm auseinanderzusetzen, mit ihm zu ringen, wenn ich auf ihn stieß. Ich wünschte sogar manchmal, mich in seine starken Arme flüchten zu können, wenn es Dinge gab, die ich nicht verstand. Es war Hochmut, der mir nicht erlaubte, es mir so einfach zu machen.

Aber ich beneidete Manfred manchmal um seinen klaren Bezug zur Religion. Er resultierte zum Teil aus langen Gesprächen mit seinem katholischen Jugendpfarrer und seiner Tätigkeit als Leiter einer Jugendgruppe in seiner Heimatgemeinde. Es muß dort schon damals eine Offenheit und Weite bestanden haben, um die man an anderen Stellen noch heute mühsam ringt. Es war in Düsseldorf, und in seiner Klasse gehörte etwa die Hälfte der Schüler der katholischen, die andere der evangelischen Kirche an. Es war für keinen die Situation der Diaspora, es war ein Miteinander. Man diskutierte, rieb sich aneinander und befruchtete sich wohl auch. Die Lehrer jener Zeit hüteten sich vor Indoktrinationen, sie hatten noch genug von der jüngsten Vergangenheit.

An der Universität trat eine teils schmerzliche, teils begierig ergriffene Verunsicherung ein. Psychologie und Philosophie rissen Fragen auf, denen Manfred sich willig auslieferte. Er war mit großem Ernst und mit Intensität auf der Suche nach seinem Weg. In dieser Zeit wurde ein junger evangelischer Theologe aus Chile wichtig für ihn. Er teilte eine Zeitlang das Zimmer an einem Münchner Hinterhof mit ihm und bewunderte ihn sehr. Auf langen Spaziergängen durch den Englischen Garten wurden Weltanschauungen entwickelt und verworfen, Denkmodelle nachvollzogen und Glaubensgrundsätze unter die Lupe genommen. Manfred geriet in ernste Versuchung zu konvertieren. Daß er es nicht tat, bestimmte später seinen freien, freiwilligen, persönlich geformten Bezug zum katholischen Glauben.

So war ich heilfroh, daß er bereit war, sich in einer evangelischen Kirche trauen zu lassen, denn meine Entwicklung war eine andere, auch noch viel unfertigere, und mir fehlte die Einbettung in historische Bindungen. Mit der katholischen Kirche verband sich mir noch sehr viel Düsternis, Mittelalter, Schuld und Abbitte. Meine Ablehnung verstärkte sich, als Manfred aufgrund unserer Eheschließung exkommuniziert wurde, und ich sah, daß er darunter litt. Er versuchte, sich unabhängig zu machen, aber er war ausgeschlossen, und sein Stolz verbot es ihm, etwas anderes zu wollen. Er liebte Gregorianische Gesänge, Bach-Messen, Kantaten und Motetten und besaß eine umfangreiche Schallplattensammlung. Wenn er sie anhörte, wurde er immer auch ein bißchen traurig, und das machte mich ärgerlich auf die kirchliche Enge. So wurde das Thema Taufe, als unsere beiden Kinder im Laufe der nächsten drei Jahre geboren wurden, besonders von mir trotzig gemieden.

Die Gesprächsrunden mit dem Pastor im Beirat des Kindergartens weckten erneut mein Interesse. Hier war ein Mann, der bereit war, sich über Vorurteile und überkommene Gewohnheiten hinwegzusetzen, der nichts übernahm, weil es da war und bequem, der nachdachte und Fragen unbeantwortet lassen konnte. Jahre später, als beide Kinder schon zur Schule gingen, ließen wir sie von ihm taufen. Ich wußte inzwischen, daß man sich mit Inhalten nur auseinandersetzen konnte, wenn man sie wirklich kannte, und die Inhalte des Christentums waren mir zu wichtig, die Einsichten, die sie vermitteln konnten, zu bedeutsam und tief, um sich erst später und akademisch mit ihnen auseinanderzusetzen. Sie sollten den Kindern vertraut werden und zum Bestandteil ihrer geistigen und emotionalen Entwicklung werden, so daß eine natürliche Bindung entstand. Ich war bereit, eines Tages ihren Weg aus dieser Bindung heraus zu begleiten, Bedenken und Zweifel zu diskutieren, wenn sie es wünschten, aber ich wollte sie der Chance der eigenen Auseinandersetzung nicht berauben. Denn man kämpft ja nur um das, was einem wirklich am Herzen liegt.

»Bei Ihnen brennt's?«

Der Pastor reichte mir die Hand und sah mich fragend an.

»Lichterloh!« antwortete ich und brachte es gerade noch zu einem bitteren Lächeln. Wir setzten uns in sein kleines Büro.

»Erzählen Sie!« forderte er mich auf.

»Mein Mann wird nicht mehr lange leben.«

Ich erzählte ihm alles, was ich wußte und was ich befürchtete, und immer quälender, immer verzweifelter brach es aus mir heraus: Wird er sterben müssen, oder gibt es eine Hoffnung? Wie wird es geschehen? Wird er viel leiden müssen? Wird es zu einer Querschnittlähmung kommen? Was wird danach aus mir? Was bis dahin? Sollen wir noch in die Schweiz reisen? Darf ich es ihm sagen? Soll ich es ihm sagen? Den Kindern? Kann ich ihn zu Hause behalten — halten die Kinder das aus?

Ganz ruhig sah mir der Pastor ins tränenüberströmte Gesicht: »Denken Sie nicht zu viel auf einmal!« riet er mir. »Der Bissen ist zu groß. Sie können ihn nicht schlucken, ohne daran zu ersticken. Teilen Sie sich Ihre Rationen ein und bedenken Sie nur so viel, wie Sie gerade verdauen können. Für viele Gedanken ist es noch zu früh, denn Ihr Mann hält das Schwert noch in der Hand. Erst wenn er es aus der Hand legt, oder eher, wenn es ihm aus der Hand gleitet, ist es Zeit für weitere Fragen.«

Es war das, was ich die meiste Zeit versuchte: das Heute zu ertragen und zu bewältigen, das Morgen geduldig abzuwarten. Er bestätigte mein Handeln und sagte mir, daß ich es besser nicht machen könne. Aber die Angst vor der Zukunft überfiel mich wieder, und ich wollte so gern mit Manfred darüber sprechen.

»Behalten Sie für sich, was Sie wissen, und fahren Sie zweigleisig! Ich, zum Beispiel, kann wissen«, sagte er mir, »daß ich das nächste Jahr nicht erleben werde, und doch Reisepläne machen. Sie sollten Ihren

Mann nicht mit einer Wahrheit überfallen, die so bitter und vielleicht ja auch nicht die ganze Wahrheit ist. Warten Sie es ab! Wahrscheinlich wird es eines Tages von selbst klar sein, wird eine Erkenntnis und Einschätzung gewachsen sein, ohne daß Sie darüber sprechen müssen. Und er wird schon noch das Wort an Sie richten, so, wie er es beim Abflug nach Japan getan hat. Sagen Sie auch den Kindern nichts. Wenn sie fragen, weichen Sie nicht aus, aber antworten Sie immer weniger, als Sie gefragt wurden. Und machen Sie sich keine Sorgen um sie. Denken Sie ein paar Jahrzehnte zurück, denken Sie an die Bewohner der ländlichen Gegenden: Kinder erleben Geburt, Krankheit und Sterben viel natürlicher als wir, und das ist gut so. Sie halten mehr aus als Sie denken. Auch der Tod ist ein natürlicher Vorgang, und er gehört ins Haus.«

Zwei Stunden saß ich bei ihm und weinte. In einem großen Bogen hatten wir einmal alles zusammen bedacht. Jetzt fühlte ich mich entleert, eine Hülse. »So«, sagte er und lächelte mich an, »jetzt fahren Sie mal nach Hause und bereiten das Mittagessen — die Kinder kommen bald aus der Schule!«

Ich lächelte auch. Er zog mich an den Haaren aus dem Sumpf. Wir reichten uns die Hände. »Und die kleine Pflanze Hoffnung —«, verabschiedete er sich, »begießen Sie sie gut!«

Mir kam Manfreds Wahlspruch in den Sinn, ein Lutherwort: »Und wenn ich wüßte, daß morgen die Welt unterginge — ich pflanzte heute einen Apfelbaum.«

Der Rückflug aus Tokio war eine Katastrophe. Manfred litt unter großen Schmerzen. Das beengte Sitzen im ausgebuchten Jumbo-Jet war schon für gesunde

Reisende belastend, für ihn wurde es eine achtzehnstündige Tortur. Unkontrollierbare Zuckungen suchten den linken Oberschenkel heim, schmerzten und beunruhigten ihn. Die meisten Passagiere schliefen, aber er fand keine Ruhe. Herr Fuchs wußte nicht, unter welcher Krankheit Manfred litt, sie hatten darüber nicht gesprochen. »Wenn ich es wissen sollte, hätte ich es erfahren«, sagte er zu mir, »aber es hätte mir nicht geholfen.« Er bemühte sich, ihn wieder in der ersten Klasse unterzubringen, und stellte erbittert fest, daß die japanische Fluggesellschaft keine Eurocheques annahm. So drang er darauf, ihm auf den Mannschaftssitzen Platz zu machen, damit er sich etwas ausstrecken konnte. Dort fand er für zwei Stunden Schlaf.

»Ihr Mann hat richtig mit mir geschimpft, daß ich seinetwegen so viel Aufhebens machte, sich aber gleich dafür entschuldigt. Er muß wahnsinnige Schmerzen gehabt haben. Ich weiß nicht, wie ich es erklären soll, aber ich hatte auf dem Rückflug den Eindruck, er habe eine Erkenntnis gewonnen. Er wirkte nicht deprimiert oder resigniert, aber er wurde ganz still.«

Hatte er begriffen, daß die Krankheit fortschritt, daß weder die Operation noch die Bestrahlungen sie in den Griff bekommen hatten? Daß es ihm nicht gelingen würde, sie mit Hilfe seines Willens zu bezwingen?

Am Sonntagmorgen um sechs Uhr landete die Maschine auf dem Hamburger Flughafen. Die Kinder und ich standen ganz vorn am großen Fenster der Ankunftshalle, deren Betreten uns eigentlich verboten war. Der Betrieb lief erst langsam an, es war noch nicht einmal das Licht eingeschaltet. Deswegen hatten wir uns so weit vorschleichen können. Ein mächtiges

Donnern erfüllte die Luft, als die Maschine ganz niedrig über das Flughafengebäude einflog, kurz darauf aufsetzte und noch einige Kilometer rollte, ohne sich unseren Blicken zu entziehen. Der Himmel war noch stockdunkel. In der zurückliegenden Woche hatte ich mich manchmal gefragt, ob ich überhaupt wünschte, daß er zurückkäme. Wenn wir doch schon alles hinter uns hätten! Ich entdeckte sofort seine stattliche Gestalt unter den übrigen Reisenden, sein hoher Wuchs und die blonden Locken wirkten wie ein Signal auf mich. Er strahlte, und ich wäre ihm wie ein kleines Mädchen in die Arme geflogen, wenn nicht die Glasscheibe uns getrennt hätte. Wie im Triumphzug führten wir ihn zum Auto. Ich war so froh, ihn wiederzuhaben! Er erzählte überschwenglich und mit großer Begeisterung, was ihm als erstes in den Sinn kam. Zu Hause setzten wir uns an den gedeckten Frühstückstisch, und während er uns ununterbrochen neue Schilderungen von Anchorage, dem Sonnenaufgang über Alaska, den Schneegebirgen und dem Mount McKinley gab, von Tokio und dem Fuji, dem Schnellzug und dem rohen Fisch, ging strahlend die Sonne auf und ließ den Schnee vor dem Fenster glitzern und flirren.

Um den versäumten Schlaf ein wenig nachzuholen, legte er sich ins Bett, aber er kam nicht zur Ruhe, immer fielen ihm neue Eindrücke ein, die er uns sofort mitteilen mußte. Er schilderte uns die Bewerber und die Piano-Bar, das Hotel und den Flug in der ersten Klasse, das Straßengewirr von Tokio und immer wieder Alaska. Gott im Himmel, ich danke Dir, daß er diese Reise machen konnte!

ES WIRD NICHT MEHR
LANGE SO SEIN

Manfred nahm seine Arbeit in der Firma wieder auf, aber die Schmerzen verstärkten sich merklich. Dr. Timm beschloß, ihn ein zweites Mal in Eppendorf bestrahlen zu lassen. Wucherungen am Kreuzbein bedrängten den Ischiasnerv und verursachten die unerträglichen Schmerzen. Der Arzt setzte zwar keine großen Hoffnungen auf diese Therapie, aber er wollte es wenigstens versuchen.

Manfred war verstört. Er befürchtete eine weitere Schwächung und wollte doch all seine Kräfte für seine Aufgaben im Betrieb einsetzen. Aber ich konnte nicht herausfinden, wie er seine Situation einschätzte. Ich hörte ihn sagen: »Es hat sich ein zweiter Tumor am Kreuzbein gefunden.« Erkannte er nicht, daß es sich um eine Metastase handelte und daß es wohl nicht die einzige war? Zu dieser Zeit lernte ich, ihm Spritzen zu geben. Er konnte jetzt keine Zäpfchen mehr vertragen.

Wir gingen noch einmal mit einem Kreis von Freunden essen, besuchten ein oder zwei Geburtstagsempfänge und waren zusammen im Theater. Meine Eltern luden uns mit den Kindern in ein japanisches Restaurant ein. Ich schwebte irgendwo zwischen der beglückenden Realität des Augenblicks und höchster Angst, im Bewußtsein der Vergänglichkeit und der Unwiederbringlichkeit. Manfred wirkte groß und blaß, wie aus Papier. Aber das japanische Essen beflügelte seine Phantasie, und voller Begeisterung sprach er von seiner großen Reise. Im Winterschlußverkauf erwarb ich einen schwarzen Mantel und versteckte ihn im Keller.

Mitte Februar begann die zweite Bestrahlungsserie, die vier Wochen dauern sollte, bis zu den Skiferien. Wir lebten schon ein halbes Jahr mit dieser Krankheit.

Manfred mußte noch einmal zu einem Gespräch nach Kassel, und ich begleitete ihn. Frühmorgens fuhr er erst allein ins Universitätskrankenhaus zur Bestrahlung und holte mich danach zu Hause ab. Die Kinder waren zur Nacht bei Helga untergebracht, weil wir erst am folgenden Tag zurückkehren wollten. Ich fuhr den Wagen mit eingeschalteten Scheinwerfern durch eine leicht verschneite Landschaft. Die Luft war diesig und trüb. Es taute ein wenig. Manfred saß müde neben mir. Er versuchte zu schlafen, was er sonst gewöhnlich tat, wenn ich fuhr, aber es war Unruhe in ihm. Er versuchte, die angenehmste Stellung der Beine, der Rückenlehne herauszufinden. Er hatte Schmerzen. Wir sprachen wenig, jeder hing seinen Gedanken nach. Er legte eine Kassette mit Bach-Konzerten ein. Mir entging keine seiner Bewegungen, nicht der leiseste Seufzer. »Sei ganz ruhig«, dachte ich. »Du wirst in meinen Armen sterben!«

Dann stiegen mir die Tränen in die Augen: Kassel. Das war ganz zu Anfang unserer Liebe: Die Dokumenta, unsere Begeisterung für die moderne Kunst, die intensiven Gespräche. Er liebte die Gedichte von Claire und Ivan Goll, und ich kannte sie noch nicht. Wir lagen auf einer Wiese, und er trug sie mir vor, als kämen ihm diese Worte eben in den Sinn:

Du bist ungreifbar
Wie ein Bach
In seinen Minzebüscheln:
Oft fröstelst du
Unter meinem Bild
Wenn ich mich über dich beuge
Die Sterne gehen auf
Wenn Du mich ansiehst ...

Damals wohnten wir bei Freunden in Höxter. Als wir abends erschöpft und erfüllt von der Kunstausstellung zu ihnen zurückkehrten, waren sie im Krankenhaus: Sie hatte ihren ersten Sohn zur Welt gebracht. Manfred dachte an den jungen Vater, seinen Freund, der bei seiner Frau in der Klinik war, nahm mich, die ich noch in die Oberprima ging, in seine Arme und sagte gedankenversunken, mit einem Hauch von Neid in der Stimme: »Der hat einen Sohn!« Da war wohl unser Weg schon vorgezeichnet.

»So schließt sich der Kreis«, dachte ich bitter, rügte mich aber gleichzeitig für die Albernheit dieses Gedankens. Ich wollte diese Sentimentalitäten nicht. Sie waren unnütz und machten es nur noch schwerer.

In einem Hotel an der Autobahn war Manfred zu einem Gespräch verabredet. Er ging schwerfälliger als sonst und zog das linke Bein ein wenig nach, man sah ihm an, daß er Schmerzen litt. Ich entschloß mich schweren Herzens, spazierenzugehen. Am liebsten hätte ich mich gar nicht von ihm entfernt.

Es war ein unglaublich trüber Tag. Kalter, feuchter Dunst schien sich um mich zu legen. Langsam stieg ich den Hügel hinauf zur Autobahnbrücke, stützte mich auf das Geländer und sah hinunter: Ich würde wohl nie springen. Ich wurde gebraucht. Aber ich wäre froh, wenn alles um mich herum im Dunkeln versänke und der Rest mir erspart bliebe.

Wir hatten geplant, in Kassel zu übernachten und einen gemütlichen gemeinsamen Abend zu genießen, aber Manfred ging es so schlecht, daß es ihn nach Hause zog. Ich war enttäuscht, versuchte aber, es vor ihm zu verbergen. Ich gab ihm eine der ersten Spritzen in den Oberschenkel.

Auf dem Weg nach Norden entspannte er sich langsam wieder und übernahm sogar für eine Weile das Steuer. Das Fahren machte ihm Freude, er wurde vergnügt und gesprächig. Er ging auf meinen Vorschlag ein, Freunde in Hannover zu besuchen, da wir in der Firma und zu Hause ohnehin nicht erwartet wurden.

Wir wurden überschwenglich und liebevoll empfangen, aßen abends in einem urgemütlichen rustikalen Restaurant, dem Hexenhäuschen, tranken Wein und waren glücklich. Manfred schilderte ausführlich und voller Begeisterung seine Japanreise, wir sprachen von unseren Urlaubsplänen im März. Ich gab keinen Hinweis darauf, daß alles ganz anders war, als es aussah. Wir wurden im Gästezimmer untergebracht. Als Manfred sich niedergelegt hatte, gab ich ihm wieder eine Spritze.

Die Bestrahlungen setzten ihm jetzt stärker zu als vor zwei oder drei Monaten. Seine Kraft ließ deutlich nach, und er erkannte es auch. Manchmal kam er aus der Firma nach Hause, um sich von mir zur Klinik fahren zu lassen. Morgens, im Bett, gab ich ihm eine Spritze, und er blieb liegen, bis sie wirkte. Dann erst wusch und kleidete er sich mühsam und erhob sich schwerfällig vom Frühstückstisch. Wenn er abends spät nach Hause kam, war es höchste Zeit für die nächste Injektion.

Anfang März begann ich, ihn mittags regelmäßig im

Büro zu besuchen. Ich brachte ihm Gebäck oder eine Süßspeise mit und gab ihm eine Spritze. Inzwischen hatte ich gelernt, ins Gesäß zu spritzen, da es ihm auf dem Oberschenkel unangenehm war. Wir sprachen dabei über Begebenheiten in der Firma, und er fragte mich manchmal um Rat, wie er sich hier und da verhalten sollte. Es interessierte ihn, was ich tagsüber machte, er ließ sich von den Kindern erzählen. Wenn er abends nach Hause kam, legte er sich sofort ins Bett.

Am Wochenende hatten wir noch einmal Gäste: Manfreds Chef und Herrn Fuchs mit ihren Ehefrauen. Wir aßen gemeinsam, saßen am Kamin und zeigten den Film, den Manfred von der Japanreise gedreht hatte.

»Es ist schön, zu wissen, daß Ihr Mann bei Ihnen in so guter Obhut ist!« sagte Frau Conrad, »Zuversicht, Mut, Liebe und Geborgenheit sind die wichtigsten Bausteine für die Genesung.«

Manfreds Verfall war offenkundig. Die Beschwerden, die von der Wirbelsäule ausgingen, verstärkten sich, er konnte nicht mehr über längere Zeit stehen, gehen oder sitzen. Selbst wenn ihm zwei Wochen in der gemütlichen Ferienwohnung in der Schweiz, mit dem herrlichen Blick auf schneebedeckte Dächer, Tannen und Gipfel, mit Sonnenaufgängen über dem Dorf und Raclette aus der Pfanne guttäten — wie sollte er dorthin gelangen? Eine Autofahrt über eintausend Kilometer konnte zur Marter werden. Er selbst meinte nur, es werde schon gehen, aber ich war in großer Sorge und Furcht. Ich fühlte mich verantwortlich für die zu fällende Entscheidung. Vielleicht wäre es gut, ihn im Schlafwagen reisen zu lassen, während ich mit den Kindern im Auto fuhr, aber er brauchte die Spritzen. Wenn wir die Kinder in die Bahn setzten, könnte er im Liegesitz schlafen, während ich fuhr, und wir könnten rasten, wann immer er eine Pause benötigte. Aber er lehnte all diese Überlegungen schließlich entschieden ab. Es sollte wie immer sein, er wollte keine Ausnahmesituation, er wollte die Kinder und mich in seiner Nähe wissen. Ich hatte Angst vor der Fahrt, um seinetwillen. Auch Alexander machte sich Sorgen um seinen Vater: »Er wird sehr traurig sein, wenn wir Skilaufen gehen und er uns vielleicht nicht begleiten kann.«

In der Woche vor den Ferien nahm Manfred Urlaub. Die Arbeit in der Firma, das Autofahren, die Bestrahlungen, die Spritzen, die Medikamente — das war zuviel. Jeden Vormittag fuhr ich ihn in die Klinik und begleitete ihn zur radiologischen Abteilung. Sie befand sich im Souterrain eines modernen Anstaltsgebäudes. Wenn wir die Marmortreppen hinunterstiegen, stützte er sich leicht auf mich. Die Schwester hinter der Glasscheibe nickte uns freundlich zu. Es standen Stühle für die Wartenden bereit, wir setzten uns und sprachen leise miteinander. Ich sah das Kind, das ungeniert und provokativ, ganz natürlich, seine Perücke abnahm, weil es juckte, so daß ich die Zielkreuze auf dem Schädel erkennen konnte. Es hüpfte herum und lief auf und ab, lachte und schmiegte sich an den Vater. Ich sah gebückte Gestalten und abgemagerte, blasse Gesichter, die in Krankenhausbetten herangefahren wurden. Manfred fand immer noch, daß die anderen vergleichsweise schlimmer dran seien als er. Er sah fast unverändert aus, stattlich, breitschultrig, beinahe blühend trotz der Blässe.

Während er bestrahlt wurde, vertiefte ich mich in ein spannendes Buch. Ich mußte untertauchen. Wenn dies einmal vorbei war, wollte ich nie wieder hierher. Ich würde mich widersetzen, wenn ihm eine weitere Bestrahlungsserie angeraten würde.

Die Hunderte von Schmerzzäpfchen, die Manfred in den letzten sechs Monaten genommen hatte, hatten den Darmausgang so sehr geschädigt, daß er zusätzliche Schmerzen verursachte. Wir fuhren zu einem Spezialisten, der die Lage beurteilen und Maßnahmen ergreifen sollte.

Es war ein klarer, sonniger Wintertag in der Woche vor den Märzferien. Ich ließ ihn vor der Praxis aussteigen und suchte einen Parkplatz. Ich beobachtete, wie er die Stufen hinaufstieg und durch die Haustür eintrat. Die Diskrepanz zwischen dem schönen, gepflegten Äußeren und den zerstörerischen Vorgängen innerhalb des Körpers war es, die mich am meisten schmerzte. »Nur nicht weinen!« beschwor ich mich.

Mit der Bitterkeit der Jugend hatte mir damals, am Anfang, dieses Gedicht von Ivan Goll am besten gefallen:

Stets werden wir einsam sein,
Eingehüllt in unsere Leiber
Wie in zwei Leichentücher!

Ob wir uns auch von einem Mund zum anderen
Wie von Balkon zu Balkon
Rote Blumen der Liebe zuwerfen
... umsonst! ...

In der verzweifelten Umarmung
Zwischen dem unentwirrbaren Wir
Klafft unsere entsetzliche Einsamkeit.

Wir hatten inzwischen diese Grenzen längst überschritten, das Wir war unentwirrbar, und die Leiber trennten uns nicht. Wir waren voneinander durchdrungen, wir hatten eine Nähe gefunden, die der Körper weit überschritt, sie fast unabhängig von ihnen erscheinen ließ. War ein Körper verzichtbar?

Der Arzt wollte die wunden Partien in der nächsten Woche ausbrennen. Zwei, drei Tage Bettruhe wären anschließend erforderlich. Manfred wollte mich dazu bewegen, allein mit den Kindern nach Flims zu fahren, während er sich diesem Eingriff unterzog. Er wollte möglichst schnell wieder für die Firma einsatzfähig sein, sich von den Spritzen unabhängig machen und wieder Zäpfchen nehmen. Er wollte keine Zeit verlieren.

Ich erklärte ihm, daß es für mich überhaupt nicht in Frage käme, ihn allein zu lassen. Das schöne Wetter machte mir Mut. Wenn wir nur irgendwie die Fahrt überstünden, könnten wir vielleicht ein paar frohe Tage in Flims verbringen. Das sollte der Arzt mit seinem Eingriff mir nicht zerstören. Wir beschlossen, Dr. Timm aufzusuchen und ihn um Rat zu fragen. Er reagierte, wie ich es erwartete und erhoffte. »Der Eingriff hat Zeit«, sagte er, »Sie müssen sich erst einmal erholen, das ist viel wichtiger.«

Am Donnerstag bekamen die Kinder Ferien. Koffer und Reisetaschen, Skistiefel und Tüten mit Kleinkram, der in den Zwischenräumen verstaut werden sollte, begannen, sich im Flur zu türmen. Alexander und ich brauchten lange, bis wir alles im Kofferraum untergebracht hatten, am Ende meinten wir, es passe nun keine Socke mehr hinein. Dieses schwierige Puzzlespiel gehörte eigentlich zu Manfreds Aufgaben, die er ungern zwar, aber doch immer lieber selbst übernahm. Er wurde regelmäßig nervös dabei, packte alles mehrfach ein und wieder aus, bis er die optimale Lage jedes Teils herausgefunden hatte, und fuhr mich an, wenn ich immer noch etwas brachte, das ich für die Kinder oder mich mitnehmen wollte. Das war der Zeitpunkt für Flüche und Tränen, bittere Vorwürfe und Fluchtgedanken. Später lernte ich, mich dieser Situation besser anzupassen, denn solch ein gereizter Aufbruch in die Ferien belastete uns alle stundenlang. Ich verhielt mich freundlich und unauffällig und ließ mich zu keiner unbedachten Äußerung hinreißen. Er war froh, daß ich diesmal alles so tüchtig übernahm und er nichts damit zu tun hatte. Er wußte, daß er dieser Belastung jetzt nicht standhalten würde. Er konnte nicht einmal einen Koffer anheben.

Am Freitagmorgen um zehn Uhr hatte Manfred seinen letzten Bestrahlungstermin. Ich parkte den reisefertigen Wagen vor dem Gebäude der Radiologie. Die Kinder blieben darin sitzen, während ich Manfred begleitete. Beim Verabschieden forderte der Arzt ihn auf, sich Mitte April wieder bei ihm zu melden, um weitere Bestrahlungen zu verabreden. »Sie werden uns hier nicht wiedersehen«, dachte ich, »ich werde es verhindern.« Diese Bestrahlungsserie hatte den Versuch bedeutet, Schmerzen zu lindern, aber sie hatte nicht den geringsten Erfolg gezeigt. Manfred strahlte ihn an: »Jetzt wollen wir uns erst einmal erholen, wir sind auf dem Weg in die Schweiz!« Ich fühlte, wie der Arzt mich betrachtete, ohne daß ich ihn ansah. »Hoffentlich empfindet er nicht nur Ratlosigkeit oder Entsetzen«, dachte ich, »sondern auch ein bißchen Bewunderung.«

Wir gingen auf dem kürzesten Weg auf die Autobahn. Im Kofferraum hatte ich 120 Ampullen zweier verschiedener Schmerzmittel, Desinfektionsspray, Plastiktüten voller Kanülen, Einmalspritzen und Wattebäusche. Stephanie saß auf dem Beifahrersitz und Manfred hinter ihr. Wir hatten ihm die Ecke ausgepolstert, so daß er schräg, halb liegend, eine bequeme Stellung einnehmen konnte, die er lange ertrug. Alexander machte sich schmal auf dem verbleibenden Platz.

Wir hatten uns zur Nacht bei lieben Freunden in Freiburg angesagt. Bis dahin waren 800 km zurückzulegen. Meine Angst vor der Fahrt war einer Gelassenheit gewichen. Irgendwie würden wir schon ankommen. Notfalls hatte ich ja genügend Spritzen dabei. »Geben Sie ihm, was er braucht!« hatte Dr. Timm gesagt, »er soll keine Schmerzen haben.« Manfred war frohgestimmt und die Kinder friedfertig und still. Die Autobahn war frei und trocken, so daß wir zügig vorankamen. Zur Mittagszeit gab ich Manfred eine Spritze im Babywickelraum einer Raststätte. Er äußerte den Wunsch, selbst zu fahren. Dr. Timm hatte mir davon abgeraten, aber ich sagte nichts davon. Wir verabredeten, die Spritze ein oder zwei Stunden einwirken zu lassen, dann übernahm er das Steuer. Ich saß neben ihm, blickte scheinbar unbeteiligt in die triste Natur und beobachtete unauffällig seine Fahrweise. Ich sah, daß es ging. Er fuhr nicht ganz so schnell wie sonst, aber konzentriert und sicher. Ich nahm mein Buch und las. Ich wollte, daß er mein Vertrauen spürte. »Wenn etwas passiert, ist es auch gut«, dachte ich, ohne es weiterzudenken.

Konny und Dodo empfingen uns mit liebevoller Herzlichkeit. Sie gehören zu unseren liebsten Freunden. Es war mehr als zwanzig Jahre her, daß Manfred ein möbliertes Zimmer bei ihnen gemietet hatte. Er verließ damals München, um sein Studium in Freiburg fortzusetzen. Konny hatte gerade seine Anwaltskanzlei eröffnet und noch keine Klienten, so daß die Miete, die Manfred zahlte, zunächst die einzige Einnahme daraus war. Auch hatte der junge Anwalt noch viel Zeit zu persönlichen Gesprächen, und wenn er die Kanzlei zwischendurch verließ, übernahm Manfred die Betreuung. Es kam auch vor, daß sie zusammen einen Cognac tranken. Deshalb war Konny erstaunt, als Manfred einmal ablehnte. Er kam bald hinter den Grund: Manfred hatte den ganzen Tag noch nichts gegessen und hatte kein Geld mehr, sich etwas zu kaufen. So kam es zur ersten Einladung. Es entstand eine tiefe Freundschaft, die aus Zuneigung, unzähligen Gesprächen, gemeinsamen Problemen und Erlebnissen erwuchs.

Wir hatten einen gelösten, unglaublich vergnügten Abend miteinander. Dodo hatte ein warmes Abendessen vorbereitet, während dem wir ununterbrochen Späße und lustige Begebenheiten der Vergangenheit hörten, einer den anderen auf die Schippe nahm und wir ausgelassen lachten wie lange nicht mehr. Es war höchste Anspannung, die sich hier entlud.

Als sich die Kinder schlafen gelegt hatten, führten wir den Abend fort mit tiefgründigen Gesprächen, und ich beobachtete, daß trotz unserer seltenen Besuche der enge Kontakt zwischen den alten Freunden, der auch immer ein bißchen den Wunsch, sich aneinander zu messen, beinhaltete, auf eine hintergründige, vertraute, ernste Weise Bestand hatte. Manfred lag dabei auf dem Sofa, und ich beugte mich einmal über ihn und gab ihm eine Spritze, ohne daß er das Gespräch unterbrach. Wir waren glücklich über diesen Abend und darüber, daß wir auf Reisen waren.

Es nieselte am nächsten Morgen, aber Manfred hatte den Wunsch, die Innenstadt Freiburgs, mit der er sehr viele Erinnerungen verknüpfte, zu sehen, bevor wir unsere Reise nach Flims fortsetzten. Es war fast unmöglich, an diesem Samstagvormittag einen Parkplatz zu finden, schließlich stellte ich das Auto an einer Stelle ab, wo es nicht stehen durfte. Ich konnte Manfred keinen weiten Marsch zumuten. Er hatte Schmerzen und humpelte. Aber es zog ihn zu dem Marktplatz, der voller Leben war, er betrat das Münster, und er erzählte den Kindern von seiner Studienzeit. In einem Geschäft, das schöne Erzeugnisse der bodenständigen Handwerkskunst anbot, kaufte er mir einen bemalten Holzvogel. Es sollte der Partner sein für einen, den Manfred ebendort vor achtzehn Jahren gekauft hatte und der immer unseren Tannenbaum schmückte. »Wenn Sie in zwanzig Jahren wiederkommen, werden Sie den gleichen Vogel immer noch vorfinden«, sagte die Besitzerin zu ihm. – Ich wußte: Er sieht dies alles zum letzten Mal.

Ein Strafzettel hing an der Windschutzscheibe. Wir fuhren zur zuständigen Polizeiwache, und Manfred ging mit Stephanie hinein. Er erzählte den Polizisten, daß er gern alte Erinnerungen an seine schöne Studienzeit in dieser Stadt habe auffrischen wollen, und zeigte ihnen den Schwerbehindertenausweis. Sie zerrissen den Strafzettel und wünschten ihm alles Gute. Er war guter Dinge, daß ihm der Ausweis auf diese Weise schon etwas eingebracht hatte. Stephanie aber, so erzählte sie mir abends, war zutiefst erschrocken, als sie so von der Existenz des Ausweises erfuhr. »Das hättet ihr mir doch sagen müssen!«

Matschiger Schnee fiel und blieb in einer dicken Schicht auf der Autobahn liegen, als wir durch die Schweiz fuhren. Im Schneckentempo schleppte sich der Verkehr einspurig durch die verhangene Landschaft nach Süden. Man mußte die Scheinwerfer einschalten, als sei es schon später Nachmittag. Kaum einer befuhr die Überholspur, kaum einer wechselte zu ihr hinüber. Ich zögerte ein wenig. Dann lenkte ich den Wagen vorsichtig durch die schwere Schneeschicht auf die linke Fahrbahn, die wie ein Gleis zwei Spuren aufwies.

Hier konnte ich wesentlich schneller fahren. Ich holte bald das riesenhafte Schneeräumfahrzeug ein, dem die anderen folgten. Es warf den Schnee in einer undurchsichtigen Fontäne zum Mittelstreifen aus. Wenige Wagen stauten sich vor mir, denn es kostete Mut, die Fontäne blind zu durchfahren. Schnee prasselte gegen die Seite und das Dach des Wagens. Es herrschte gespannte Stille, aber sie war vertrauensvoll. Ich war nicht mehr zaghaft. Ganz unmerklich rutschte ich in eine Führungsrolle.

Die Wohnung war uns vertraut. Sie lag im Dachgeschoß eines Privathauses und war größer als die untere, da sie auch die Terrasse und den großen Abstellplatz überspannte. Sie war geräumig und komfortabel und gemütlich eingerichtet. Große Fenster und der überdachte Balkon sahen nach Süden und öffneten den unverstellten Blick auf das tiefer liegende Dorf mit seinen Kirchtürmen, die Straße, die ins Tal hinabführte, und das imposante, schneeüberzogene Gebirgsmassiv, das sich dahinter, in weitem Abstand, erhob. Hier war keine Enge. Der Blick konnte über diese weiße Gebirgslandschaft schweifen und ihr immer neue Aspekte abgewinnen. In jedem Licht, zu jeder Tageszeit stellte sich der vertraute Anblick neu dar. Morgens, wenn die Nacht der Dämmerung wich, zogen Nebelschwaden vom Tal herauf, die sich später im Sonnenlicht verflüchtigten. Schwere Lastzüge zogen ihre Bahn durch den erwachenden Ort, die Gondelbahnen nahmen den Betrieb auf, Alexander stieg mit der Tüte Brötchen im Arm die kleine Straße herauf, direkt auf uns zu. Die Welt sah blankgeputzt und frisch aus. Es roch nach Kaffee.

Manfred liebte die Abenddämmerung, wenn die Straßenlaternen angingen und die Häuser begannen, sich in ihren dunklen Umrissen vom immer noch schimmernden Schnee der Gärten abzuheben, und mit ihren erleuchteten Fenstern aussahen wie Lebkuchenhäuschen. Es wurde nie ganz dunkel in der Nacht, die weiten Schneeflächen, das unberührte Feld vor dem Haus, das herrliche Massiv, die Signina, sie fanden immer irgendwo ein wenig Licht, um es mit unzähligen Kristallen zu reflektieren.

Wir räumten die Wohnung ein und bezogen die Betten. Manfred legte sich bald zur Ruhe, aber er wollte nicht schlafen. Er wollte uns um sich haben. Ich bereitete einen Teller mit Broten, und die Kinder teilten Spielkarten aus. So wurde das Doppelbett zum Familientreffpunkt. Wir lachten viel, weil Manfred immer versuchte zu schummeln, und waren glücklich.

Am nächsten Morgen ging ich mit den Kindern ins Dorf hinunter, um Skier auszuleihen und Skipässe für die Benutzung der Lifte zu besorgen. Ich verabredete mit ihnen einen Treffpunkt, ließ sie laufen und ging zu Manfred zurück. Er hatte es sich inzwischen gemütlich eingerichtet, seine Bücher aufgestellt, eine Pfeife angezündet. Sein wehmütiger Blick auf die weißen, sonnenglitzernden Hänge entging mir nicht. Er tat mir unsagbar leid. Trotzdem ließ ich mich überreden, zum Skilaufen zu gehen. »Die Kinder warten auf dich«, ermahnte er mich. Meine Bedenken, ihn allein zurückzulassen, versuchte er tapfer zu zerstreuen. »Petra und Wolfgang werden bald hier sein.« Meine Schwester und ihr Freund wollten uns für ein paar Tage besuchen.

Es tat mir sehr weh, ihn am Fenster stehen zu sehen. Ich drehte mich immer wieder um. Hinter der spiegelnden Scheibe erkannte ich seinen zum Winken erhobenen Arm. Er trug einen dicken, hellgelben Skipullover. Ich nahm mir vor, eher zurück zu sein, als er mich erwartete. Ganz allein ging ich die Straße bergab zur Talstation und spürte seinen Blick im Rücken. Ich brauchte nicht zu weinen. Ich konnte gar nicht weinen.

Die Kinder erwarteten mich fröhlich. Sie fühlten sich auf den Brettern und Pisten schon wieder ganz heimisch. Wir unternahmen zusammen ein paar kleine Abfahrten, und auch mich zogen die rhythmischen Schwünge, die Geschwindigkeit und der zauberhafte Anblick der Tannen und Holzhütten unter ihren glitzernden Schneehauben wieder in ihren Bann. Wir machten gerade eine kleine Pause und aßen, am Pistenrand in der Sonne stehend, unsere Brötchen, als Wolfgang in rasantem Schwung bei uns anhielt. Er hatte meinen farbenfrohen Skianorak von weitem erkannt. Wir fielen uns in die Arme. Petra war bei Manfred geblieben.

Auch am nächsten Vormittag leistete Petra Manfred Gesellschaft, während ich mit Wolfgang und den Kindern Ski lief, und stieß erst später zu uns. Bald darauf trennte ich mich von ihnen und fuhr allein ins Tal. Als ich pfiff, trat Manfred auf den Balkon und winkte mir freundlich zu. Er freute sich, daß ich schon kam. Er war mit dem Auto im Dorf gewesen und hatte Kuchen gekauft. Wir saßen beisammen und tranken Kaffee, und ich spürte seine Liebe und Wärme.

Plötzlich sah ich Petra und Stephanie auf Skiern über das Feld kommen. »Wo habt ihr die Männer gelassen?« rief ich ihnen zu.

»Alexander ist etwas passiert«, entwortete Stephanie leicht verstört, »er ist beim Arzt.«

Wir fuhren sofort zu ihm. Er lag ganz still auf dem Tisch, die Röntgenbilder waren eben entwickelt: Beinbruch! Er tat mir entsetzlich leid. Diese Ferien sollten Entspannung bringen, er sollte sich ablenken und austoben. Jetzt konnte auch er nicht mehr Ski laufen. Er weinte nicht, er verhielt sich ganz ruhig. Ich hielt still seine Hand und streichelte sein Gesicht. Manfred bekam das Stehen nicht, er setzte sich auf einen Hocker auf der anderen Seite der Liege und hielt Alexanders linke Hand. Unser Sohn nahm die Liege fast in ihrer ganzen Länge ein: Er war mit zwölf Jahren schon beinahe so groß wie ein Erwachsener. Stephanie weinte verhalten. Sie wußte, wie gern er Ski lief, und er tat ihr sehr leid. Sie fuhr mit Petra und Wolfgang in unsere Wohnung.

Es dauerte lange, bis das Bein bis oben eingegipst war. Die Knochen hatten sich kaum verschoben, deshalb war eine Operation nicht nötig. Während der fertige Gips der Länge nach wieder aufgesägt wurde, um der zu erwartenden Schwellung Raum zu geben, saßen Manfred und ich ganz still, einer links, einer rechts, und beobachteten die Handgriffe des Arztes und der Schwester. Wenn Alexander Schmerzen hatte, verstärkten wir nur den Gegendruck der Hände. Wir wußten noch nicht, wie es geschehen war. Wir waren alle von stoischer Gelassenheit. Manche Gedanken gingen mir durch den Kopf, dann war er wieder ganz leer.

Als wir die Praxis verließen, war es dunkel. Vorsichtig wurde Alexander auf den Rücksitz unseres

Wagens verfrachtet. Manfred tat es weh, daß er nicht helfen konnte, aber er fuhr ihn wenigstens nach Hause. Ich war dankbar, daß er nicht ins Krankenhaus mußte. Wolfgang trug den Jungen mit seinem schweren Gips die Treppe hinauf.

Es wurde eine anstrengende Nacht. Er schlief sehr unruhig, denn das Bein schwoll und schmerzte heftig. Mehrfach lockerte ich die elastische Binde, die den Gips zusammenhielt. Jede Bewegung, die er im Schlaf machte, veränderte die Lage des Beins, und er konnte es nicht allein wieder auf den Stapel von Sofakissen heben. Dreimal mußte er zur Toilette. Dann weckte er mich wieder, und ich holte Wolfgang aus dem Schlaf, damit er ihn hinübertrüge.

Nach und nach erfuhren wir, wie es passiert war. In einem Steilhang war er gestürzt und hatte nicht wieder aufstehen können. Die letzte Abfahrt am Nachmittag, am zweiten Ferientag — da war sicher Erschöpfung im Spiel. Da er die anderen hatte vorfahren lassen, verging geraume Zeit, bis Wolfgang wieder zu ihm hinaufgestiegen war. Dann kam die Bergwacht, legte eine aufblasbare Schiene um das Bein und transportierte ihn in abenteuerlicher Fahrt mit der Akkia über die Piste zum Sessellift, der in ein gefangenes Tal hinunterführte, von dort — kopfüber — mit dem Schlepplift hinauf zur Gondel. Da er keine Schmerzen verspürte, empfand er diesen Transport als spannendes und interessantes Erlebnis, zumal Wolfgang immer in seiner Nähe blieb und ihm so das Gefühl gab, liebevoll betreut und überwacht zu sein.

Nach drei Tagen war das Bein abgeschwollen, der Gips konnte geschlossen werden. Wir liehen Gehstützen für ihn aus. Er lernte schnell, sich gewandt damit fortzubewegen. Er zog die Jeans prall über den Gips und war bereit für jede Unternehmung. Er bewältigte jede Treppe, und auf der Straße war er, fast springend, schneller als jeder von uns. Das Gipsbein nach vorn haltend, warf er die Stützen vor und schwang mit dem gesunden Bein sportlich durch. Er hatte Spaß daran und war froh, wieder mobil zu sein. Manfred unternahm täglich einen Ausflug mit ihm. Sie besuchten Nachbarorte und das Kloster von Disentis, aßen Eis und probierten Daunenjacken an. Beide waren gehbehindert und halfen sich gegenseitig, so gut es ging. Für Manfred war es sicher ein Ansporn, sich gegen die Hinfälligkeit und Schwäche, die ihn schon fast niedergestreckt hatte, aufzulehnen, um seinem Sohn eine Freude zu bereiten. Für Alexander waren es intensive Stunden allein mit seinem Vater. So war ich bereit, diesen Unfall als sinnvoll zu akzeptieren.

Wir anderen gingen unbeirrt zum Skilaufen. Ich spürte, daß es mir guttat. Es ist wichtig, daß ich Kraft sammle für das, was vor uns liegt, sagte ich mir. Auf der Piste sprach ich viel mit Petra, im Schlepplift, in der Warteschlange. Sie war die einzige, die ich richtig ins Vertrauen zog. Sie litt mit mir, war bereit, sich ganz in meine Lage zu versetzen, und mit mir zu weinen. Ihre Einfühlung war groß, und oft sprach sie meine Gedanken aus.

Auch als sie mit Wolfgang abgereist war, genossen wir die Tage und Abende in Flims. Ich lief öfter mit Stephanie Ski, als ich es erwartet hatte, und abends lagen wir vier zusammen auf den Betten und spielten Karten. Ich gab Manfred jetzt alle vier Stunden eine Spritze. Sie half gut, und auch die Kinder hatten sich daran gewöhnt. Manfred schöpfte Mut. Stephanie vertraute er an, daß er die Absicht habe, sich in der kommenden Woche Skier auszuleihen. Sie war darüber in Sorge und erzählte mir davon. Ich sprach ihn nicht darauf an, aber ich nahm mir vor, ihn im Auge zu behalten. Ich wollte ihn nicht entmutigen. Aber ich wußte um die Gefahr. »Wenn er stürzt«, rief ich mir immer wieder die Worte meines Vaters ins Gedächtnis, um sie auch in der schockierenden Situation abrufbereit zu halten, »mußt du auf die Herstellung der Transportfähigkeit drängen und den Rücktransport in die Wege leiten!«

In der zweiten Woche gab Manfred den Gedanken an Skilaufen wieder auf. Es ging ihm schlechter als zuvor. Zum Frühstück zog er nur den Kimono über den Schlafanzug, und noch bevor wir mit dem Essen fertig waren, mußte er sich wieder hinlegen. Beim Sitzen schmerzte der Rücken zu stark. Inzwischen war seine Mutter mit Theresa angereist. Sie war nicht ganz gesund, und es hatte eines längeren Telefongespräches bedurft, sie trotzdem zum Kommen zu überreden. »Dein Sohn braucht dich!« waren wohl meine entscheidenden Worte. Ich wollte, daß sie die Gelegenheit nutzte, bei ihm zu sein. Mir war auch daran gelegen, daß sich die Aufmerksamkeit und die Belastung ein wenig verteilte, daß es Abwechslung und Betriebsamkeit gab. Ich fühlte mich ein wenig erholungsbedürftig.

Manfred blieb vorwiegend im Bett. Sie machten zusammen noch einen Ausflug, und zweimal sogar kamen alle mit dem Lift zu einer Berghütte, um Stephanie und mich zu treffen. Man hatte eine besondere Gondel eingehängt, da Alexander mit dem Gipsbein nicht im Sessellift fahren konnte. In strahlender, wärmender Sonne saßen wir beisammen auf der Terrasse und aßen warmen Apfelstrudel mit Sahne. Manfred sah kraftvoll und braungebrannt aus, aber ein angestrengter Zug lag um Augen und Mund und ein Ausdruck des Nicht-Verstehens. Er trug die neue Daunenjacke, die lang genug war, um den schmerzenden Rücken zu wärmen. Bevor er sie kaufte, fragte er mich nach meiner Meinung dazu. »Vielleicht kann ich nie wieder Ski laufen? Ich will nichts Unsinniges tun!« Das war eine Testfrage. »Selbst wenn du nicht mehr Ski laufen kannst — so eine Jacke kannst du immer gebrauchen, und wenn es zum Segeln ist!« riet ich ihm. »Alexander wird sie später tragen«, dachte ich.

Ich hatte ihm morgens in einer kleinen Tüte eine schon aufgezogene Spritze, Desinfektionsspray und Pflaster zusammengepackt. In einer Abstellkammer der Skihütte gab ich die Injektion. Dann stieg ich wieder auf die Skier. Ich stürzte mich die Hänge hinunter. Meine Muskelkraft brauchte ich nicht zu schonen. Ich spürte die Geschwindigkeit und freute mich, daß ich sie beherrschte. Ich fuhr schnell und konzentriert. »Dies Vergnügen bleibt mir! Werde ich es dann noch empfinden?«

Ich hatte keine Angst zu stürzen, mir etwas zu brechen. Ich wußte, daß mir nichts passieren durfte, daß ich zwei kranke Männer versorgen und nach Hause fahren mußte. Ich fühlte mich sicher. Ich wußte, daß mir nichts passieren würde.

In einem Brief an meine Eltern schrieb Manfred: »Wir haben wunderbar viel Schnee, und uns umgibt ein herrliches Panorama. Immer wieder staunend und mit freudiger Empfindung kann ich die schneebedeckten Alpen betrachten. In der Dämmerung, wenn sich die Sonnenpracht von den Bergen allmählich verabschiedet und die vielen großen und kleinen Häuser im Tal mit ihren erleuchteten Fenstern einen behaglichen Abend erwarten lassen, dann kann ich froh und wunschlos die wechselnden Stimmungen betrachten, bis es dann wirklich dunkel ist. Die Fenster, durch die das Licht nach draußen strahlt, lassen mich in Gedanken in Stuben eintreten, die warm mit duftendem Holz verkleidet sind, mit der Atmosphäre einer Wand von alten, interessanten und vielseitig unterhaltsamen Büchern, auf der Kommode in schönen Flaschen verschiedene Obstwässerli, ein Kaminfeuer, ein dicker Hirtenteppich, ein paar gemütliche Sessel mit Menschen, die lesen oder sich Lustiges erzählen oder ins Feuer träumen ...

Zur Gondel, den Liften und den Skiläufern darf ich tagsüber nicht länger hinsehen. Ich weiß nicht so genau, warum ich nicht bei ihnen bin.«

Meine Eltern meldeten sich öfter telefonisch. Sie waren in großer Sorge um uns und jedesmal erleichtert, zu hören, daß nicht noch mehr passiert war. Sie hatten auf einer Fortbildungsveranstaltung den Betriebsarzt aus Manfreds Firma kennengelernt und erfahren, daß man ihren Schwiegersohn sehr bewunderte wegen seiner unglaublich disziplinierten Haltung. Als ich Manfred dies erzählte, sagte er nur: »Das wird nicht mehr lange so sein.« Ich rätselte, was er damit meinte. Ließ er die Hoffnung sinken? Befürchtete er, dem Druck nicht mehr standzuhalten und zusammenzubrechen?

»Ich glaube, ich sollte auch das Spritzen lernen, dann kannst du mal länger draußen bleiben«, sagte Stephanie besorgt zu mir. Sie war noch nicht einmal fünfzehn Jahre alt.

Am Tag der Abreise ging ich zur Bank, um die Restmiete zu bezahlen, und brachte die leeren Flaschen und die Gehstützen zurück, ohne die Alexander ziemlich hilflos war. Die Wagen waren gepackt, die Wohnung geputzt. Alexander konnte es sich auf der Rückbank bequem machen, denn Stephanie fuhr in Theresas Wagen mit. So brachen wir auf. Mich beherrschte ein merkwürdig distanziertes Gefühl:

Dieser Winterurlaub lag hinter uns. Manfred ging es ein wenig schlechter als vorher, seine Kraft ließ nach, die Krankheit schritt voran. Aber es war ihm nichts passiert. Er hatte Ausflüge mit seinem Wagen unternommen. Er hatte schöne Anblicke genossen, wenn auch mit der Bitternis des Verzichts, vielleicht des Abschieds. Ich war mit den Spritzen ausgekommen. Ich hatte ein wenig abgeschaltet und Kraft geschöpft. Ich hatte schöne Augenblicke erlebt, beim Skilaufen, mit Petra, mit Stephanie, ohne ihn, aber auch mit ihm. Er hatte seine kräftigen Arme um mich gelegt, ich hatte mich an ihn geschmiegt.

Ich war froh, daß wir diese Reise gemacht hatten. Es war eine Rast auf dem Weg in den Tod.

Unten im Tal war die Natur an der Schwelle vom Winter zum Frühling. Krokusse blühten vor den Häusern. Der Walensee zeigte eisige Bläue im strahlenden Sonnenschein. Wir kamen zügig voran.

Die nötigen Spritzen verabreichte ich Manfred auf den Parkplätzen zwischen Reihen abgestellter Fahrzeuge stehend. Wir waren inzwischen sehr routiniert darin.

Das gepflegte Hotel in Schwetzingen, gleich neben dem Schloß, in dem wir gern übernachteten, fanden wir belegt. Wir waren enttäuscht, denn wir frühstückten gern am runden Tisch vor dem Kachelofen und statteten anschließend dem Lädchen am Eingang des Schlosses einen Besuch ab. Eine letzte Nacht hier war uns nicht vergönnt. Wir mußten in einem modernen Sporthotel Zimmer nehmen.

Sie lagen im ersten Stock, waren neu, gepflegt und komfortabel. Aber es war unendlich schwierig und schmerzlich, unsere beiden Kranken hinaufzubringen. Manfred schleppte sich, steif von der Autofahrt, zur Treppe, zog sich mühsam am Geländer hoch, mußte immer wieder stehenbleiben und verschnaufen. Kräftige junge Leute kamen fröhlich von der Kegelbahn herüber. Am liebsten hätte ich den Blick auf Manfred versperrt, daß sie ihn nicht in seinem jämmerlichen Zustand sahen.

»Es ist erst wenig mehr als ein halbes Jahr her«, dachte ich verzweifelt, »da war er auch noch so kraftvoll und voller Lebensfreude, da hatten wir viel Spaß miteinander. So schnell geht das manchmal!«

Auch Alexander hatte Schwierigkeiten. Vom Hüpfen schmerzte der Kopf, und Blut staute sich im gebrochenen Bein. Rückwärts auf der Treppe sitzend, schob er sich mühsam mit dem gesunden Bein Stufe für Stufe nach oben. Dort mußten wir ihn stützen.

Manfred legte sich gleich ins Bett, ihm war übel. Ich gab ihm eine Spritze. Als ich nach dem Essen wieder zu ihm kam, fand ich ihn in vergnügter Stimmung vor dem Fernseher bei einem spannenden Western. Alexander leistete ihm gern Gesellschaft. Ich brachte Manfred eine leckere Mahlzeit und ein großes Bier.

Große getönte Spiegel bildeten die Front der Schrankwand. Ich betrachtete mich darin, als ich später unbekleidet zu Manfred ins Bett stieg. Wer bin ich? An welchem Punkt meines Lebens stehe ich? Was geschieht mit mir — jetzt, hier; und was danach?

Manfred sagte mir später, er habe in Flims zum ersten Mal den Mut sinken lassen. Er hatte sich Erholung erhofft, wollte wieder stark und einsatzfähig werden. Mit Enttäuschung hatte er die Verschlechterung seines Zustandes registriert. Von Angst hat er nie

gesprochen. Vielleicht aber setzte hier die Entwicklung ein, die der Pastor erwartete. Vielleicht begann
an diesem Zeitpunkt die Erkenntnis in ihm zu reifen,
daß er an dieser Krankheit sterben werde, nicht
irgendwann, in einigen Jahren, sondern bald. Ich
begriff nicht, weshalb er so ruhig war.

Lass uns noch ein wenig Zeit

Wir traten in eine neue Phase ein: Von jetzt an blieb Manfred zu Hause. In seinen Ohren klang es fast triumphierend, als Dr. Timm sagte: »Jetzt können Sie erst einmal nicht in die Firma gehen. Ich schreibe Sie krank.«

Natürlich war es kein Triumph, sondern Hilflosigkeit, Hoffnungslosigkeit, unbeholfen versteckt hinter dem Versuch eines Lächelns.

Zu den Mahlzeiten zog er seinen Bademantel über den Schlafanzug, ich wickelte ihm eine Wolldecke um Rücken und Beine. Aber das Sitzen am Eßtisch bereitete ihm Schmerzen, so daß er sich bald wieder hinlegen mußte. Unser Schlafzimmer lag im Parterre und schloß sich an ein Arbeitszimmer mit Schreibtisch und Bücherwand an. Beide Räume waren klein und nur durch einen Vorhang voneinander getrennt. Wenn Manfred jetzt im Bett lag, las er die Zeitung und Bücher, hörte Radio und beschäftigte sich mit Vorgängen in der Firma. Ich räumte morgens mein Bettzeug in den Kasten, breitete eine Decke auf meiner Matratze aus und brachte ihm das Telefon, seinen Aktenkoffer und Stapel von beschriebenem Papier. Manfred gewöhnte sich widerstrebend daran, Geschäftsbesuch am Bett zu empfangen. Fast täglich kamen ein oder mehrere Mitarbeiter und Kollegen, um Probleme mit ihm zu diskutieren und seinen Rat, seine Entscheidungen zu hören. Ich bewirtete sie mit Tee und Kaffee und nahm Blumen entgegen. Wenn es Zeit für eine Spritze war, drehten sich nur empfindliche Besucher beiseite. Solange er nicht allein war, fuhr ich manchmal schnell zum Einkaufen. Er führte laufend lange Telefongespräche, vermittelte zwischen schwierigen Verhandlungspartnern, gab Anordnungen. Seine Stimme war fest und sicher. Wer ihn nicht sah, konnte meinen, er käme eben vom Tennisplatz.

Theresa fuhr am Morgen nach unserer Rückkehr aus Flims nach Düsseldorf zurück, weil ihr Urlaub zu Ende ging. Die Omi blieb von jetzt an bei uns. Wir quartierten sie in Alexanders Zimmer ein. Vier Wochen lang fuhr ich ihn mit seinem Gipsbein in die Schule und holte ihn mittags wieder ab. Das frühe Aufstehen fiel mir zwar schwer, aber ich tat es gern. Bei ihm wenigstens waren es nur äußere Probleme der Behinderung, die zu bewältigen waren. Tag für Tag heilten die Knochen ein wenig, bald würde der Gips abgenommen werden und unser Sohn wieder gesund sein. Er hatte keine Schmerzen, und der lange, schwere Liegegips sowie die Gehstützen stellten für den sportlichen und kräftigen Jungen eine Herausforderung dar. Seine Klassenkameraden waren hilfsbereit, erwarteten uns am Schultor, um mir seine Tasche abzunehmen, und rückten ihm sogar den Stuhl zurecht, auf den er das Bein legte. So machten wir uns jeden Morgen fröhlich auf den Weg, und in meiner Erinnerung schien immer die Sonne. Mit frischen Brötchen kehrte ich zu Manfred zurück.

In dieser Zeit wurde Alexander von einer Lehrerin, die wir gut kannten, nach dem Befinden seines Vaters gefragt. »Gut«, antwortete er. Er schien alles Bedrückende in der Schule einfach zu vergessen oder es doch so weit von sich zu schieben, daß es ihn nicht belastete. Ich war froh darüber.

In der Woche nach unserer letzten gemeinsamen Reise hatten wir einen Termin bei Dr. R., jenem Arzt, der das Rectum ausbrennen sollte. Zu seinem Chef sprach Manfred darüber: »Ich muß einen kleinen Eingriff machen lassen. Danach werde ich der Firma bald wieder zur Verfügung stehen, wenn auch zu Beginn vielleicht nur stundenweise.«

Manfred fuhr seinen Wagen jetzt nicht mehr selbst. Ich brachte ihn hin. Ich betrachtete ihn, wie er von der Straße ins Haus ging, wie er im Wartezimmer saß. Dieser Anblick war imstande, mich zu zerreißen. Ich erlebte, daß für mich nichts schmerzlicher war, als zu beobachten, wie sehr er sich quälte, wie sehr sein schleppender Gang sich von seinem sonst betont festen Schritt unterschied, wie starr vor Anstrengung der Gesichtsausdruck dieses großen, blonden, geliebten Mannes wurde. Im Bett, umgeben von wichtigen und bedeutsamen beruflichen Dingen und Vorgängen, eingefangen von Problemstellungen und überzeugt von ihrer Wichtigkeit, wirkte er stark. Wenn ich ihn so sah, wurde ich ruhig. Ich sah, was er noch alles konnte. Draußen sah ich, was er nicht mehr konnte. So war ich froh, wenn er im Bett blieb.

Ich entledigte mich sämtlicher außerhäuslicher Verpflichtungen. Ich ging nicht mehr in die Praxis oder zum Sprachkurs, verteilte keine Schulmilch, nahm keine Einladung an. Ich hatte das Bedürfnis, in seiner Nähe zu sein. Sie gab mir nicht Ruhe, sondern verlangte mir auch Selbstbeherrschung ab. Und es fiel mir leichter, alles zu ertragen, wenn ich etwas für ihn tun konnte, einen Apfel schälen, eine Telefonnummer heraussuchen, und wenn ich ihn sprechen hörte.

Nur außerhalb des Hauses, allein im Auto, überfiel mich die Verzweiflung: »Ich will nicht ohne ihn leben, ich will nicht allein zurückbleiben! Wenn er gehen muß, will ich mit ihm gehen! O Gott, wie ich Dich hasse! Warum zerstörst Du diesen Menschen?«

Ich weinte laut und hemmungslos, schrie die Worte aus mir heraus. Die Umwelt verschwamm hinter einem dichten Schleier. Ich war dabei, meinen geliebten Mann zu verlieren, jeder konnte zusehen, keiner konnte es verhindern. Meine Liebe, meine Wärme, meine Geborgenheit in dieser Welt fielen in Trümmer!

Ich fühlte mich fremd und verloren in dieser Welt. Könnte ich doch vorher sterben, mich in nichts auflösen, und alles wäre vorüber! Aber dann ließe ich ihn allein in seinem Sterben. Ich wollte nicht feige sein. »Ich muß bei ihm aushalten, bis er mich nicht mehr braucht. Ich bin gesund. Ich darf nicht schwach werden. Ich muß ihm beistehen. Wenn ich ihn liebe, muß ich es für ihn tun.«

Manchmal fühlte ich mich für einen Augenblick unbeweglich angeschaut, fast versteinert war sein Gesichtsausdruck, Bitterkeit lag darin. Mein Wunsch nach einem Gespräch mit ihm wurde größer. Ich wollte verstehen, was in ihm vorging, und erfahren, ob er das Sterben in Betracht zog. Ich war mir nicht sicher, welche Vorstellung er sich vom Tod machte, und ob er an ein Weiterleben glaubte. Ich wollte ihm von meinen Gedanken sprechen, die ich mir zum Trost machte. Ich konnte damals nicht anders, als an einen Fortbestand in anderen Sphären zu glauben und an die Möglichkeit, sich dort wiederzubegegnen. Konnten wir uns nicht verabreden, etwa beim siebten Fixstern rechts von der Kassiopeia? Ich wußte, daß ich die Kinder jetzt nicht verlassen durfte. Ich wollte warten, bis ich sie großgezogen hatte und sie unser Haus verließen. Dann wollte ich zu ihm eilen.

Ich machte mir praktische Gedanken: Zum Springen fehlte mir sicher der Mut. Schießen? Wie sollte ich an eine Pistole kommen? Tabletten? »Daraus muß man sich schon eine Suppe kochen«, hatte mein Vater einmal im Scherz gesagt. Immer weiter hinausschwimmen? Ich konnte umkehren wollen und es nicht mehr schaffen ...

Er würde meine Naivität belächeln und die Idee verwerfen. Er würde mir Vorhaltungen machen. Ich kannte seine Argumente. So sprachen wir nicht darüber. Ich hatte eine Aufgabe zu erfüllen.

Aber es schmerzte mich, daß er von der Vorstellung ausging, daß er wieder aufstehen werde. Er glaubte noch immer, die Krankheit mit seinem Willen besiegen zu können. Wenn er nicht nachgab, mochte sie es aufgeben und sich zurückziehen. Es gab doch Fälle, in denen sich Metastasen ohne medizinisch erklärbaren Grund zurückbildeten.

Vielleicht sprach er deshalb nicht darüber: Er wollte seine Befürchtung nicht durch Worte manifestieren. Solange sie nicht ausgedrückt wurde, existierte sie nicht. Aber eine Verabredung, die wir in drei Wochen hatten, bat er mich jetzt abzusagen.

Anfang April herrschte richtiges Sommerwetter. Stephanie hatte zu ihrem fünfzehnten Geburtstag einige Mädchen eingeladen. Wir stellten die weißen Gartenmöbel auf und deckten zwei große, runde Tische. Durch die beiden Sonnenschirme sah unsere Terrasse aus wie ein Gartenrestaurant.

Manfred hatte am Tag zuvor mit den Kindern Spiele vorbereitet: Wörter, die ihnen spontan einfielen, wurden einzeln auf Zettel geschrieben und in einem Papierkorb zusammengefaltet vermischt. Jeder Gast mußte fünf Wörter ziehen und innerhalb von

30 Sekunden mit einer mündlich vorgetragenen Geschichte beginnen, die diese Wörter zueinander in sinnvollen Zusammenhang stellte. Ich lauschte unbemerkt den Geschichten und war verblüfft, wie leicht es den Kindern fiel, der lachenden Geburtstagsgesellschaft eine unglaubliche Geschichte aufzutischen. Stephanie war glücklich und freute sich, daß die Freundinnen sich gut amüsierten.

Am Abend zuvor hatte sie mich in Erstaunen versetzt. In den kommenden Sommerferien plante sie, eine Sprachreise nach England zu unternehmen. Es sollte ihr Geburtstagsgeschenk sein. Wir studierten gemeinsam zahlreiche Prospekte, aber ich war nicht mit ganzem Herzen bei der Sache. Ich rechnete damit, daß ich im Sommer schon allein wäre, und wollte sie lieber bei mir wissen. Aber ich konnte ihr diese Begründung nicht geben. So trieb ich die Angelegenheit nur zögernd voran und war unsicher, wie ich mich verhalten sollte. Am Abend vor ihrem Geburtstag schnitt ich das Thema erneut an. Wir saßen zusammen an Manfreds Krankenbett.

»Ich möchte in diesem Sommer lieber bei euch bleiben. Nach England kann ich immer noch reisen«, entschied sie. Sie ging von der Vorstellung aus, daß wir wieder gemeinsam an den Lago fuhren. Aber sie ahnte, daß ihr Vater nicht gesund sein würde und wir ihrer Gegenwart und Hilfe bedurften. »Ich hätte dich nicht darum bitten mögen«, sagte ich und nahm sie in die Arme, »aber ich bin sehr, sehr froh über deine Entscheidung. Du wirst im nächsten Jahr nach England reisen.«

Am Tag darauf mußte Manfred noch einmal zu Dr. R. Der Eingriff und seine Folgen waren sehr schmerzhaft gewesen, die Wunde heilte jedoch schnell und problemlos. Er war zur Nachuntersuchung bestellt.

Ich zog ihm die Socken an und hielt ihm die Hose tief am Boden bereit, so daß er nur hineinzusteigen brauchte. Er war unfähig, sich zu bücken.

Eine Woche nach seiner Schwester hatte Alexander Geburtstag. Es war Ostermontag, und er wurde dreizehn. Er war es gewohnt, große Kinderfeste zu feiern. Aber sein Gipsbein hinderte ihn, sich an lebhaften Spielen zu beteiligen. So durfte er seine engsten Freunde in ein Varieté-Theater einladen. »Laßt mich lieber zu Hause«, sagte Manfred. »Ich glaube, das wird mir zuviel.« Wir hofften beide immer noch, gelegentlich etwas zusammen unternehmen zu können. Freunde veranstalteten ein Osterfeuer auf der Pferdekoppel am Haus, mit Jazzkapelle und Würstchenstand, und es lockte uns sehr, daran teilzunehmen. Manfred wollte nicht aufgeben. Er machte gymnastische Übungen mit den Beinen, ging im Haus auf und ab und wollte nicht länger liegenbleiben. »Das schwächt mich nur noch mehr!« In der kommenden Woche wollte er stundenweise ins Büro gehen. »Ich will wieder auf die Beine kommen!« Aber dann ging es immer doch nicht.

Im Varieté war ich zuletzt in Kindertagen gewesen, mit meiner Großmutter. Wir saßen in der ersten Reihe, Alexander hatte sein Gipsbein auf den Schoß seiner Freundin gelegt, die es hütete wie ein Heiligtum. Das Programm war lustig und interessant. Ich hatte ein bißchen Angst, die Bären mit ihren Fahrrädern stürzten uns auf den Schoß.

Keinen Augenblick verließ mich das Bewußtsein unseres Schicksals. Das Bild Manfreds in seinem Bett schwand nicht vor meinen Augen. Die Erkenntnis: Ich werde einen unsagbar großen Verlust erleiden und es doch irgendwie überstehen müssen, bildete den Hintergrund jeden Geschehens, ein düster-tragisches

Bühnenbild. Was bunt und heiter davor ablief, war einstudiert, die Rolle paßte und lief von allein.

Wir nahmen an keiner Veranstaltung mehr gemeinsam teil, aber in diesen Ostertagen kamen Freunde, die Paten der Kinder, meine Eltern und Theresa aus Düsseldorf, um uns zu besuchen. Wir saßen zusammen um Manfred herum, und die Lebhaftigkeit der Gespräche tat ihm wohl. Er beteiligte sich daran und lachte fröhlich. Obwohl er nach einer Weile einen angestrengten Eindruck machte, wünschte er doch, daß alle bei ihm blieben. Er mußte sich nur ein wenig zurücklegen und entspannen, er zog sich für eine Weile in sich selbst zurück. Aber er war froh, nicht allein mit sich zu sein.

Wir hatten sporadischen Kontakt mit einem früheren Praktikanten von Manfred. Er hatte längst sein Psychologie-Studium abgeschlossen und eine Stelle in der Industrie im Rheinland angenommen. So kam es, daß wir uns selten sahen. Wohl einmal im Jahr stattete er uns mit seiner Frau einen Besuch ab, wenn sie in Hamburg bei den Eltern waren. Sie kamen Karfreitag.

Ich nehme an, daß Manfred sie nicht durch den Grad seiner Erkrankung erschrecken wollte, er mochte sie nicht im Bett empfangen. So kam mir der Gedanke, die bequeme Gartenliege im Wohnzimmer aufzustellen. Manfred war froh über diese Idee. So konnte er auch dort manchmal liegen, in der Nähe des Kamins und vor allem des Plattenspielers. Immer und immer wieder hörte er in dieser Zeit die Matthäus-Passion, jenes überwältigende Werk Bachs, das dem Karfreitag gewidmet ist: »O Haupt voll Blut und Wunden!« Es waren vier Langspielplatten, und mehrmals täglich ließ er mich eine davon auflegen. Die

Musik mußte so laut sein, wie es sich eben ertragen ließ: »Meine Seele ist betrübt bis an den Tod, bleibet hier und wachet mit mir!« Er verfolgte sie mit großer Intensität und las dabei im Textbuch mit. Er liebte das Weihnachtsoratorium, die »Schöpfung« von Haydn und »Fidelio«, aber wochenlang beschäftigte er sich jetzt mit der Leidenszeit Jesu. Suchte er den Weg vom leidenschaftlichen Kämpfer zum ergebenen Dulder? »Mein Vater, ist's möglich, so gehe dieser Kelch an mir vorüber; aber nicht mein Wille, sondern Dein Wille geschehe!«

War er bereit zu leiden? Nahm er sein Schicksal an als das, was ihm zufiel? War er willens, sein Leid, sein Sterben in einer ihm gemäßen Weise zu gestalten, seinen Tod anzunehmen? Würde, was geschehen mußte, mit seinem Einverständnis geschehen? Ich wünschte für ihn nun nichts mehr als dieses. Aber ich bezweifelte, daß ihm dieser Schritt gelang. Ich fürchtete, daß er zornig und widerstrebend sterben würde, weil er in seiner Vitalität einen frühen Tod nicht einsehen und akzeptieren konnte, weil er Verantwortung übernommen hatte und seine Aufgaben im Leben einfach abbrechen mußte, weil er herausgerissen wurde und sehenden Auges abwarten mußte, bis die Kräfte ihn immer mehr verließen − und was wohl noch alles geschehen würde auf dem Leidensweg. Weil er nicht fertiggelebt hatte.

»Ach, könnte meine Liebe dir,
mein Heil, dein Zittern und dein Zagen
vermindern oder helfen tragen!«

Oh, wie haßte ich Gott, wenn er dafür verantwortlich war! Ich hörte auf, das Wort an ihn zu richten, ich betete jetzt nicht mehr. Ich erhoffte nichts mehr von ihm − wir standen allein.

Manfred erzählte, es habe sich ein zweiter Tumor im Kreuzbein gefunden. Michael fragte, ob es sich um eine Metastase handele. Manfred verneinte. Ich kam nicht darauf, daß er mich schonen wollte. Michael erzählte mir sehr viel später, daß Manfred ihn um Rat gefragt habe, ob er mit mir über den »Eventualfall« sprechen sollte. Sie fanden darauf keine Antwort. Hat er nie geahnt, daß ich alles schon wußte?

Ich sehnte mich danach, mit ihm, allein mit ihm zu sprechen über Leben und Tod, über unsere Liebe, unser Wollen, unsere Kinder. Darüber, wie es weitergehen sollte, wenn er wirklich stürbe, was ich doch auch immer wieder bezweifelte. Er sollte mir Wegweiser aufstellen und mir helfen zu verstehen und zu ertragen. Ich traute mir zu, das Schiff allein zu steuern, aber ich wollte es nicht. Sein Rat war mir wichtig, ich weigerte mich, darauf zu verzichten. Wenn ich aber diesen ungeheuren Verlust nicht aufhalten konnte, so wollte ich doch möglichst viel von ihm hinüberretten, wollte leben und handeln in dem Bewußtsein: So hat er es sich gewünscht. Er sollte mir Aufträge erteilen, damit ich sicher wäre, in seinem Sinne zu handeln. »Wahrscheinlich«, so dachte ich, ist die Zeit jetzt noch nicht reif dafür.« Später, im Verlauf der folgenden Wochen, erkannte ich widerstrebend, daß meine Erwartungen nicht erfüllt wurden, und erst nach seinem Tod begriff ich, warum nicht und daß es gut so war. Meine Bewunderung für seine innere Größe wurde dadurch noch gesteigert.

Pastor L. hatte ich seit unserem Gespräch im Januar nicht wiedergesehen. Jetzt traf ich ihn beim Einkaufen auf der Straße. Ich konnte nicht viel sagen, denn Tränen standen mir in den Augen. Während ich so meiner Wege ging, brachen sich alle Facetten von Zuversicht und Verzweiflung, Hoffnung, Gelassenheit und Haß, innere Ruhe und Trauer in mir. Wir verabredeten, daß er uns in den nächsten Tagen besuchen käme.

Manfred kannte ihn kaum. Er verhielt sich ablehnend, aber doch abwartend. Er fragte sich, was der Pastor von ihm wolle. Es kam zu einem langen und intensiven Gespräch. Stephanies in gut zwei Wochen bevorstehende Konfirmation eignete sich gut als Einführung, denn Manfred wollte unbedingt an der Einsegnung teilnehmen. Der Pastor riet ihm, sich auf der hintersten Stuhlreihe niederzulassen, da er dort die Beine ausstrecken und notfalls die Kirche vorzeitig verlassen konnte, und sich ein Sitzkissen mitzubringen.

Dann erkundigte er sich nach seinen Interessen. Manfred erzählte ihm lebhaft, daß er regen Anteil nehme an den Vorgängen in der Firma, alle anfallenden Themen persönlich oder telefonisch bespreche und alle Briefe und Beschlüsse selbst unterschreibe. Er lese die Zeitung und höre Nachrichten und Kommentare im Radio, um in Politik und Wirtschaft auf dem laufenden zu sein. Er habe die Kinder gern um sich, lasse sich von Schule und Freizeitunternehmungen berichten, übe mit seinem Sohn lateinische Konjugationen, und ich sei immer bei ihm. »Mehr wollen wir doch gar nicht«, sagte er, »wir wollen nur Zeit, um weiter füreinander dazusein.«

Er sprach beglückt von der großen Liebe, die uns verband, und seiner Dankbarkeit, daß ich da sei. Abends versammle sich die ganze Familie an seinem Bett, um die liebevoll von Omi zubereiteten Schnittchen zu verspeisen, und manchmal spielten wir Karten wie in Flims. Ich saß ganz still am Fußende seines Bettes.

So konnte Pastor L. die wichtigste Frage stellen: »Auf welche Weise beschäftigen Sie sich mit Ihrer Krankheit?«

»Ich versuche«, antwortete er, »ihr gegenüber Distanz zu wahren und sie nur insoweit in Betracht zu ziehen, als sie es mir gegenwärtig aufnötigt. Sie zwingt mich, im Bett zu bleiben, schwächt mich und bereitet mir Schmerzen. Aber sie beherrscht mich nicht. Und meine Frau ist bei mir.«

Sein Zustand veränderte sich in dieser Zeit fast unmerklich. Wenn ich ihn so sprechen hörte, wuchs die kleine Pflanze Hoffnung, und ich begoß sie um meinetwillen: Vielleicht war es doch zu einem Stillstand gekommen!

In der Woche nach Ostern war Alexander zum Orthopäden bestellt, um den Liegegips endlich durch einen Gehgips zu ersetzen. Eine Woche vorher war der Arzt zu seiner großen Enttäuschung nicht mit dem Ergebnis der Röntgenuntersuchung zufrieden gewesen und hatte ihn auf heute vertröstet. Der Gips war brüchig und unansehnlich geworden, und er wollte ihn endlich los sein. Unsere Überraschung und Freude war groß, als der Arzt jetzt, nicht einmal fünf Wochen nach dem Bruch, entschied, keinen neuen Gips anzulegen. Alexander sollte weiter die Gehstützen benutzen und das Bein nur zu 50 Prozent belasten. Er strahlte vor Glück.

Das Glück hielt nicht lange an: Am Tag darauf erkrankte er an Windpocken. Er wurde von starkem Juckreiz gequält, besonders stark war das geschwächte Bein von Pusteln befallen. Ich besorgte Spezialpuder und stäubte den großen Jungen von oben bis unten ein. Jetzt pendelte ich zwischen zwei

Krankenbetten. Je höher aber die Anforderungen waren, desto gelassener wurde ich. Mir war nicht zum Klagen zumute. Ich wunderte mich nur, schüttelte den Kopf und mußte lächeln: Manchmal kommt einfach alles zusammen.

Alexander war noch nicht wieder gesund, als Helene anrief. Unsere Freunde aus Schweden waren zum Skilaufen in Frankreich gewesen und mit dem Wagen auf dem Rückweg. Sie befanden sich auf der Höhe von Hannover, und ihre Fähre in Travemünde ging erst am späten Nachmittag. So konnten sie uns einen kurzen Besuch abstatten.

Ich freute mich sehr, sie zu sehen, und es war auch die Tragik, die uns verband. Ihre beiden Kinder waren bei ihnen. Die kleine Ellen war vor wenigen Wochen an ihrer Krankheit gestorben. Sie wirkten alle unverändert, aber sie waren zutiefst erschüttert. Bei einer unverbindlichen Plauderei unter Erwachsenen war es aus dem kleinen Max herausgebrochen: »Wir haben auch noch eine kleine Schwester gehabt!«

An Alexanders Krankenbett erzählte Helene, wie ihre fünfjährige Tochter gestorben war: Sie befand sich wieder einmal im Krankenhaus, in der Nähe des Elternhauses diesmal, und täglich war Helene stundenlang bei ihr. Es war Abend, und es brannte nur eine kleine Nachttischlampe. Helene las eine schöne Geschichte vor. Die Krankenschwester verließ für kurze Zeit das Zimmer. Sie sprach mit ihrer kleinen Tochter über die Geschichte, und Ellen malte sich mit geschlossenen Augen die wunderschöne Blumenwiese aus, die darin vorgekommen war, das saftige Gras, die Pusteblumen. Dann schwieg sie und lächelte nur noch. »Sie hörte einfach auf zu atmen«, sagte Helene. »Ich bin so froh, daß ich bei ihr war und daß wir beide allein waren. Ich werde nie wieder Angst vor dem Sterben haben.«

Ihre Erzählung berührte mich tief. Ich war froh, daß Alexander sie mitgehört hatte.

Manfred und Per unterhielten sich währenddessen über berufliche und wirtschaftliche Themen. Manfred saß zusammengesunken auf dem Sofa, seine Gesichtszüge waren angestrengt, und er war sterbensblaß. Er war erleichtert, als er wieder in seinem Bett lag. »Mach es gut, was du zu machen hast!« verabschiedeten sich die Schweden von mir. Sie wußten, wovon sie sprachen.

Die beiden folgenden Wochen verliefen so, wie es für uns normal war. Manfred arbeitete konzentriert, empfing Geschäftsbesuche am Bett und nahm mit Interesse an den Belangen seiner Umwelt teil. Zu den Mahlzeiten setzte er sich noch an den Eßtisch, nur zum Abendessen versammelte sich alles an seinem Bett. Er war geschäftig und machte einen ruhigen, gesammelten Eindruck. Das Schmerzmittel, das ich jetzt häufiger spritzte, wirkte gut. Er klagte nur manchmal darüber, daß seine Konzentration zu schnell nachlasse. Außerhalb des Bettes wirkte er hilfsbedürftig. Sein Gang war mühsam, und er ermattete schnell, so daß er sich immer wieder hinlegen mußte. Das bereitete ihm Sorgen, vor allem wegen der Konfirmation.

Ich konnte nicht beurteilen, wie er seine Situation einschätzte. Er ziehe die Krankheit nur so weit in Betracht, als sie ihm gegenwärtig aufnötige, hatte er im Gespräch mit dem Pastor gesagt. Konnte er den Gedanken an den Tod ausklammern?

Mein Vater setzte sich öfter an sein Bett und bot sich ihm so als Gesprächspartner an. Ich ließ sie dann allein. Aber Manfred suchte das Gespräch nicht. Er unterhielt sich gern mit ihm über jedes normale Thema, erkundigte sich wohl auch manchmal nach Sinn und Wirkungsweise der vorgenommenen medizinischen Maßnahmen, war aber mit sachlichen und allgemeinen Erklärungen zufrieden und bat ihn nie um seine Einschätzung des Krankheitverlaufs. Meinen Vater bedrückte das. Er merkte, daß Manfred diesem Thema aus dem Wege ging, aber er mochte ihm nichts mehr vormachen. »Wenn er das nächste Mal fragt«, sagte mein Vater auf einer Heimfahrt weinend zu meiner Mutter, »dann muß ich es ihm sagen!« Er mußte auf dem Parkstreifen am Straßenrand anhalten, bis er die Fassung wiedererlangt hatte. — Manfred fragte ihn nie wieder.

Ich war voller Zärtlichkeit und Liebe für ihn. Ich war froh, wenn ich etwas für ihn tun konnte. Wenn ich ihm eine Spritze gab, tat ich es nie, ohne ihn zu umarmen und zu küssen. Wir streichelten uns und lächelten uns zu. Wir waren dankbar. In meinem Tagebuch, das ich oft neben ihm auf meinem Bett sitzend schrieb, notierte ich: »Es gibt Tage, da denke ich: Eine wunderschöne Zeit meines Lebens geht bald zu Ende, aber ich will mich nicht beklagen, mich nicht bedauern und bemitleiden, denn es waren schöne, reiche, lebendige Jahre, und ich bin Manfred dankbar für jeden Augenblick, für jeden Kuß und jeden Streit, jedes Mißverständnis, jeden Gleichklang, jedes Streicheln seiner Hand, jeden Trost, den er mir gab, wenn ich unglücklich war, jedes Gefühl der Eifersucht, des Hasses, der Liebe, der Zärtlichkeit, das ich für ihn empfand. Ich bin noch jung, ich habe mit 36 Jahren die Hälfte meines bisherigen Lebens an der Seite eines so wunderbaren, seltsamen, eigenwilligen, unkonventionellen, erfolgreichen Mannes gelebt — mancher kann in hohem Alter nicht auf so viel Gutes und

Wichtiges zurückblicken. Ich bin glücklich und danke Gott für diesen Mann, und auch diese schreckliche, quälende Zeit werde ich am Ende nicht missen mögen. Ich werde nicht verzweifeln, denn all dies macht mich stark. Ich habe eine große Liebe erlebt. Es ist besser, geliebt und verloren zu haben, als nie geliebt zu haben. Mir bleibt so viel: die Kinder, diese wunderbaren Kinder, meine Eltern, Geschwister, Freunde. Ich danke Manfred dafür, daß wir damals, als wir uns kennenlernten, nicht lange gezögert haben, daß wir bald geheiratet und Kinder bekommen haben. Es ist alles gut und richtig so gewesen. Ich bin ganz ruhig. Irgendwie wird es weitergehen. Irgendwie werden wir die erste schlimme Zeit überstehen. Wenn es mir nur gelingt, unsere Kinder auf dem Weg, den Manfred gewollt hat, weiterzuführen, sicher, froh, aufgeschlossen für alles Schöne und alle Probleme, die sich auftun! Wenn es mir nur gelingt, unser Leben, auch mein Leben, in den Griff zu bekommen, daß ich mir einen Sinn und Inhalt aufbaue!«

Ich war ganz ruhig. Aber ein Gedankensplitter oder eine Melodie konnte alles von einer Minute zur anderen zunichte machen. Dann stand ich mir selbst fassungslos gegenüber. Wie konnte es angehen, daß ich einer Zukunft ohne ihn zuversichtlich entgegensah? Wurde ich wahnsinnig?

Ich wußte, was mir weiterhalf. Wenn die Qualen in meinem Inneren unerträglich wurden, flüchtete ich mich in Phantasien. Ich malte mir Reisen mit den Kindern aus: Wir fuhren mit dem Auto bis nach Sizilien. Oder ich unternahm eine Kreuzfahrt — die rätselhafte Frau mit dem traurigen Lächeln, der etwas Unwirkliches anhaftete —, ich erlebte wunderbare Liebesabenteuer, immer neue, aber manche waren meine Lieblingsträume. Sie beschwor ich unzählige Male aufs neue. Stand mir nicht alles offen?

Ich hatte dabei kein schlechtes Gewissen. Nur die Zuversicht, einmal wieder glücklich zu sein, half mir jetzt, dieses Tal zu durchschreiten. Die Angst vor dem Verlust des Partners würde sonst übermächtig. Meine Eigenschaften und Fähigkeiten waren vielfältig, ich war selbständig und sicher im Umgang, aber mein Denken und Handeln war partnerschaftlich ausgerichtet. Es wäre natürlich, wenn ich mich an Manfred klammerte. Aber wir hatten beide keine Wahl: Es war ihm bestimmt zu gehen, und mir fiel es zu, ihn gehen lassen zu müssen. So erkannte ich in der Flucht in die Phantasien ein zielgerichtetes Verhalten und gab mich ihr hin, wenn ich es brauchte. Ich mußte Ruhe ausstrahlen. Ich saß jeden Tag stundenlang auf meinem Bett und strickte, während Manfred neben mir las, schrieb oder telefonierte. Auf ein Buch konnte ich mich nicht lange konzentrieren. Ich hatte zu viel zu denken und zu verarbeiten.

Gelegentlich unterbrach ich meine Tätigkeit, um niederzuschreiben, was in mir vorging. »Ich werde schöpfen aus diesen reichen Jahren«, notierte ich, »in denen ich mich unaufhörlich weiterentwickelt habe, gerade weil wir viele Schwierigkeiten miteinander hatten, weil wir miteinander gekämpft und uns verletzt haben, bis wir den Zustand eines fruchtbaren Friedens erlangten.«

Mir kam in den Sinn, wie ich manchmal von Freundinnen darum beneidet wurde, daß bei uns alles scheinbar so problemlos voranging: Die Kinder wurden geboren und entwickelten sich prachtvoll, Manfred kam im Beruf voran, sein Gehalt stieg, wir kauften ein zweites Auto, verreisten. Sie wußten nicht, wie unzufrieden ich oft über meine mangelnde geistige Anforderung war und wie oft und böse wir uns stritten, weil ich darüber nicht sprach. Vielleicht zwei

Jahre bevor Manfred erkrankte, spürte ich Neid aus der Bemerkung einer Freundin heraus. Ich reagierte nicht darauf, aber ich dachte: »Es geht uns großartig, das stimmt. Ich weiß, daß ich es gut habe, ich bin glücklich, und ich genieße es sehr bewußt. Wer weiß, was das Schicksal noch für mich bereithält – vielleicht gibt dies mir einmal die Kraft, die ich dann brauche!«

Am 2. Mai wurde Stephanie konfirmiert. Mit innerem Abstand hatte ich alles vorbereitet. Ich hatte die Gäste schriftlich eingeladen, das Mittagsbuffet geplant, vorgekocht, eingefroren, Braten bestellt, Fenster geputzt und Festtagskleidung ausgesucht. Alexander war von den Windpocken genesen und bewegte sich seit zwei Tagen vorsichtig ohne Gehstützen vorwärts. Meine Sorge galt Manfred.

Es war ein sonniger Sonntagvormittag. Die Familie war aus allen Teilen Deutschlands angereist und zog zur Kirche. Erst eine halbe Stunde vor Beginn des Gottesdienstes erhob Manfred sich. Ich half ihm in seinen Anzug und stützte ihn, als er in die Schuhe stieg. Arm in Arm gingen wir zum Wagen. Wir nahmen in der hintersten Reihe Platz, wo mein Vater uns schon erwartete, und hielten uns bei den Händen.

Es war ein ernster, wichtiger Gottesdient. Pastor L. forderte die Konfirmanden auf, sich zu allen Dingen im Leben eine eigene Meinung zu bilden, nicht aus Bequemlichkeit mit dem Strom zu schwimmen und zu ihrer Überzeugung zu stehen. Notfalls müsse man für sie kämpfen, wenn man ihretwegen angefeindet würde, aber man solle Mut bewahren, auch wenn es schwerer sei, als sich der modernen Interessenlosigkeit hinzugeben.

»Wenn euch etwas, was ihr euch vorgenommen

habt oder was man von euch erwartet, nicht gelingt, so dürft ihr nicht resignieren. Ihr müßt es immer und immer von neuem versuchen, bis ihr es schafft! Lustlosigkeit ist kein Argument! Denkt an Jesus am Kreuz! Er hatte auch keine Lust zu sterben, und trotzdem nahm er es auf sich!«

Dies war ein weiter Gedankensprung, die Konfirmanden haben ihn mit Sicherheit nicht verstanden. Aber ich wußte, daß dieser Satz Manfred galt. Ich habe nie erfahren, ob er ihn auf sich bezog, und Pastor L. erinnerte sich später nicht einmal genau daran. »Ich formuliere meine Predigten nicht vorher aus«, erklärte er mir, »das engt mich zu sehr ein. Ich notiere mir ein paar Stichworte und überlasse mich der jeweiligen Situation. Wahrscheinlich ist mir in dem Augenblick der hohe blonde Lockenschopf Ihres Mannes, der sich ganz hinten von der roten Wand abhob, ins Auge gefallen.«

Theresa sang mit wunderbarer Stimme zwei Lieder: »Machet die Tore weit!« und »Jesus bleibet meine Freude«.

Manfred schien alle seine Kräfte in dieser Stunde zu sammeln. Aufrecht saß er neben mir und verfolgte den Gottesdienst. Ich zwang mich von Zeit zu Zeit, den Organisationsplan der folgenden Festlichkeit zu durchdenken, damit die Tränen, die mir in den Augen standen, nicht herunterrollten.

Gemeinsam nahmen wir vor der Kirche die Glückwünsche entgegen, bis er mich bat, ihn nach Hause zu bringen. Während sich die Gäste in unserem Haus sammelten, begab er sich blaß und geschwächt zu Bett, aber er war erleichtert, es geschafft zu haben.

Verwandte und Freunde standen beieinander und unterhielten sich, Geschenke wurden überreicht und ausgepackt, Getränke angeboten. Ich weiß nicht, wer die Blumen versorgte, die Flaschen öffnete, die Mäntel abnahm. Es fand sich jemand, der es tat. Ich gab Manfred die Spritze.

Er war keinen Augenblick allein. Jeder wollte gern bei ihm sitzen, mit ihm sprechen, ihn streicheln. Petra klagte, daß sie gar nicht an ihn herankäme, immer sei er umlagert. Später saß sie lange bei ihm, ihr Kopf lag auf seiner Brust.

Unsere Mütter richtete das Buffet her, das ich vorbereitet hatte. Ich hatte Schüsseln und Platten, Bestecke und Gläser bereitgestellt. Die Gesellschaft bediente sich vergnügt, und es wurde ein schwermütig-heiterer Festtag. Was Manfreds Krankheit betraf, machte sich jeder seine eigenen Gedanken, gesprochen wurde darüber nicht. Stephanie hatte sich drei Freundinnen einladen dürfen. Wir wollten, daß Unbefangenheit, Jugend und Frische an diesem Tag nicht zu kurz kämen.

Ich bemerkte nicht, daß Manfred die Mädchen an sein Bett rief. Später erfuhr ich, was er zu ihnen sagte: »Ich bin froh, daß Stephanie so nette Freundinnen hat und daß ihr euch um sie kümmert, nun da ich es nicht mehr kann.«

Vielleicht machte es Manfred Mut, daß er die Konfirmation besser überstand als befürchtet. Er beschloß, »wieder auf die Beine zu kommen«. Er verließ das Bett für mehrere Stunden am Tag. Ich half ihm, sich anzuziehen. Wir fuhren zu einer Untersuchung in die Praxis des Urologen. Dann setzte er sich, eine Wolldecke um die Beine geschlungen, an den Schreibtisch und arbeitete. Mit fester Stimme sprach er am Telefon, und Besucher registrierten freudig eine Besserung.

»Er ist ja da!« schrieb ich in mein Tagebuch, »was grüble ich und trauere? Er ist da! Ich liebe ihn! Was kümmert mich die Zukunft?«

Er ließ sich das Heft nicht aus der Hand nehmen. Wenn es doch langsam, ganz langsam besser würde? Es hatte keine Eile, ich wollte geduldig sein, wenn nur er es ertrüge. Wir würden unser Leben anders planen. Er könnte eine psychologische Beratungspraxis eröffnen, denn Beraten war seine Stärke. Ich könnte alles vorbereiten und organisieren, und er sollte gerade so viele Patienten betreuen, wie er verkraften könnte.

»Es wird wunderbar«, schrieb ich, »auch wenn er im Rollstuhl sitzen müßte. Damit würden wir schon fertig. Seine Seele werden wir gemeinsam gesund erhalten. Ich werde ihm beistehen, ihm Kraft geben und ihn treu lieben wie bisher. Mit mir wird er mitten im Leben stehen. O Gott, wenn es nur wahr würde!«

Ich hatte einen Traum in diesen Tagen: Ich ging allein spazieren, stieg über Felsen bergan, bis ich die Bergkuppe fast erreichte. Die Sonne schien mild, es war schön, ich atmete tief durch. Oben auf der Kuppe entdeckte ich ein großes Nest, so wie ich mir ein Adlernest vorstellte, auf dessen Rand eine adlergroße Fledermaus saß und mich abwartend-drohend anblickte. Im Nest saßen mehrere Junge.

Ich wollte der Fledermaus, die schwarz und aggressiv aussah, andeuten, daß ich nichts Böses im Schilde führte, und wandte mich halb von ihr ab, um dem Pfad über die Felsen weiter zu folgen, der ein paar Meter an dem Nest vorbeiführte. Nach wenigen Schritten aber, die mich zwangsläufig etwas näher ans Nest gebracht hatten, erhob sich die Fledermaus und kam langsam, aber bedrohlich auf mich zugeschwebt. Ich erschrak. Sie war beinahe so groß wie ich, hatte eine große Spannweite, Häute zwischen den Krallen und war ganz schwarz. Mir blieb nichts anderes übrig, als meine Arme auszubreiten und den Abgrund, der saftig-grün bewaldet vom Lago Maggiore her anstieg, hinabzuschweben. Da ich seitlich hatte starten müssen und nicht sehr geübt im Fliegen war, gelang es mir nicht, mich kraftvoll in die Lüfte zu erheben. Die Fledermaus folgte mir, wenn auch nicht hastig. Es ging ihr offensichtlich nur darum, mich in die Flucht zu schlagen. Sie griff zwar noch nach mir, um mir eins auszuwischen, erlangte aber mit einer Kralle nur die Kette aus Süßwasserperlen, die ich trug, ein Geschenk von Manfred, so daß sie zerriß und eine einzelne Perle hinunterfiel und verlorenging.

Im Erwachen atmete ich auf, war erleichtert, daß ich entronnen war, brachte die verlorene Perle mit der verlorenen Potenz in Verbindung und war froh, daß es eben nur diese eine Perle war, die wir nicht wiederfinden konnten.

Am Freitag abend besuchte uns Dr. Timm, um das Untersuchungsergebnis zu besprechen. Es gab keine neuen Erkenntnisse, die Erkrankung schritt voran. Aber er hatte das Bedürfnis, Manfred vorsichtig an den Sachverhalt heranzuführen. Es quälte ihn, daß er nicht offen mit ihm sprechen konnte. Manfred schien von ihm immer noch Heilung zu erwarten.

»Er hat mich demoralisiert«, stellte Manfred anschließend bitter fest. Ich überlegte eine Weile, wie ich darauf reagieren sollte. War dies die Gelegenheit zu einem Gespräch? Einerseits wollte ich, daß er sich damit auseinandersetzte, aber hatte ich andererseits das Recht, es ihm aufzudrängen, wenn er es gar nicht wollte? Ich beugte mich über ihn, legte meinen Kopf auf seine Brust und fragte: »Du willst es gar nicht so genau wissen, nicht?«

Manfred reagierte ungewohnt heftig, so daß ich mich aufsetzte und ihn ansah: »Er soll etwas tun und mich hier nicht so liegenlassen!«

An diesem Tag fuhr Alexander zum ersten Mal wieder mit dem Fahrrad in die Schule. Der Beinbruch war vergessen. Stephanie befand sich mit ihrer Schulmannschaft auf einem Handballturnier in Berlin, das unter dem Motto »Jugend trainiert für Olympia« stand. Am nächsten Vormittag rief der Trainer aus Berlin an. Stephanie war an Windpocken erkrankt. Er war im Begriff, sie zum Flughafen zu fahren.

Wenig später machte ich mich auf den Weg, um sie abzuholen. Ich erwartete sie wütend und zeternd über dieses Mißgeschick und hatte zur Besänftigung einen kleinen Blumenstrauß gepflückt, aber sie trat uns liebevoll und gelassen entgegen. Sie fühlte sich krank, aber sie war in den Genuß ihres ersten Fluges gekommen, und sie wurde würdig empfangen. Sie war über und über von Windpocken befallen und begab sich unverzüglich zu Bett.

Auf einmal wurde der Urologe aktiv. Es war Montag, der 10. Mai. Er verabredete für uns einen Termin beim Orthopäden, der das Kreuzbein mit Cortison umspritzen sollte. Er nahm Kontakt zu einem Akupunkteur auf. Er meldete uns beim Professor in Eppendorf an. Gleichzeitig begann er mit einer Chemotherapie. Sah er irgendeinen Alaß zu der Hoffnung auf einen Stillstand? Oder war er zu der Erkenntnis gekommen, daß die Leidenszeit noch lange nicht vorüber war und er neue Wege zur Schmerzbekämpfung beschreiten mußte? Quälende, verwirrende Fragen.

An diesem Tag hatten Manfred und ich ein gutes kleines Gespräch, das mich ein wenig froh machte:

Wir zogen den Tod in Betracht. Wir fragten uns, was geschehe, wenn alle diese Maßnahmen keinen Erfolg zeigten. Wir ließen diese Frage im Raum stehen, aber ich hoffte, es sei die Eröffnung einer Reihe von Gesprächen über das Sterben. Es drängte mich, zu erfahren, was er darüber dachte. Ich wünschte, er werde mir helfen zu ertragen, was auf mich zukäme, wenn er es schon hinter sich hätte. Ich wollte ihn vertraut machen mit meinen Vorstellungen vom ewigen Leben, das uns verheißen ist und das ich am wenigsten in Frage stellte. Ich wollte ihm sagen, daß ich ihn erwartete, als kleinen Vogel, der am Fenster zwischert, als Schneeglöckchen, das im Märzwind zittert, um mich auf sich aufmerksam zu machen, und daß ich glaubte, daß wir uns wiederhaben würden, wenn auch ich einmal stürbe. Ich konnte einfach nicht glauben, daß er fort sein würde für mich. Er wird in mir, in den Kindern so lebendig sein, daß seine Seele, wo immer sie sich unterdessen aufhalten mag, es spüren und uns eines Tages freudig erwarten wird.

Am Nachmittag unternahmen wir beide einen Ausflug. Ich wollte ihm wechselnde Ausblicke, optische Reize bieten, seinen Horizont noch nicht auf unseren Garten beschränken. Es war Frühling.

Ich half ihm in die Kleider und stützte ihn auf dem Weg zur Garage. Im Wagen legte ich ihm die Decke über die Beine. Ohne Ziel fuhren wir durch Felder und Dörfer, am Ufer des Großensees hielt ich für eine Weile an. Wortlos betrachteten wir die Wasserfläche. Der Himmel war leicht verhangen, wechselte schön und düster seine Farben. Die Sonne hatte nicht die Kraft, den Schleier zu durchdringen, nur einmal sahen wir weit hinten ihre Strahlen auf einen Acker fallen. Es war eher etwas kühl, feucht, die Wiesen waren saftig grün, mit Löwenzahn durchsetzt, es blühte leuchtend gelb der Raps. Ich fuhr schweigend, und Manfred saß ganz still neben mir. Ich war weder glücklich noch unglücklich, ich fühlte mich müde und ein wenig schwach. Ich hing Gedanken nach.

Damals, als wir uns kennenlernten, fuhren wir häufig so durch die Landschaft. Wir waren glücklich und unbeschwert und machten noch keine Pläne. Wir hatten Zeit, sich alles entwickeln zu lassen. Auch jetzt machten wir keine Pläne. Wir mußten die Zukunft, auf die wir so wenig Einfluß hatten, erwarten, erdulden, erleiden. Ich hatte keine Eile. Noch ließ es sich ertragen. Wir hatten gute Augenblicke und schöne Stunden. »Laß uns noch ein wenig Zeit!« Dieser Zustand war schmerzvoll und schwermütig, aber Manfred war da, ich konnte ihn berühren und streicheln, ihm aufhelfen, wenn er zu Tisch ging, ihn abtrocknen, wenn er aus der Badewanne stieg, ihm Spritzen geben und Birnen schneiden, ihn füttern, wenn er lag, und in seinen Armen weinen. »Laß uns noch ein wenig Zeit!«

Wir unternahmen noch zwei oder drei solcher Ausflüge. Dann wurde es Manfred zu beschwerlich. Zur gleichen Zeit führte Dr. Timm die Chemotherapie durch. Jeden Abend gab er ihm eine Injektion in die Vene. Manfred empfand ein heißes Kribbeln in der ganzen Wirbelsäule und an anderen Stellen. Ich fragte ihn nicht darüber aus. Ich wußte: Wo es kribbelte, saßen Metastasen. Ich mußte seine Hand halten dabei, er hielt sich an mir fest.

Einige Male fuhren wir morgens zum Orthopäden, um das Kreuzbein umspritzen zu lassen. Manfred ging keinen Schritt mehr ohne mich. Er befürchtete, die Beine könnten versagen. Er schleppte sich die wenigen Stufen hinauf und legte sich im Behandlungszimmer auf die Pritsche. Er bot einen bemitleidenswerten Anblick.

Einmal fuhr ich ihn nachmittags für zwei Stunden in sein Büro. Ein sehr delikates Gespräch mit einem Mitarbeiter war zu führen, und man war froh, daß Manfred es führte. Er forderte von sich höchste Anspannung und Konzentration. Der Schweiß lief ihm von der Stirn. Er erfüllte die Aufgabe, die er sich stellte. Im Gang traf er den Betriebsarzt. Ihn suchte ich nach Manfreds Tod auf, um nachzuvollziehen, in welchem Grad der Erkenntnis er sich zu diesem Zeitpunkt wohl befunden haben mochte.

»Ich glaube, Ihr Mann sah den Tod auf sich zukommen«, sagte er. »Wenn er mit Ihnen nicht darüber gesprochen hat, war es, um Sie zu schonen.« Ich wurde sehr traurig, als ich dies hörte, denn ich brauchte keine Schonung. Ich dachte an nichts anderes als an den Tod. Oder war es für ihn selbst unerträglich, mit mir darüber zu sprechen, weil er nicht Abschied nehmen wollte? Er wollte nichts weniger als uns verlassen. Er wollte leben.

AUF DEM WEG
IN EIN DÜSTERES TAL

Mitte Mai begann in Hamburg ein Jahrhundert-
sommer. Frisches grünes Laub und vielfältige
bunte Blüten verzauberten unseren Garten in ein
Paradies. Jeden Tag lag Manfred stundenlang unter
der Kastanie, las, empfing Besuch und träumte. Warmer Wind strich mir durch das Haar. Ich trug meine
farbenfrohen italienischen Strandkleider. Freunde
und Verwandte besuchten uns, wir saßen zusammen
auf der Terrasse, und Manfreds Haltung war voller
Freundlichkeit und Würde.

»Hier beginnt ein neues Kapitel: ich habe es ihm
gesagt.« Dies schrieb ich am 17. Mai 1982 in mein
Tagebuch.

Am Montag morgen um acht Uhr sollten wir uns in
der Unviersitätsklinik einfinden. Vor neun Monaten,
als der Professor den Eingriff vornahm, forderte er
Manfred auf, sich in einem halben Jahr wieder bei ihm
zu melden. Manfred wollte zu ihm. Dr. Timm entsprach dem Wunsch und erwartete sich von dem Professor »Manöverkritik« und vielleicht eine Anregung
für die Schmerzbekämpfung.

Manfred entkleidete sich mit meiner Hilfe und
begab sich in das für ihn reservierte Bett. Das Zimmer
war warm und stickig, und der Bettnachbar in lästiger
Weise gesprächig. Er klagte über seinen Arbeitsausfall
und über die Langsamkeit der Schwestern. Ich glaube,

er hatte einen Gallenstein. Ich wünschte, er hielte den Mund. Wir waren zu höflich, ihn darum zu bitten.

Dr. Timm hatte uns darauf vorbereitet, daß Manfred eine Nacht im Krankenhaus werde bleiben müssen. Er rechnete nicht damit, daß es uns gelänge, den Professor, der gerade aus dem Urlaub gekommen war, gleich persönlich zu sprechen. Es war für mich ein entsetzlicher Gedanke, Manfred würde auch nur auf eine Spritze warten müssen.

Da es Manfred schwerfiel, aufrecht im Bett zu sitzen, schob ich ihm häppchenweise das Mittagessen in den Mund, als die Chefvisite erschien. Ich verließ das Zimmer, ging im Flur auf und ab und versuchte dabei zu lesen. Als der Profesor mit fünf oder sechs Ärzten wieder herausströmte, trat ich ihm entgegen. »Ich möchte meinen Mann heute noch wieder mit nach Hause nehmen«, sprach ich ihn an. Der Professor war überrascht. Er dachte, er bliebe für ein paar Tage zur Beobachtung. »Wozu sind Sie dann überhaupt hier?« fragte er mich.

Ich erklärte es ihm in kurzen Worten. Es ging vor allem um die Schmerzen, die sich hauptsächlich auf den linken Oberschenkel und den Bereich des Kreuzbeins beschränkten. Bösartige Knochenwucherungen bedrängten den Ischiasnerv. Der Professor hörte mir aufmerksam zu. Er wirkte nicht eilig und geschäftig. Er zog zwei sehr unterschiedliche operative Eingriffe in Erwägung. »Ich werde mich nachher mit unserem Neurochirurgen beraten. Gegen Abend rufe ich Sie beide zu einem Gespräch in mein Büro.« Er akzeptierte meinen Wunsch, Manfred nicht hier zu lassen.

»Lohnt denn so ein Eingriff überhaupt noch?« fragte ich ihn.

»Ein halbes Jahr kann es schon noch dauern — so schnell geht das nicht«, antwortete er.

Das war in diesem Augenblick mehr, als ich verkraften konnte. Ich war erschüttert. Ich erlebte die schrittweise Verschlimmerung des Zustandes und die unsagbare Belastung für Manfred. Was konnte noch alles auf uns zukommen in einem halben Jahr? Ich war nicht in der Lage, eine weitere Frage zu stellen. Ich wollte nicht weinen vor der Schar der Ärzte, die sich in respektvollem Abstand hielt. Ich wollte Haltung bewahren. Ich nickte und gab dem Professor die Hand.

Unverzüglich betrat ich das Krankenzimmer, setzte mich auf die Bettkante und legte meinen Kopf mit maßloser innerer Schwere auf Manfreds Brust. Meine Arme schlang ich um seinen Oberkörper. Er legte seine Hand auf mein Haar und fragte: »Was hat der Professor gesagt?«

Weinend sah ich ihn an: »Er sagt, es gäbe keine Chance.«

»Hat er gesagt, wie lange es dauert?«

»Ein halbes Jahr.«

Er strich ganz sanft und zärtlich über mein Haar und ließ seine Hand auf meinem Rücken liegen. Er weinte nicht. Er sagte mit ruhiger, leiser Stimme: »Ich bin schon weiter als du denkst.«

Es drängte uns aus der Enge des Zimmers. Manfred legte seinen Bademantel an. Arm in Arm, ganz langsam, wanderten wir schweigend den langen, breiten Flur hinunter, dessen Ende sich zu einem Aufenthaltsraum mit Tischen und Stühlen erweiterte. Wir setzten uns nebeneinander an das große Fenster, das den Blick freigab auf unzählige Gebäude der Krankenhausanlage, auf alte Bäume und, jenseits, die Silhouette der Stadt. Das gegenüberliegende Gebäude bestand aus rotem Backstein, die Fenster waren weiß. Es mochte aus der Zeit um 1910 stammen. Einander übergreifende Dächer waren mit hellroten Ziegeln neu gedeckt. Sie boten Platz für Hunderte von Tauben, die gruppenweise aufschreckten und sich nach einigen hastigen Runden erneut niederließen. Wir waren allein und hielten uns an der Hand.

»Was soll ich nur tun? Wie soll ich das ertragen? Wie schaffe ich das mit den Kindern?« stieß ich schließlich hervor.

Langsam, überlegt, mit tiefer, warmer Stimme sagte er: »Du bist eine große Frau. Du wirst es schaffen!« Er machte eine kleine Pause, dann fuhr er fort: »Aber so weit sind wir noch nicht.«

Es blieb das einzige, was er je dazu sagte. Doch das wußte ich zu diesem Zeitpunkt noch nicht. Nur eins verstand ich: Er wollte nicht weit vorausdenken und schon gar nicht darüber sprechen. Ich empfand diese Worte als Weisung: So weit sind wir noch nicht. Ich hoffte jedoch, wir würden eines Tages so weit sein.

Den Nachmittag verbrachten wir lesend im Krankenzimmer. Ich gab Manfred eine schmerzstillende Spritze. Die Chemotherapie, die aus der täglichen intravenösen Injektion des Urologen bestand, sollte nicht unterbrochen werden. Um die Möglichkeiten der Klinik zu nutzen, hatte man das Medikament in eine Tropfflasche gefüllt und ließ es in stundenlanger Prozedur durchlaufen. Manfred war dieser Vorgang gleichgültig. Als sie die Flasche geleert und die Schwester die Nadel aus der Armbeuge entfernt hatte, half ich ihm beim Ankleiden. Er fühlte sich matt und unsicher beim Gehen.

Das Büro des Professors lag in einem anderen Stockwerk. Ich konnte nicht gleichzeitig die Reisetasche tragen und Manfred stützen. So fand ich es hilfreich, daß uns ein Rollstuhl zur Verfügung gestellt wurde. Vor dem Büro ließen wir ihn stehen. Zur Vorsicht bediente Manfred sich der Gehstützen, die ich ihm beim Orthopäden ausgeliehen hatte. Es waren dieselben, die Alexander benutzt hatte.

Wir führten ein langes Gespräch mit dem Professor. In der Bücherwand hinter ihm und auf der Fensterbank standen Fotografien. Ich sah eine Frau und Kinder, ein Pferd. Er war ein Mensch mit einem Privatleben und einem Beruf. Er war ernsthaft und freundlich-zugewandt. Er trug keinen Kittel. Er versteckt sich nicht. Ich hatte den Eindruck, daß es ihn schmerzte, dieses Leben nicht erhalten zu können. Er gestand uns seine medizinische Hilflosigkeit dieser Krankheit gegenüber ein.

Er hatte sich inzwischen über die Möglichkeiten der Schmerzbekämpfung mit seinen Kollegen beraten. Er erläuterte uns als erstes die Möglichkeit, die Hypophyse, die Hirnanhangdrüse, operativ zu entfernen. Der Eingriff als solcher sei einfach, er würde durch die Nase durchgeführt. So könnte die Schmerzleitung unterbrochen werden.

Mir graute bei dieser Vorstellung. Immerhin war die Hypophyse Teil des Gehirns. Herz und Hirn waren für mich, gleichwertig nebeneinander, die Bestandteile der Persönlichkeit. Dem Hirn aber, weil es als Organ empfindlicher, verletzlicher und unersetzlich ist, kam die Priorität zu, es bedurfte der Sorgfalt und des Schutzes. Wenn das Herz aussetzt — das als Sitz des Emotionalen, des Kreatürlich-Kraftvollen nicht unserer bewußten Kontrolle unterliegt —, hört der Mensch auf zu leben. Wenn das Gehirn seinen Dienst versagt, geschieht Schlimmeres mit ihm: Er hört auf zu denken!

Manfred stellte sachliche Fragen. Mußte er mit dem

Schmerzempfinden nicht auch die Wahrnehmung von heiß und kalt, spitz und stumpf verlieren? Konnte man die anderen Funktionen der Hypophyse kompensieren?

Seine Hoffnung auf die Befreiung von Schmerzen war groß. Er war zu vielem bereit. Aber ihn überkam derselbe Schauder wie mich.

Ein weiterer Vorschlag, den der Professor uns unterbreitete, war die Cordotomie: Mit Hilfe einer Kanüle wird seitlich durch den Nacken eine Sonde in das Rückenmark eingeführt, um den Nervenstrang zu beschädigen. Auch dies war eine schauerliche Vorstellung.

Als letztes konnte man den geschädigten Knochen bei den Nervenwurzeln freilegen und die Wucherungen entfernen. Sie würden von neuem wachsen.

Gefühlsmäßig lehnte ich alles ab. Ich hatte keine Hoffnung. Selbst wenn wir uns für die Hypophysektomie entschieden — ihre Wirksamkeit war nicht gesichert. Wir sahen dem Professor in die Augen, als wir uns freundlich von ihm verabschiedeten, ein Blick voll Erkenntnis und Bedauern. Er versprach, sich noch genauer zu informieren, um uns dann bei der Entscheidung helfen zu können. Manfred benutzte die Gehstützen, als wir das Büro verließen.

Als wir nach Hause kamen, waren die Omi und Stephanie im Aufbruch. Sie fuhren mit Helga und Volker ins Theater, um unsere Abonnementskarten nicht verfallen zu lassen. Wir winkten ihnen nach, bevor wir hineingingen. Ich empfand eine tiefe Trennung zwischen ihrem Weg und unserem: Sie gingen ins Theater — wir gingen in den Tod.

Ich glaubte, dies sei ein bemerkenswerter Tag und er brächte die Wende: Ich hatte es ihm gesagt. Von nun an gab es keine Schranken. Wir konnten offen über unsere Ängste und unsere Verzweiflung sprechen und über die Strohhalme, an die wir uns klammerten, über die Balken, die uns trugen und nicht untergehen ließen, über die Erkenntnisse und Einsichten, die wir durch dieses Schicksal gewannen.

Ich irrte. Es hatte sich nichts geändert. Die praktische Seite des Sterbens kostete seine ganze Kraft. Wenn er über seine Krankheit sprach, waren es die naheliegenden Dinge, die ihn beschäftigten: Die Schmerzen verstärkten sich, und er brauchte eine Spritze. Er wollte zur Toilette und bat mich, ihn dorthin zu bringen.

Er hoffte, sich mit Hilfe einer der vom Professor vorgeschlagenen Maßnahmen der Schmerzen entledigen zu können. Dann könne er auch wieder ein wenig gehen, dann würden die Beine wieder kräftiger. Und wenn die Krankheit doch zu einem Stillstand käme, wäre er vielleicht in der Lage, wieder ein sinnvolles Leben zu führen. »Wenn ich nur ein wenig gehen und Auto fahren kann, um meine Aufgabe im Beruf zu erfüllen und für meine Reni dazusein!« sagte er Ende Mai. Meine Eröffnung hatte nichts verändert.

Ehe eine Entscheidung über die vom Professor vorgeschlagenen Maßnahmen fiel, vergingen dreieinhalb Wochen, in deren Verlauf sich Manfreds Zustand deutlich verschlechterte. Die Schmerzen wurden so heftig, daß die üblichen Substanzen nicht mehr ausreichten. Neben den acht Spritzen, die ich ihm innerhalb von vierundzwanzig Stunden gab, nahm er regelmäßig Tropfen und Tabletten ein. Jetzt drängte es. Es mußte etwas geschehen.

Dr. Timm gab mir ein Betäubungsmittel. Ich injizierte es Manfred mit jeder zweiten Spritze, und es war eine große Erleichterung. Ich konnte die Anzahl der Injektionen wieder reduzieren, und Manfred gelang es, tagsüber ein wenig zu schlafen. Ich saß die meiste Zeit bei ihm.

Was ich für seine medizinische Betreuung brauchte, verwahrte ich in einem Schuhkarton auf meinem Nachttisch: Stapel von zweierlei Ampullen, mehrere Sorten von Tropffläschchen und Tablettenschachteln, dazu die Einmalspritzen und Kanülen, die Wattebäusche, das Desinfektionsspray. Wenn Manfred mich nachts weckte und um eine Spritze bat, brauchte ich das Bett nicht zu verlassen. Kaum erwacht, griff ich nach der Schachtel, zog die Spritze auf und kniete mich neben ihn. Dann packte ich alles beiseite, legte mich nieder und schlief sofort ein.

Ich war selbst überrascht von meiner inneren Ruhe. Ich tat tagsüber kaum noch körperliche Arbeit, von der ich müde sein konnte. Die meiste Zeit verbrachte ich strickend, lesend oder schreibend auf meinem Bett neben Manfred. Wahrscheinlich kostete die seelische Verarbeitung unserer Aufgabe so viel Kraft. Wenn ich abends das Licht löschte, begann ich mit autogenem Training. Während der ersten Übung schon schlief ich fest ein. Mit den beiden geschilderten Ausnahmen waren meine Träume belanglos. Wenn ich morgens erwachte, erlag ich nie einer Illusion. Ich wußte, daß Manfred schwerkrank neben mir lag. Als erstes brauchte er eine Spritze.

Das wunderschöne Sommerwetter hielt an. Im Laufe des Vormittags baute ich die weich gepolsterte Gartenliege unter der Kastanie auf, ein Beistelltischchen mit einem kühlen Getränk, ein paar Bücher. Mit langsamen Schritten führte ich Manfred, nachdem ich ihm in den Bademantel geholfen hatte, die wenigen Stufen zum Rasen hinunter. Sein linker Arm hielt die Gehstütze, der rechte lag schwer auf meiner Schulter. Manchmal zupfte ich ein wenig Unkraut, wo er mich sehen konnte, meist saß ich bei ihm.

Im warmen Sommerwind begannen wir jetzt zu träumen, uns Illusionen zu machen. Manfred brauchte mit dem Betäubungsmittel weniger Spritzen. Wenn wir uns für die Cordotomie entschieden, wenn Manfred kaum Schmerzen ertragen müßte und sich besser bewegen könnte, dann wollten wir noch einmal an den Lago reisen. Oder, so schränkten wir ein, vielleicht zu unseren Freunden auf ihren Bauernhof nach Niederbayern. Oder an die Ostsee, nach Timmendorf, wenigstens für eine Woche. Da hätten wir keine lange Fahrt, und wenn wir ärztliche Hilfe bräuchten, wären wir schnell zu Hause. In zweieinhalb Wochen begannen für die Kinder die Sommerferien. Wir wollten so gern zusammen glücklich sein! »Wenn wir jetzt nicht früh genug einen Operationstermin bekommen«, räumte Manfred ein, »wollen wir im Herbst an den Lago fahren.«

Wir waren umgeben von unserem Paradies: den großen, schattenspendenden Kastanienblättern über uns, der Buchenhecke, den blühenden Geranien, dem langgestreckten weichen Rasen unter uns, der den Augen wohltat und den Blick bis an die hellgrünen Lärchen und den blühenden Goldregen führte. Manfred hielt meine Hand und streichelte sie. Was mag dies alles mir bedeuten, fragte ich mich, wenn er, der liebste Mensch, den ich je traf, nicht mehr bei mir ist? Wie gut hatten es Adam und Eva: Sie wurden gemeinsam vertrieben.

»Wenn ich in vier Jahren noch lebe«, plante Manfred, »lassen wir uns die kleine Lebensversicherung auszahlen und machen eine Kreuzfahrt.«

»Wollen wir nach Norden oder ins Mittelmeer?« fragte ich.

Traumverloren gab ich mich den Bildern hin, die in mir entstanden: Fjorde, Eisberge, oder Griechenland, Kreta, Ägypten, Tanger ...

»Ich wollte ja immer so gern nach Norwegen, aber für meinen Rücken ist wohl Wärme besser«, sagte Manfred.

»Und wenn es im Rollstuhl ist«, dachte ich, »Hauptsache, er lebt!«

Meine Gebete waren verstummt. Wie oft hatte ich geweint, gefleht, gehadert und angegriffen: Gott, wenn es Dich gibt, hilf, wenn Du kannst! Aber Du kannst es offensichtlich nicht, oder Du willst es nicht, es ist Dir gleichgültig, was aus ihm, aus uns wird. Was hat er Dir getan? Hat er nicht in seinem Bereich mehr in Deinem Sinne gehandelt als mancher Deiner erklärten Diener? Er hat an seinem Platz Menschlichkeit und Nächstenliebe mit seinen Pflichten verbunden und sie zur Grundlage seiner Entscheidungen seines Handelns gemacht – warum zerstörst Du ihn, warum ihn? Es geht Dir nicht um Gerechtigkeit. Du schlägst blind hinein und vernichtest den, der zufällig im Wege steht! Was hat Dir die kleine Ellen in Malmö getan, daß sie mit drei Jahren an Leukämie erkranken mußte? Zwei Jahre lang ließest Du die Familie, die Ärzte, die Mutter vor allem, kämpfen, dann zeigtest Du ihnen, wie sinnlos all ihr Bemühen war. Du bist nicht der Gott des Erbarmens und der Gnade, nicht der gute Hirte. Du bist erbärmlich! Du hast die Macht dem Teufel überlassen. Oder war es ein antiker Götterhimmel, der unser Schicksal bestimmte? Eine mißgünstige Göttin, der ich nicht gehuldigt oder der er sich nicht zu Willen gezeigt hatte, zerstörte ihn jetzt aus Neid und Eifersucht. Die alten Griechen konnten wenigstens den Versuch unternehmen, die Göttin zu besänftigen, sie war möglicherweise durch ein ansehnliches Opfer umzustimmen. Was aber blieb uns? Wir waren einfach ausgeliefert. Bar jeder Einflußmöglichkeit. Der Weg war da, bevor wir ihn gingen, und wir kannten ihn nicht.

In den Schulen gab es jeden Tag hitzefrei. Die Kinder gingen schwimmen. Zu Pfingsten luden unsere Freunde Alexander zum Segeln ein. »Ich wäre gern noch einmal mit euch segeln gegangen«, sagte Manfred zu Volker, als er Alexander abholte.

Es waren die letzten Maitage. Wir genossen die Stunden im Garten, sie waren voll schmerzlicher, schwermütiger Süße. Es war Pfingstsonntag, als Manfred zu mir sagte: »Ich kann jetzt nicht mehr in den Garten gehen. Ich habe Angst, daß ich die Stufen nicht wieder hinaufkomme.« In der folgenden Woche teilte er seinen drei Freunden, die regelmäßig zu ihm kamen, mit, daß er sterben werde.

Am Freitag dieser Woche, es war der 4. Juni, wurden wir morgens um neun Uhr vom Klingeln des Telefons geweckt. Ich stand zwar weiterhin um sieben Uhr auf, um den Kindern ihr Frühstück zuzubereiten, legte mich danach aber trotz des regelmäßig strahlenden Sonnenscheins wieder ins Bett. Manfred schlief noch, bei ihm war mein Platz, und der Schlaf tat mir wohl. Was gab es für mich Wichtigeres?

Dr. Timm rief an, um uns mitzuteilen, daß der Neurochirurg der Universitätsklinik uns um 14 Uhr erwartete. Er wollte die Möglichkeit der Cordotomie prüfen. Seit unserer Unterredung mit dem Professor waren zweieinhalb Wochen vergangen, ohne daß etwas geschehen war. Manfreds Bedarf an Medikamenten, die ich ihm gab, war unverändert. Zusätzlich hatte er sich zweimal pro Woche zum Orthopäden geschleppt. Zweimal pro Woche führte Dr. Timm die Chemotherapie noch durch. Jetzt kam dieser Termin plötzlich und unerwartet. Es war sehr heiß.

Ich mußte verschiedenes erledigen an diesem Vormittag. Ich mußte die Wahlscheine für die Bürgerschaftswahl am Sonntag vom Ortsamt, Manfreds Krankenunterlagen, die wir mit nach Eppendorf nehmen sollten, bei Dr. Timm abholen und Alexander zum Konfirmandenunterricht anmelden, der bald nach den Sommerferien begann. Alexander begleitete mich, denn er hatte schon nach der zweiten Stunde hitzefrei. Wir fuhren im offenen Cabrio. Ich sagte ihm, daß Pastor L. ein ganz großartiger Mann sei, an den er sich jederzeit wenden könne, wenn er irgendwann Sorgen und Kummer habe. Er könne aufmerksam zuhören und wisse zu trösten. Ich erzählte ihm, daß ich schon manchmal Zuflucht bei ihm gesucht hätte.

Als wir nach Hause kamen, hatte Manfred mit Hilfe seiner Mutter gebadet und war fast vollständig angezogen. Ich rief einen Krankenwagen. Es war das einzige Mal, daß ich ihn nicht selbst fuhr. Wir erwarteten, daß Manfred in Eppendorf eine Probespritze bekäme, die ihn stundenlang lähmte.

Es war kein dezenter Samariter-Wagen, wie wir gehofft hatten, sondern ein leuchtend roter. Wir wollten kein Aufsehen erregen. Manfred schleppte sich, über die Gehstützen gebeugt, den langen Plattenweg vom Haus zur Straße, legte sich dort auf die Trage und wurde in den Wagen geschoben. Alexander stand betroffen dabei. Er war dem Weinen nahe. Er war an diesem Wochenende wieder zum Segeln eingeladen, und es tat mir sehr leid, daß er diesen Eindruck von seinem Vater mitnehmen mußte.

Ich setzte mich zu Manfred in den Krankenwagen. Es war darin unglaublich heiß. Manfred lief der Schweiß von der Stirn. Der Begleiter gab ihm Erfrischungstücher. Wir unterhielten uns mit ihm. Über den vier- oder sechsspurigen Straßen zur Klinik flimmerten die Abgase in der Hitze. Ich hatte die Welt noch nie aus den Fenster eines Krankenwagens gesehen. Ich kam mir vor, als spielte ich in irgendeinem Film. Es war gut, einmal für eine halbe Stunde nicht die Verantwortung zu haben für das, was geschah.

Manfred ließ sich mit der Trage ins Sprechzimmer fahren, wo wir zwanzig Minuten auf den Neurochirurgen warteten. Wir sahen inzwischen keinen Menschen. Es war drückend heiß. Als Dr. A. zu uns kam, hatte er die Krankenberichte bereits gelesen. Er ließ sich von Manfred seine Beschwerden schildern. Manfred tat dies exakt, um Vollständigkeit bemüht und nüchtern. Er klagte nicht, er beschrieb. Der Arzt sollte ein klares Bild bekommen, damit er die richtige Empfehlung aussprechen konnte. Er zählte auf, welche Medikamente er bereits gegen die Schmerzen nahm. Mit ihrer Hilfe war er zwar einigermaßen schmerzfrei, fühlte sich aber sehr schwach und unkonzentriert. Er konnte nur noch kurze Zeit lesen, mochte sich nicht mehr gern unterhalten, träumte viel vor sich hin und war froh, wenn er schlief. Er konnte nur noch wenige Schritte gehen.

Dr. A. nahm nur eine geringfügige Untersuchung vor. Er prüfte die Reflexe an Beinen und Füßen und schien alles ziemlich regelrecht zu finden. Dann unterbreitete er uns seine Überlegungen.

Die Cordotomie schien ihm nicht vielversprechend,

da die Schmerzempfindung zu weit unten sei. Man müsse den Nervenstrang in der Wirbelsäule zu stark schädigen, wobei auch der linke Arm in Mitleidenschaft gezogen werden könne. Neben der Schmerzunempfindlichkeit käme es zu einem Verlust der übrigen Reizempfindung. Zu einer Lähmung käme es nur in seltenen Fällen. Die andere Möglichkeit, die Freilegung des geschädigten Knochens, machte einen zweiwöchigen Klinikaufenthalt mit Intensivstation erforderlich. Er selbst favorisierte die Hypophysektomie. Gegen sie hatten wir die größten Widerstände.

Ich zog schon hier für mich den Schlußstrich. Es gab keine Hoffnung auf einen Aufschub, keine kleine Reise, kein Aufflackern. Wir mußten geduldig das Ende erwarten. Ich stand im Grunde von vornherein jedem Eingriff voreingenommen gegenüber. Ich wollte diesen Mann, den ich so sehr liebte, nicht in einem sterilen Krankenzimmer sehen, in einer Klinikmaschinerie, die, wenn man erst einmal hineingeraten ist, eine Eigendynamik entwickelte, der man sich nicht mehr entziehen konnte. Blutuntersuchungen und Röntgenkontrollen würden anlaufen, Tropfinfusionen angeschlossen und Inhalationsgeräte hereingeschoben werden, und am Ende all dieser Bemühungen würde doch unentrinnbar der Tod stehen. Ich wollte ihn nicht fachmännisch betreut wissen von Menschen, die zwar wohlwollend und freundlich waren, ihn aber nicht kannten und nicht liebten.

Ich wollte zu Hause alles für ihn tun, was zu tun war, weniger fachmännisch zwar, aber voller Hingabe, ihn umsorgen und mit der Gewißheit umhüllen, geliebt zu werden. Er sollte in seinem eigenen Schlafanzug in seinem eigenen Bett liegen, umgeben von

Büchern, Bildern und Blumen, die ihm gehörten, und den Blick über die liebe und vertraute Umgebung schweifen lassen. Wenn er zur Toilette ging, konnte er in unseren Garten hinaussehen, und sich an dem Anblick des neuen Kamins, meiner Wandreliefs und all der liebevoll ausgesuchten Gegenstände erfreuen, denen Erinnerungen an Erlebnisse anhafteten. Ich wollte ihm dabei als Stütze dienen.

Ich rieb ihn regelmäßig mit Franzbranntwein ab, um die Haut zu erfrischen und zu kräftigen, drehte ihm das Deckbett um, wenn es zu warm geworden war, wischte ihm den Schweiß von der Stirn und fütterte ihn. Das einzige, worum ich jetzt noch betete, war die Gnade, ihn hier, zu Hause, in meinen Armen sterben zu lassen.

Wir kamen früher aus Eppendorf zurück als erwartet und trafen Alexander noch an. So konnte der Junge sich noch einmal in Ruhe verabschieden, bevor er zum Segeln ging.

Kurz darauf rief Dr. Timm bei uns an. Ich berichtete von dem Besuch in Eppendorf, schilderte die Ausführungen des Neurochirurgen, wie ich sie verstanden hatte, und kam zu der Schlußfolgerung, daß meines Erachtens keiner der Therapievorschläge sinnvoll und praktikabel sei. Manfred hörte schweigend und scheinbar teilnahmslos zu. Ich sagte, daß ich die psychische und physische Belastung durch eine Operation für unsinnig halte, und daß ich ihn nicht hergeben wolle. Es ginge hier schließlich auch um die Seele. Dr. Timm pflichtete mir bei.

Manfred wollte die Hoffnung aber noch nicht aufgeben. Ich glaube nicht, daß er es sagte, aber ich spürte es. Er ließ es — die Angst, das Grauen, die Verzweiflung, was immer es sein mochte — nicht völlig an sich heran. »Damit es nicht Macht über mich gewinnt«, sagte er. Noch nicht, vermutete ich. Ich wußte nicht, daß es ihm gelingen würde, auf dieser Ebene zu bleiben.

Abends wollte Manfred fernsehen. Romy Schneider war in dieser Woche gestorben, einer ihrer letzten Filme wurde ausgestrahlt. Er saß auf dem Sofa mit seiner Mutter, Theresa und Stephanie, die Terrassentür war weit offen. Ich war unruhig und voller Gedanken. Ich mochte mich nicht auf fremde Inhalte einstellen. Ich ging durch den Garten und begann, ein paar Unkräuter zu zupfen, die mir ins Auge stachen. Immer mehr entdeckte ich, wie ich so dabei war. Sie standen kurz vor der Blüte, und es war an der Zeit, sie auszureißen. »Manfred möchte, daß du zu ihm kommst«, unterbrach Theresa mein Tun.

»Wenn wir schon mal zusammen einen Film ansehen, kannst du dich ruhig dazusetzen«, sagte Manfred vorwurfsvoll. Ich setzte mich zu seinen Füßen. Ich verstand, daß er meine Nähe brauchte nach diesem Tag. Es war eins der ganz wenigen Male in dieser Zeit, daß er ungehalten mit mir sprach. Nervosität ergriff ihn. Sein Rücken und seine Hüftgelenke schmerzten. Er war nicht länger in der Lage, dem Film zu folgen. Unvermittelt erhob er sich mit angestrengtem, sehr blassem Gesicht, um ins Bett zu gehen. Ich folgte ihm. Auf den drei breiten Stufen, die vom Wohnzimmer hinaufführten, versagten ihm seine Knie ihren Dienst. Er sackte plötzlich zusammen. Er fing sich mit den Armen auf, ich half ihm auf die Beine und führte ihn ins Bett. Alles ging so schnell, daß die anderen gar nichts bemerkten, was geschehen war.

Aber seitdem verließ Manfred das Bett nur noch, um zur Toilette zu gehen und verzichtete nie mehr auf meine Begleitung. Ich ging ganz dicht neben ihm, er legte seinen Arm schwer auf meine Schulter und drohte bei jedem Schritt in die Knie zu sinken. Er konnte sich nicht mehr selbständig fortbewegen.

Ich legte mich zu ihm, während die anderen den Film weiterverfolgten. Wir konnten es leise hören. Wir schauten beide versonnen aus dem Fenster in den Apfelbaum. Ich war kaum bekleidet, denn im Haus war es immer noch sehr warm.

»Ich möchte, daß du bis zum Schluß bei mir bleibst«, sagte ich.

»Das wird dir nicht gelingen, fürchte ich«, antwortete Manfred. »Ich bin zu schwer, als daß du mich anheben könntest, und wenn ich nicht mehr zur Toilette gehen kann, wird es entsetzlich.«

»Dann kaufen wir eine Bettpfanne. Habe ich nicht damals beim Schwesternhelferinnenkurs wildfremden Menschen den Po abgewischt? Es soll mir wohl auch bei dir gelingen!« Ich sagte das leichthin und zuversichtlich, aber der Gedanke entsetzte mich doch ein bißchen. Er sah mich verwundert und dankbar an.

Ich ging in den Garten hinaus und schnitt einen großen Strauß Lupinen, um damit die Fensterbank neben dem Bett zu schmücken. Für eine zweite Vase holte ich fliederfarbene Rhododendronzweige und leuchtenden Klatschmohn herein. Ich wollte von allem das Schönste an sein Bett bringen und ihn damit beschenken. »Ich bin traurig«, sagte ich zu ihm, »daß es mir nicht wirklich gelingt, mich in deine Lage zu versetzten und deine Gefühle, Ängste und Gegenmechanismen zu empfinden, obwohl ich dich doch so liebe. Ich kann dich nur beobachten.« Ich hoffte, er werde mir einen Einblick gewähren.

»Du bist doch ganz bei mir, in mir, um mich herum, du hüllst mich ein mit deiner Liebe. Du bist meine Hoffnung, mein Leben. Ohne dich würde ich dies alles nicht ertragen«, sagte er. Er entschuldigte sich bei mir für all das Leid, das er mir zufügen müsse. »Dabei wollte ich dich doch immer beschützen, immer für dich dasein und sorgen und dich mit all meiner Liebe umgeben.« Weinend legte ich meinen Kopf auf seine Brust.

Manfred hatte nur sehr selten Stuhlgang, aber drei Tage nach unserem Besuch in Eppendorf war er nicht einmal mehr in der Lage, Wasser zu lassen, obwohl die Blase prall gefüllt war. Dr. Timm kam mittags nach der Sprechstunde, um es durch einen Katheter abzulassen.

Ich war jetzt an einem Punkt, da ich manchmal wünschte, schon alles hinter mir zu haben. Es war so furchtbar schwer, sich tagein, tagaus vor dem entsetzlichen Ereignis zu fürchten und auf einen bestimmten Tag mit einem unbestimmten Verlauf zu starren. Aber am Abend dieses Tages glaubte ich, zum ersten Mal eine Idee davon zu bekommen, welche Verzweiflung und Trauer mich überfallen wird, wenn es vorüber ist.

Dr. Timm hatte zugesagt, abends, nach dem Besuch eines Vortrages, noch einmal zu uns zu kommen, um das Wasser abzulassen. Es war schon nach zehn, und Manfred schlief. Ich hatte meine Nachttischlampe gelöscht, saß am Fußende seines Bettes und wartete auf den Arzt. Zwischen den vielen bunten Sträußen auf der Fensterbank schaute ich hinaus auf die Straße. Es war späte Dämmerung. Der Vollmond wanderte unterdessen über unseres Nachbarn Dach hinweg hinter die hohen Tannen und war honiggelb. Mir fiel der alte Schlager »Yellow Bilbao Moon« ein, den man längst nicht mehr hörte. Damals, als Kind, als ich mit dem Küstenmotorschiff meines Onkels durch den Kanal nach Gent unterwegs war, lag am Kai bei den Schwefelhalden ein großer Frachter aus Bilbao. Über ihm stand ein gelber Vollmond. Wir zogen fast lautlos durch die Nacht vorüber, leichtes Plätschern war zu hören und ein unregelmäßiges metallenes Schlagen.

Das Lied hatte ich nur einmal gehört. Ich kannte nur die Melodie zu diesen ersten drei Wörtern, den Text hatte ich nicht verstanden, denn ich konnte noch kaum Englisch. Aber immer wieder klang mir diese Zeile im Ohr, sie klang schwül und verheißungsvoll erotisch. Ich stellte mir Bilbao in Südamerika vor, dachte an braune, schlanke Menschen, Mädchen mit Blumen im Haar und schöne junge Männer.

Jetzt stand eben dieser Mond dort oben zwischen unseren hohen Tannen, und ich saß am Bett meines sterbenden Geliebten. Verzweiflung packte mich. Die Szenerie war so schön und so traurig. Sie paßte zu dem Kinderbuch, das ich gerade las. So beschrieb Astrid Lindgren die Welt der Abenteuer und Sagen in ihrem Buch »Die Brüder Löwenherz«. Sie nannte diese Welt Nangijala, und das war das Jenseits, in dem sich die Brüder nach ihrem irdischen Leben wiedertrafen. Ich ließ mich gern dorthin entführen.

Dr. Timm schlug vor, einen Dauerkatheter durch die Bauchdecke zu legen. Manfred zögerte mit seiner Zustimmung. Er akzeptierte diesen Ausfall noch nicht. So nahm der Arzt das Wasser wieder mit einer Sonde durch den Harnleiter ab.

Am nächsten Tag rief der Neurochirurg aus Eppendorf an. Er hatte sich mit dem Professor besprochen, und beide empfahlen die Hypophysektomie, um der Schmerzen Herr zu werden. Manfred litt jetzt so sehr, daß ich ihm gelegentlich eine zusätzliche Morphium-spritze gab. Seine Hüftgelenkte fühlten sich an, als steckten sie in Schraubstöcken. Er wälzte sich hin und her und fand keine Lage für seinen Körper, die eine Entspannung brachte. »Jetzt wird es schlimm!« dachten wir beide.

Ich ließ mir die Empfehlung der Ärzte am Telefon erklären. »Auch wegen der weiterhin zu erwartenden Komplikationen«, sagte Dr. A. Ich fragte nach. »Es gibt Hinweise auf eine bevorstehende Querschnittläh-mung im Bereich der Brustwirbelsäule«, hörte ich entsetzt. »Aber sagen Sie es nicht Ihrem Mann«, fügte der Arzt hinzu. Manfred lag neben mir.

Ich glaubte, ihn nicht zu Hause behalten zu kön-nen, wenn es zu einer Lähmung käme, und das war das Schlimmste, was ich mir vorstellen konnte. Aber auch für den operativen Eingriff wollte ich ihn nicht fortlassen. In großer Angst versuchte ich, die Ent-scheidung aufzuschieben. Es war noch eine Woche bis zu den Sommerferien. Alexander war eingeladen, fünf Wochen mit Helga und Volker auf der Ostsee zu segeln. Ich wollte es hinauszögern, bis er abgereist war, damit er nicht zusah, was mit seinem Vater geschah. Gleichzeitig malte ich mir aus, wie ich die Zeit nutzen könnte, wenn Manfred im Krankenhaus war. Ich würde jeden Tag mit Stephanie Tennis spie-len. Vielleicht könnte ich einen Stadtbummel machen oder jemanden besuchen. Die meiste Zeit würde ich an seinem Bett sitzen. Ich wäre für ein paar Tage der Last der Verantwortung und ständigen Bereitschaft entronnen. Meine Mutter schlug sogar vor, ich solle für ein paar Tage mit Stephanie verreisen, um mich zu erholen. Sie sorgte sich um mich und befürchtete, meine Kräfte könnten ausgehen. Doch wie könnte ich Manfred auch nur einen Tag allein lassen? Hinterher blieb mir Zeit genug. Erst mußte alles überstanden sein. Ich bat meinen Vater, sich mit Dr. Timm zu beraten und uns eine Empfehlung auszusprechen. Ich fürchtete mich davor. Manfred überließ die Entscheidung jetzt mir.

Mein Vater, der zunächst die gleichen Vorbehalte gegenüber der Hypophysektomie hegte wie wir, hatte sich vom Professor überzeugen lassen, daß die Möglichkeiten und Erfahrungen der Klinik heute auf einem fortgeschrittenen Stand seien, und verband mit diesem Eingriff einige Tage lang die Hoffnung auf eine Erleichterung für Manfred.

Dr. Timm hatte sicher medizinische, vor allem aber, glaube ich, emotionelle Vorbehalte gegenüber jeder gewaltsamen Veränderung des gegenwärtigen Zustands. Er fand es gut und richtig, wie wir es machten, und scheute keine Mühe, uns dabei zu unterstützen.

Die Empfehlung lautete: keine Operation, kein Krankenhaus. Mein Vater rief an, um es mir zu erklären und zu begründen. Der Transport, der Krankenhausaufenthalt, die Operation würden Manfred quälen und noch mehr schwächen. Ob eine Schmerzfreiheit erreicht würde, bleibe ungewiß.

Kurz darauf kam Dr. Timm. Er setzte sich wie immer auf Manfreds Bettkante, legte die Hand auf seinen Arm und erklärte ihm den Sachverhalt. Es tat gut, die tiefe Anteilnahme und das Bedauern in der leisen Stimme und dem inzwischen vertrauten Gesicht des Arztes wahrzunehmen. Bei ihm ebenso wie bei unserer lieben Familie und den wenigen Freunden, die noch wagten, uns zu besuchen, waren wir eingebettet in ein Polster aus Sympathie, Liebe und Wachsamkeit.

Ich war erleichtert über diese Empfehlung. Aber sie löschte auch jegliche Hoffnung auf einen Aufschub aus. Wir waren unaufhaltsam auf dem Weg in ein düsteres Tal. Wie viele Steine mochten wir auf diesem Weg antreffen, wie tief mochte es hinuntergehen?

Manfred nahm meine Entscheidung widerspruchslos hin. Er ließ sich von Dr. Timm einen Dauerkatheter legen. Er hörte auf, Anteil am Leben außerhalb der eigenen vier Wände zu nehmen. Er las nicht mehr und schaltete das Radio nicht mehr ein. Wenn er nicht schlief, lag er mit geschlossenen Augen und träumte. Er aß nur noch sehr kleine Portionen, am liebsten frisches Obst oder Yoghurt, und trank Orangensaft.

Es war Mitte Juni, noch nicht einmal Sommer, aber es war ungewöhnlich warm. Im Laufe des Vormittags schloß ich das Fenster und zog die luftigen Vorhänge zu, um ihn vor der Hitze zu schützen. Das Zimmer war in wohlig-gedämpftes Licht gehüllt. Als Deckbett genügte ihm eine bezogene Wolldecke. Nur noch ein- oder zweimal in der Woche verließ er unter größten Anstrengungen das Bett, um zur Toilette zu gelangen. Ich blieb bei ihm, bis er sich gesetzt hatte, und half ihm anschließend wieder auf.

Wir sprachen nicht viel, wir waren beieinander. Ich saß auf meinem Bett und leistete ihm Gesellschaft. Ich schrieb, las oder strickte. In meinem Schuhkarton befanden sich sieben verschiedene Schmerzmittel, die er regelmäßig bekam, darunter Morphiumampullen und -tropfen.

Meiner häuslichen Pflichten hatte ich mich weitgehend entledigt. Ich fuhr manchmal zum Einkaufen oder zur Bank. Für die Mahlzeiten und alles übrige sorgte liebevoll und leise die Omi. Sie klagte nie in ihrem großen Kummer. Behutsam, um nicht zu stören, näherte sie sich und betrachtete versonnen ihren

Sohn. Ich griff selten zum Staubsauger, die Fenster blieben ungeputzt. Das Leben der Familie spielte sich vorwiegend im Freien ab.

Das einzige, was ich gern tat außerhalb des Schlafzimmers, war das abendliche Gartensprengen. In großer Ruhe und Gelassenheit stand ich mit dem Schlauch in der Hand und betrachtete versonnen die unzähligen schimmernden Wassertropfen und die Blumen und Pflanzen, denen sie wohltaten. Ich tat alles langsam und bedächtig, in Gedanken versunken. Ich war vollständig an meine Rolle angepaßt. Es gab nichts auf der Welt, das eilig war. Leben hieß jetzt nur noch Ausharren.

Ich ersann Gespräche mit den Kindern, um sie auf den Tod ihres Vaters vorzubereiten. Aber ich legte weiterhin großen Wert auf ein gepflegtes Aussehen. Ich schminkte und frisierte mich und trug bunte Kleider. Mein Anblick sollte Manfred erfreuen. Er sollte nicht befürchten, daß ich meiner Rolle nicht gerecht würde. Er sollte darauf vertrauen können, daß ich die Last zu tragen bereit und in der Lage war.

ABSCHIEDNEHMEN

Mein Bruder Matthias kam aus Heidelberg, um von Manfred Abschied zu nehmen. Er hatte im Frühjahr mit Freunden den Peloponnes mit Zelt und Rucksack durchwandert und zeigte uns wunderschöne Diapositive. Auch Manfred betrachtete und lobte sie. Aber es war für ihn nicht mehr wichtig, ob er jemals den Peloponnes gesehen hatte.

Es kam zu einem kurzen Gespräch zwischen beiden. Manfred hatte nicht das Bedürfnis, über seine Krankheit zu sprechen, er mußte sich keine Erfahrungen oder Ängste von der Seele reden. Aber er bat Matthias, sich manchmal um die Kinder, besonders um Alexander zu kümmern und an seiner Entwicklung Anteil zu nehmen. Matthias war froh, daß er gekommen war, bevor er zu einer dreimonatigen Wandertour durch die USA aufbrach. Am Sonntag unternahm er einen Ausflug mit unseren Kindern in die Heide.

Abends saßen wir im Wohnzimmer, als Manfred schlief. Ich wünschte, es würde zu einem Gedankenaustausch kommen. Ich hätte ihm gern über einige meiner Erfahrungen berichtet und über meine Probleme und Fragen gesprochen in der Hoffnung, von ihm einen Hinweis, einen neuen Gedankengang, eine Hilfestellung zu erhalten. Aber es kam nicht dazu. Wir sprachen über unverfängliche Themen, über seine Reisevorbereitungen und sein Studium.

Vielleicht wollte er abwarten, ob ich ein Gespräch eröffnete, aber ich wollte ihn nicht damit überfallen, wenn er nicht von sich aus dazu bereit wäre. Möglicherweise war seine Betroffenheit gegenüber dem Sterben dieses Menschen so groß, daß er sie nicht in Worte fassen konnte, und er hatte Angst, mehr, als er sah, nicht ertragen zu können. Möglicherweise fürchtete er, sorgsam verhüllte Wunden aufzureißen und mich nicht trösten zu können.

Am Mittwoch, dem 16. Juni, ging Alexander mit unseren Freunden auf die große Reise. Sein Seesack war gepackt, und ich saß mit ihm im Garten und wartete, daß er abgeholt würde. Ich versuchte, ihm zu sagen, daß sein Vater schwer krank sei, und daß es Krankheiten gäbe, denen die Medizin hilflos gegenüberstünde. Er stellte wenige kluge Fragen, die er allgemein formulierte. Ich konnte nicht erkennen, ob er mich verstand.

Der schwerbeladene Wagen der fünfköpfigen Familie fuhr vor. Alle kamen herein, um sich von Manfred zu verabschieden. Es konnte das letzte Mal sein, wir wußten es nicht. Aber der Gedanke wurde überspielt. Mit allen guten Wünschen versehen trennten wir uns. Ich begleitete Alexander in den Garten. Wir gingen Arm in Arm. Er war schon größer als ich.

Als ich zu Manfred zurückkehrte, fand ich ihn auf der Bettkante sitzend. Er blickte aus dem Fenster und beobachtete den Trubel der Abreise. Er hatte Tränen in den Augen.

Ich half ihm, sich hinzulegen, breitete die Decke über seine Beine und sah ihm in die Augen.

»Du siehst ihn wieder!« sagte ich.

Ein schmerzliches Lächeln erschien auf seinem

Gesicht. In einem sehr warmen, innigen Tonfall sagte er, während er mich zärtlich ansah: »Ich danke dir!«

Wenige Minuten zuvor hatte Stephanie ihm das gleiche gesagt, ohne daß ich es wußte.

Meine Eltern hatten es sich zur Gewohnheit gemacht, am sprechstundenfreien Mittwochnachmittag und am Wochenende für zwei oder drei Stunden zu uns zu kommen. Manchmal brachten sie Kuchen mit oder Blumen. Sie unterhielten die Omi und versuchten, sie mit munteren Erzählungen ein wenig abzulenken. Sie wirkten immer frohgelaunt. In Wirklichkeit sagten sie fast jede Einladung ab und waren in Gedanken nur noch bei uns. Es tat mir gut, sie zu sehen und zu wissen, daß sie für uns da waren. Ich blieb meist bei Manfred und verfolgte das Geschehen durch das geöffnete Fenster. Nur solange einer von ihnen bei ihm war, ging ich hinaus, um den Sommerwind zu spüren und Gelegenheit zu ein paar ungestörten Worten zu geben. So sagte Manfred einmal zu meinem Vater: »Ihr habt eine wunderbare Tochter!«

Mein Vater erwiderte: »Wir haben auch einen großartigen Schwiegersohn.«

Abends erzählte Manfred mir dies mit dem Ausdruck tiefster Freude.

Theresa kam jedes Wochenende aus Essen, obwohl sie beruflich sehr eingespannt war. Vieles, was sie hätte tun müssen, ließ sie liegen. Es drängte sie zu ihrem Bruder.

Einmal versuchte sie, vernünftig zu sein. Sie nahm sich vor, ein Wochenende lang alles aufzuarbeiten, um anschließend ruhig und vorbereitet in die nächste Woche zu gehen. Aber sie hielt es nicht aus. An irgendeinem Tag konnte es zu spät sein, und es war nicht abzusehen, an welchem. Der Gedanke quälte sie, eine Chance verpaßt zu haben. Sonntag morgen um fünf stieg sie ins Auto und kam. Am nächsten Morgen war sie wieder an ihrem Arbeitsplatz.

Ich hatte es gern, wenn sie kam. Sie brachte einen Korb voller Früchte mit oder einen selbstgebackenen Kuchen. Während ich fast nur noch still bei Manfred saß, war sie aktiv, kochte für uns oder putzte das Bad. Sie half mir, und ich ließ mir gern helfen. Zwar störten mich die staubigen Fensterscheiben, aber ich hatte keinen Antrieb, etwas dagegen zu unternehmen. Sie tat es.

Manfreds Pflege nahm nicht viel Zeit in Anspruch. Er schlief jetzt viel, und ich hing meinen Gedanken nach. Ich versuchte, nicht zu weinen, wenn er wach war. Ich war froh, wenn im Haus etwas geschah, wenn Theresa kam, die Eltern oder Freunde. Seit dem Ferienbeginn kamen Anne und Elmar regelmäßig. Anne nahm Stephanie auf einen Ausflug mit, Elmar erledigte für uns einen Großeinkauf. Manfreds Chef besuchte uns einmal in der Woche.

Ich freute mich auf die Besuche. Sie waren meine Zeiteinteilung, fast ein Ritual in unserem geduldigen Warten.

Ich wollte Stephanie für ihr liebevolles Ausharren bei uns und ihren Verzicht auf die Ferienreise belohnen und oft mit ihr Tennis spielen. An den ersten beiden Ferientagen gelang es uns auch. Ich gab Manfred eine Spritze und brach auf, wenn er eingeschlafen war. Aber dann bat er mich, immer bei ihm zu bleiben. Er brauchte meine Nähe. Und er hatte Angst, zur Toilette zu müssen. Seine Mutter sei zu schwach, ihm zu helfen, und ich die einzige, die mit all seinen Schwierigkeiten vertraut sei.

Er war seit Tagen nicht auf der Toilette gewesen. Würde er den Weg bewältigen, wenn es sein müßte? Ich war besorgt in Gedanken daran. Vielleicht kommt es gar nicht mehr dazu, dachte ich. Ich hatte keine Vorstellung von der Widerstandskraft seines Körpers und wie lange es noch dauern würde. Doch es zeigte sich, daß er den Weg zu Fuß nicht schaffen konnte. Ich mußte mir etwas einfallen lassen.

Ich schleppte einen alten, klobigen Bürosessel aus dem Keller herauf. Er war ausgepolstert und hatte Rollen. Ich fand ihn entsetzlich häßlich, aber Manfred hatte ihn immer aufbewahren wollen. Ich hatte ihn früher benutzt, wenn ich die Kinder stillte, denn er war sehr bequem. Jetzt fuhr ich ihn an Manfreds Bett. Er konnte seine Beine noch allein auf den Boden stellen, mit Hilfe der Arme bis zum Fußende rutschen und sich in den Sessel heben. Auf den Beinen stehen konnte er nicht mehr. Er mußte sich vorsichtig bewegen und durfte nicht abrutschen. Eine ruckartige Bewegung hätte große Schmerzen verursacht.

Ich rollte ihn bis zur Toilette und half ihm, sich hinüberzusetzen. Völlig erschöpft brachte ich ihn anschließend wieder ins Bett. In den folgenden zwei Wochen gelang diese Reise noch drei- oder viermal, dann war er auch dazu zu schwach.

Am Wochenende kamen Petra und Wolfgang aus München, um Manfred noch einmal zu sehen. Es kam zu intensiven Gesprächen und Stunden liebevoller Nähe zwischen meiner Schwester und mir, so daß ich große Dankbarkeit empfand. Mit ihren Worten und Gesten stärkte sie mich und gab mir Zuversicht.

»Wie gut«, sagte sie, »daß ihr eure Zeit so intensiv genutzt und nicht auf eine ferne Zukunft hin gearbeitet habt, die euch nun nicht mehr vergönnt ist. Ihr habt hier und heute gelebt, geliebt, gefeiert, ihr habt Kämpfe ausgefochten und an eurem kleinen Paradies gebaut, ihr seid in den Wintersport gefahren und habt einen Zweitwagen gehabt zu einer Zeit, als das Konto schon am Anfang des Monats aufgebraucht war. Wie gut, daß ihr gleich die Kinder bekommen habt! So haben sie so viel wie möglich von ihrem Vater gehabt, sind jetzt von ihm geprägt und nicht mehr klein, und doch hast du sie noch ein paar Jahre bei dir. Das wird dir helfen und dir Zeit geben, dich mit deiner neuen Situation zu arrangieren. Du bist nicht stehengeblieben, und du bist jung genug, um Neues anzufangen.«

Ich erzählte ihr, daß Manfred darüber traurig sei, mich nicht mehr beschützen zu können. Er habe mich vor allem Bösen bewahren wollen, und jetzt müsse er mir selbst so große Schmerzen zufügen.

Sie entwickelte eine tröstende Vorstellung: »Er beschützt dich doch weiterhin«, sagte sie, »denn er hat dich stark gemacht. An seiner Seite bist du reif und sicher geworden, so daß du dich jetzt selbst beschützen kannst.«

Ich wollte jetzt nicht mehr mit ihm sterben. Ich akzeptierte, daß er gehen und ich zurückbleiben mußte. Ich klammerte mich nicht mehr an ihn. Ich hatte den festen Willen, auch nach seinem Tod in einer mir gemäßen Weise weiterzuleben. Auch diese Herausforderung nahm ich an. Ich spürte, daß diese schwere Zeit einmal zu etwas sehr Kostbarem für mich werden würde. Als ich zwanzig Jahre alt war, stellte Manfred mich einer klugen alten Dame vor, mit der er sich oft stundenlang auseinandergesetzt hatte. Sie weckte in mir den Wunsch, auch einmal eine Frau zu werden, die noch in hohem Alter eine offene und interessante Gesprächspartnerin war. Das wird man nicht, wenn man nur leichte Wege geht.

Den Gedanken, Manfred nachzufolgen, wenn die Kinder das Haus verließen, hatte ich verworfen. Wollte ich darüber entscheiden, wann sie mich nicht mehr brauchten?

Wenn sie schon früh ihren Vater verlieren mußten, so sollten sie doch wenigstens eine Mutter haben, an die sie gern und mit Liebe und Stolz dächten, auch wenn sie nicht mehr bei mir wohnten. Es ist so gut, eine Mutter zu haben, zu wissen, daß sie da ist, wenn man sie braucht, oder einfach nur so, um ein bißchen zu reden oder durch die Stadt zu bummeln. Ich wollte versuchen, neue Inhalte für mein Leben zu finden. Petra und Wolfgang bestärkten mich darin.

Sie saßen lange am Krankenbett. Es kostete sie große Kraft, Haltung zu bewahren. Petra sprach leise und zärtlich mit Manfred und streichelte ihn vorsichtig dabei. Sein Anblick war herzzerreißend. Aber er wollte keine Trauer, zeigte keine Abschiedsmiene. Das erleichterte die Begegnung.

Ich verließ Haus und Garten jetzt nicht mehr. Telefongespräche hörte Manfred mit, wenn er wach war, und ich konnte nicht mit Sicherheit sagen, wann er schlief. Ich hatte mich selbst eingesponnen, wissentlich und freiwillig. Ich wollte jetzt nichts anderes, und ich wußte, daß es irgendwann vorbei sein würde. Ich brauchte keine Gespräche mehr. Ich brauchte keine Außenwelt. Was ich zu bedenken und zu verarbeiten hatte, reichte für den ganzen Tag. Wenn ich es nicht mehr ertragen konnte, flüchtete ich mich in meine Phantasien von einer besseren Zukunft oder las die »Unendliche Geschichte« von Michael Ende. Wenn Manfred wach war, las ich ihm daraus vor, manchmal setzte sich die Omi mit einer Näharbeit dazu. Es war eine wunderbare Geschichte. Ich ließ mich in die unbegrenzte Welt der Phantasie entführen und sah Bilder von hoher Intensität, Dichte und Farbenpracht.

Das autogene Training half mir beim Einschlafen. Ich schlief ruhig, tief und entspannt. In den wenigen Träumen, an die ich mich beim Erwachen erinnerte, war Manfred krank, aber es war nicht so schlimm wie in Wirklichkeit.

Jede Nacht gab ich ihm ein oder zwei Spritzen. Danach schlief ich gleich wieder ein. Ich nahm nie ein Beruhigungsmittel und hatte kein Bedürfnis nach Alkohol. Ich wollte es ganz bewußt ertragen. Die Kraft dazu wollte ich mir erarbeiten. Nur so war es möglich, physisch und psychisch gesund zu bleiben. Das Ritual der Freundschaftsbesuche war eine wärmende Hülle.

Ich fand es an der Zeit, Manfreds beste Freunde aus seinen Studienjahren in München und Freiburg in einem Brief über seinen wahren Zustand zu informieren. Beide reagierten sofort.

Hermann Hesse hat Anfang der zwanziger Jahre ein Märchen für seine geliebte Frau geschrieben und gezeichnet. Es heißt »Piktors Verwandlungen«. In den darauffolgenden Jahren hat er es einige Male mit der Hand abgeschrieben und mit bunten Bildchen versehen, um damit Freunden in der Not zu helfen. Es geht darin um das Paradies, in dem der Starrheit, der Bekümmertheit, der Verkümmerung die Trauer zugeordnet wird. Dort aber, wo Verwandlung, Entwicklung, Erneuerung stattfinden, ist das Glück: »überall, in Berg und Tal, in Blume und Kristall«. Denn im Paradies besitzen alle die Kraft der Verwandlung. Piktor sah einen schönen bunten Vogel mit goldenem Schnabel, der sich in eine Blume verwandelte, in dem die Federn zu Blättern, die Krallen zu Wurzeln wurden: »Im Farbenglanze, mitten im Tanze, ward er zur Pflanze.« Gleich darauf jedoch erhob er sich und hatte die Gestalt eines schimmernden Schmetterlings, der sich zu Piktors Füßen niedersetzte, ein wenig mit den glänzenden Flügeln zitterte und sich alsbald in einen farbigen Kristall verwandelte. Auch Piktor verspürte die Lust zur Verwandlung. Er wurde zu einem prächtigen Baum. Sein Glück hielt lange, aber nur so lange, bis er erkannte, daß er unvollkommen war, daß er einsam war. Er besaß nicht mehr die Gabe der Verwandlung. Da fing er an zu altern, nahm eine müde, ernste und bekümmerte Haltung ein. Aber es geschah etwas Wunderbares: Er fand Liebe. Und diese Liebe war so groß, daß sie ihm die Kraft gab, sein Verlangen und Sehnen dem singenden Mädchen, das sich unter seine Krone gesetzt hatte, zu offenbaren, so daß ihr Herz begehrte, die Brust zu sprengen und zu ihm hinüberzuschmelzen. Sie ließ es erschauernd geschehen, daß der Baum sie mit all seiner Lebenskraft in sich aufsog, sie wurde eins mit ihm und trieb als ein starker junger Ast aus seinem Stamm zu ihm empor. »Nun erst war das Paradies gefunden«. Piktor war von nun an verwandelt, und er konnte sich weiter verwandeln, soviel er wollte. »Er wurde Reh, er wurde Fisch, er wurde Mensch und Schlange, Wolke und Vogel.« Denn aus dem Halben war ein Ganzes geworden, in jeder Gestalt war er Mond und Sonne, Mann und Frau: »Ständig floß der Zauberstrom des Werdens durch sein Blut.«

Ursel und Dietrich in München besaßen eine Faksimile-Ausgabe des Exemplars, das Hesse für seine

Frau geschrieben und gemalt hatte, ein schönes, kostbares Buch. Sie schickten es Manfred. Ich las es ihm vor, und er betrachtete lange die Bilder. Aber er sagte kein Wort dazu.

Die Aussage dieses weisen Märchens ging geradewegs auf mich über. Genau dieses war es, was ich suchte, was ich empfand: Ich war der Baum, und Manfred sank dahin, um sich zu verwandeln, um mit mir zu verschmelzen, auf daß auch ich mich immer neu verwandeln könne. Er sollte der größte Ast an meinem Baum werden und Blüten und Früchte tragen. Ich war nicht mehr nur ich, ich war er und ich, so gut ich ihn verstanden hatte.

Wir waren nie identisch, wir hatten uns nicht aneinander verloren, sondern waren gerade in der Wechselwirkung selbständige Persönlichkeiten, aber ganze Ströme seines Wesens waren in mich eingedrungen, wurden von mir aufgesogen, hatten mich genährt und mich wachsen lassen.

So, so auf alle Fälle wird er weiterleben, wußte ich jetzt. Anfang August, drei Wochen vor Manfreds Tod, schrieb Ursel noch einmal:

»In der vergangenen Nacht schlief ich immer nur für kurze Zeit ein, um dann wieder ganz befangen in Gedanken an Euch aufzuwachen, mit einem so wehen Gefühl im Herzen! Ich hatte das Empfinden, gedanklich ganz fest mit Euch verbunden zu sein. Dieses nächtliche Gefühl war von einer Intensität, daß ich richtig Angst bekam.«

Gleich nach Erhalt meines Briefes rief Dodo aus Freiburg an. Sie war zutiefst erschüttert. Seit wir im März auf dem Weg in die Schweiz bei ihnen übernachtet hatten, waren drei Monate vergangen. Der Gedanke hatte sie entsetzt, daß Manfred mit dieser scheußlichen Krankheit leben mußte. Jetzt wußten sie, daß er daran starb.

Beide hatten das dringende Bedürfnis, ihn zu sehen. Konny schrieb ein paar Tage später:

»Wir wären gern in Deiner Nähe, um Dir zu helfen, Deine schmerzlichen Tage zu überstehen und die langen Nächte auszufüllen mit Gesprächen zwischen Freunden.« Ein paar Zeilen weiter stand:

»Unvergeßlich sind die Streitgespräche zwischen dem Psychologen und dem Juristen. Ich habe damals viel von Dir gelernt.«

Mir kamen die Tränen, als ich den Brief Manfred vorlas.

Sie wollten am ersten Wochenende im Juli zu uns kommen, um Manfred noch einmal zu sehen. Bis dahin waren es noch zwei Wochen. Manfred schüttelte den Kopf. Er glaubte, dann schon nicht mehr dazusein.

Ich war im Zweifel, wie ich mich verhalten sollte. Ich gönnte den Freunden ein letztes Wiedersehen, wenn es auch das denkbar schmerzlichste wäre. Aber es war eine lange Fahrt von Freiburg herauf, und Manfred schlief fast immer. An eine Unterhaltung war nicht mehr zu denken. Sie mußten möglicherweise damit zufrieden sein, ihn zu betrachten. Ich würde mich als Gastgeberin fühlen und versuchen, diesen Mangel auszugleichen. Doch ich wollte durch nichts von Manfred abgelenkt werden. Ich bat sie, nicht zu kommen.

Manfred bekam seit einigen Tagen ein anderes, stärkeres Morphiumpräparat. Es verursachte heftige Träume. Er sprach oder murmelte im Schlaf, geriet in Bewegung. Er streckte die Hand aus, um eine Tür zu schließen, griff in die Innentasche des Jacketts, um seinen Füller herauszunehmen, oder zum Telefon.

Manchmal war seine Aussprache sehr klar. Seine Ausdrucksweise war anspruchsvoll und voller Fremdwörter, wie immer. Meist war die Firma Schauplatz des Geschehens. Er mußte den Vorstand informieren, jemand hatte zum 15. des Monats gekündigt, er mußte Anweisungen geben, Gespräche führen.

Ich lag neben ihm und beobachtete ihn. Ich weinte viel. Es war schmerzhaft und quälend für mich, denn ich sah ihn vor mir, im korrekten Anzug oder in sportlicher Kombination, mit weißem Hemd und Krawatte, sicher und kraftvoll im Auftreten. Er fällte Entscheidungen, faßte Beschlüsse, führte Neuerungen ein. Jetzt lag er hier, unfähig, das Bett jemals wieder zu verlassen, und träumte davon. Wie entsetzlich mußte ein Erwachen für ihn sein!

Ich schloß die Augen und kroch unter meine Decke. Ich versuchte, mich ganz in seine Lage zu versetzen. Ich wollte empfinden, welches seine Wünsche, seine Bedürfnisse sein mochten. Ich stellte mir vor:

Ich lag seit Wochen schwerkrank im Bett. Vor vier Wochen noch konnte ich mit Hilfe der Stützen oder lieber, starker Arme die Toilette, ja sogar die Terrasse erreichen. Seitdem ging es mir von Woche zu Woche schlechter. Ich wurde ganz schwach. Erst konnte ich das Bett nicht mehr allein verlassen, jetzt konnte ich nicht einmal mehr meine Lage verändern und mich umdrehen. Ich litt unter schrecklichen Schmerzen.

Jetzt war da ein Mittel, das diese Schmerzen fast beseitigte, aber es macht müde, ich mußte fast immer schlafen. Ich träumte viel und stark von meinem vorigen, normalen Leben. Wenn ich die Augen öffnete, manchmal schreckhaft aus einem Traum erwachte, erkannte ich die Wirklichkeit:

Ich lag hilflos, unbeweglich, die Gelenke schmerz-

ten, ich mußte sterben. Ich schloß die Augen wieder, war froh, wenn ich zärtlich gestreichelt wurde, wenn ein liebevoller Blick auf mir ruhte. Ich wurde gut versorgt. Wenn ich etwas brauchte, holte man es mir. Wenn ich Schmerzen hatte, gab man mir eine Spritze. Wenn ich mich umdrehen mußte, zog man mich langsam, sorgsam herum und legte die Decke vorsichtig wieder über mich.

Ich wollte nichts denken. Ich wollte vor allem nicht daran denken, daß ich sterben mußte, denn ich wollte bei ihnen bleiben, bei diesen Menschen, die meine Familie waren, die ich über alle Maßen liebte, für die ich immer sorgen wollte, von denen ich allen Kummer fernhalten wollte. Ich wußte, ich konnte es nicht mehr. Aber ich wollte nicht darüber nachdenken, mich nicht damit beschäftigen, nicht darüber sprechen, weil ich es nicht ertragen konnte.

In meinen Träumen war ich fast gesund und konnte vieles unternehmen. Wenn ich wach war, wollte ich keine verweinten Augen sehen, keine kummervollen Blicke auffangen. Irgendwann wollte ich einfach nicht mehr aufwachen.

Wollte ich, daß dies bald geschah? Wollte ich, daß man mir etwas gab, das den Prozeß beschleunigte? Ich wußte es nicht. Ich wollte auch darüber nicht nachdenken.

Ich lag in meinem Schneckenhaus, ganz in mich zurückgezogen, und wollte in Ruhe gelassen werden. Sie sollten es für mich entscheiden. Ich wollte nur keine Schmerzen haben und irgendwann einfach nicht mehr aufwachen.

Dona nobis Pacem! O Herr, gib uns Frieden!

Ich versuchte manchmal, Manfred Fragen zu stellen, auch wenn er nicht ganz bei Bewußtsein war. Ich wollte so vieles von ihm wissen und hatte große Angst, es wäre plötzlich zu spät.

Hatte er über sein Leben nachgedacht und über sein Sterben? War es ihm möglich, einen Sinn zu finden, eine innere Logik? War er in der Lage, sein Schicksal zu akzeptieren?

»Nein«, sagte er, »so weit bin ich wohl noch nicht. Ich bezweifle auch, jemals dahin zu gelangen.«

Oh, wie ich dieses Schicksal haßte, das uns dieses antat! Mit welchem Recht, mit welcher Absicht zerstörte es diesen Mann, den ich so verzweifelt, so untröstlich liebte?

Ich lag ganz nah hinter ihm und umschlang seinen Körper. Ich befand mich in einer verzweifelten Stimmung. Ich versuchte, eine meiner Zukunftphantasien wieder aufleben zu lassen: Vielleicht verliebt sich noch einmal ein großartiger Mann in mich, vielleicht sagt auch er, daß er sich Kinder von mir wünsche. Ich antwortete: »Ich weiß nicht, ob ich noch mehrere gebären kann, aber auch ich möchte noch ein Kind. Ich möchte noch einmal von vorn anfangen.«

Vor meinen Augen entstand das Bild eines spitzenbesetzten Babykörbchens, dessen Vorhänge leicht im Sommerwind schwebten.

Manfred machte eine Greifbewegung und öffnete leicht die Augen. Er murmelte: »Sie hat mir ein Foto hingelegt. Ich wollte es nehmen.«

»Was ist darauf zu sehen?«

»Ein Kind von einem Jahr.«

»Ist es dein Kind?« Ich dachte an Alexander, der irgendwo auf der Ostsee segelte.

»Nein, aber es hätte meins werden können. Es war noch nicht gezeugt.«

Mich schauderte. Hatten wir auch diese Grenzen überschritten? Verschmolzen unsere Gedanken miteinander?

Von meinem Schluchzen erwachte Manfred. Er bat mich, ihn auf die andere Seite zu drehen.

Ich beschäftigte mich lange mit ihm. Ich wusch ihn, zog ihm einen frischen Schlafanzug an, cremte ihm das Gesicht ein und rieb die Hüften mit Franzbranntwein ab. Dabei erzählte ich weinend von seinem Traum. »Man kann es sich aber auch schwer machen!« war sein Kommentar.

Ich verstand. Auch ich weigerte mich meist, sentimentale Gedanken an mich herankommen zu lassen. Es gelang mir nur nicht immer.

»Es ist wohl schlimm für dich, wenn ich so viel weine«, fragte ich ihn.

»Ja«, sagte er, »ich fürchte, daß ich dadurch doch noch an die Komplexität der Situation herangeführt werde, die ich nur im Detail verkraften kann.«

»Häppchenweise«, hatte Pastor L. es vor einem halben Jahr genannt, »verarbeiten Sie es häppchenweise! Der ganze Brocken ist zu groß, um ihn mit einem Mal zu verdauen.«

Auch dies hatte er gesagt: »Die kleine Pflanze Hoffnung, begießen Sie sie immer schön!«

Manfred fragte mich: »Was gibt es denn zum Mittag?« ohne die Augen zu öffnen. Er verweigerte das Essen jetzt häufig. Ich gab ihm Yoghurt und ein Brot mit Butter und Marmelade, in kleine Bissen geschnitten. Auch am Tag zuvor hatte er sich nach dem Speiseplan erkundigt. »Was habe ich eigentlich gegessen?«

Selbst da hob die vertrocknete, verkümmerte Pflanze Hoffnung noch einmal ihr Köpfchen: Wenn er nun ganz im stillen, unbemerkt von allen, wieder erstarkte, wenn Hunger das erste Zeichen wäre, wenn dieser starke Geist, dieser ungebrochene Wille den Körper zwänge, sich mit der Krankheit zu arrangieren! Wenn er bald, humpelnd zwar, sich noch auf einen Stock stützend, mich auf einem kleinen Spaziergang durch die Kornfelder begleiten könnte, wie ich es diese Nacht geträumt hatte!

Stephanie war von einer bewundernswerten Haltung. Die meisten ihrer Freundinnen waren verreist; in unserem Haus geschah nichts außer Krankenpflege und ein paar Besuche. Oft traf sie die Omi in ihrem Zimmer weinend an. Ich vermochte ihr wenig zu geben.

Da faßte sie einen Entschluß. Sie wollte ihr Zimmer streichen. Mit erstaunlichem Eifer und großem Einsatz räumte sie alles, was sich in einem Mädchenzimmer in den Jahren zwischen Kindheit und Jugend ansammelt, in das Zimmer ihres Bruderrs, besserte mit Omis Hilfe Schadstellen aus und gab den Wänden in einem großen Schwung einen neuen Anstrich. In aufrichtiger Bewunderung lobte ich das Resultat. Manchmal ging sie zu einer Freundin zum Schwimmen.

Es war Ende Juni, als ich mit ihr sprach. Manfred schlief, sein Gesicht war mir zugewandt. Ich hielt seine Hand.

Sie setzte sich zu mir auf mein Bett. Alexander war schon über eine Woche auf Reisen. Er oder Volker riefen regelmäßig an. Wir überlegten, wie es ihm wohl ginge.

»Hoffentlich kommt er bald nach Hause!« sagte Stephanie.

Volker hatte seinen Urlaub günstig eingeteilt. Er segelte drei Wochen mit der Familie, ließ sie sieben

Tage allein im Hafen von Anholt liegen, um sich seiner Aufgabe im Betrieb zu widmen, und kehrte dann zu ihr zurück, um in einer geruhsamen Woche nach Hause zu segeln.

»Ich lasse ihn nach Hause kommen. Volker soll ihn mitbringen, wenn er allein von Anholt kommt«, sagte ich.

Sie sah mich abwartend, zögernd, fragend an.

»Wegen Papi«, sagte ich.

Tränen stiegen ihr in die Augen. Sie legte ihren Kopf still auf meine Knie.

»Die Krankheit ist stärker als wir alle«, flüsterte ich durch das dichte Gewirr von Haaren.

»Was sagt Dr. Timm dazu?«

»Es ist hoffnungslos.«

»Und wie lange soll es noch so weitergehen?«

»Nicht mehr lange.«

Sie begriff. Tränen stiegen ihr in die Augen.

»Aber Alexander? Reicht es denn, wenn er in zwei Wochen kommt?«

»Meinst du, weil es vielleicht zu spät sein könnte?«

Sie nickte.

Ich war mir nicht sicher, ob es für Alexander besser sei, seinen Vater noch zu sehen, oder nach Hause zu kommen, wenn alles vorbei war.

»Soll er nicht lieber noch fröhliche, unbeschwerte Tage mit seinen Freunden verbringen?« fragte ich Stephanie.

Sie gönnte ihm schöne Tage von Herzen, aber instinktiv war sich dieses fünfzehnjährige Mädchen sicher, daß es für ihren Bruder besser sei, seinen Vater noch zu sehen. Sie wußte, daß er abgereist war in der Vorstellung, daß es ihm besser gehe, wenn er zurückkehre. Beim Abschied hatte er gelächelt und aus dem Fenster gewinkt. Seine Tränen hatte er nicht mehr gesehen.

Er hatte sie gelegentlich gefragt: »Glaubst du, daß Papi wieder gesund wird?«

»Und ich habe es ja wirklich geglaubt«, fügte sie hinzu, »wenigstens bis zum Beginn der Sommerferien. Aber ich habe nie daran gedacht, daß er sterben könnte. Alexander muß selbst erkennen, wie schwer krank Papi ist, und daß es besser ist, wenn alles bald ein Ende hat. Wenn er kommt, und Papi ist nicht mehr da — das ist ganz schrecklich! Er kann ihn dann ja nie mehr sehen.«

Wir umarmten uns. Wir sahen uns liebevoll und ruhig an. »Was für ein großartiger Mensch«, dachte ich. Ich war ihr unsagbar dankbar. Ich zweifelte nicht, daß ihre Argumente richtig waren. Ich würde Alexander so schnell wie möglich nach Hause rufen.

»Wir hatten eine so schöne Zeit mit Papi«, sagte sie. »Wie gut, daß wir so viele Fotos von ihm haben!«

»Können wir denn dann hier wohnen bleiben?« war ihr nächster Gedanke.

»Alles andere bleibt wie bisher«, antwortete ich, »und in den Herbstferien fahren wir zusammen nach Florenz.«

Sie begann, leise zu weinen.

»Weine ruhig, wenn dir danach ist«, sagte ich und streichelte sie, »es ist nicht gut, die Tränen hinunterzuschlucken.«

»Das habe ich Omi auch gerade geraten«, sagte sie. »Sie sitzt oben auf ihrem Bett.«

Manfred bewegte sich ein wenig und blinzelte verschlafen zu uns herüber. Er erfaßte die Situation sofort und schloß die Augen wieder. Ich sagte zu Stephanie: »Wir wollen aber Papi jetzt nicht nur weinende Gesichter zeigen!«

Sie stimmte mir zu. Mit ihrem Strickzeug setzte sie sich auf meinen Platz, streichelte ihn, umschlang ihn von Zeit zu Zeit, so gut es ging, und küßte ihn. Ich ging inzwischen ein wenig im Haus und Garten umher. Ich war erleichtert, daß ich es ihr gesagt hatte. Ich hatte Angst vor ihrer Reaktion gehabt, und sie war so tapfer, so lieb und stark gewesen. Mir war klar, daß noch viele schlimme Tage auf uns zukämen. Aber sie hatte nicht schockiert reagiert. Eine ihrer ersten Reaktionen war dieser Satz gewesen: »Mami, wir schaffen das schon!«

Diese Zuversicht in den ersten Minuten nach der schlimmen Erkenntnis würde sicher nicht gleichbleibend und beständig sein, aber sie zeigte doch ihren Willen, sich nicht aus der Bahn werfen zu lassen und unbeirrt mit Alexander und mir auf ihrem Weg weiterzugehen.

Ich sagte ihr, daß ich unglaublich froh sei, sie zu haben, und daß sie mir schon in den letzten Monaten mit ihrer kraftvollen, fröhlichen Natur viel Mut und Zuversicht gegeben habe. »In dir steckt viel von deinem Papi«, sagte ich und hielt sie im Arm. »Siehst du«, sagte sie lächelnd, mit Tränen in den Augen, »dann bleibt er ja doch bei uns.«

»Ja«, sagte ich, »in uns und unseren Herzen. Wir werden immer an ihn denken, er wird immer bei uns sein. Aber wir werden nicht immer traurig sein müssen.« Sie packte ihr Strickzeug zusammen und verschwand in der Küche. Nach geraumer Zeit erschien sie mit einem Tablett. In hohen Stielgläsern hatte sie Vanilleeis mit gezuckerten Erdbeeren dekoriert. Die Omi hatte sie schon herbeigerufen. Manfred aß seinen Becher ganz leer.

Am nächsten Morgen sagte sie zu mir: »Du hast dich wieder so schön angezogen — für Papi?«

»Ja«, sagte ich, »ich will mich nicht gehenlassen.«

Zum Frühstück erschien auch sie in gepflegter Kleidung. »Ich lasse mich auch nicht gehen!« sagte sie mit stolzem Lächeln.

Am 1. Juli erblühte in unserem Garten die erste Rose. Zwei alte Rosenstöcke standen seit jeher unmittelbar an der Südwand unseres Hauses, sie schienen fast der Mauer zu entspringen. Die Blüten waren leuchtend rot. Einer der Rosenstöcke stand unter dem Schlafzimmerfenster, und die erste Blüte reckte sich so hoch, daß sie beinahe hereinsehen konnte.

Vor zwei Jahren war es der 17. Juni, an dem sich die erste Rose öffnete. Ich traf Manfred damals in einem gediegenen Landhotel in der Nähe von Düsseldorf und brachte sie ihm von zu Hause mit. Er küßte mich dafür, umarmte mich und steckte sie an sein Revers. Es war ein Rendezvous mit meinem Geliebten.

Wir wollten zusammen mit Freunden das verlängerte Wochenende für eine Reise nach Paris nutzen. Er hatte an den Tagen zuvor im Rheinland zu tun. Unsere Freunde nahmen mich zum Treffpunkt mit.

Wir genossen die gepflegte Atmosphäre, nahmen eine üppige Abendmahlzeit ein, und nachts, als die anderen schon zu Bett gegangen waren, stiegen wir in das luxuriöse Schwimmbecken, das sich im Garten befand. In seiner Mitte lag eine winzige Insel, auf der eine prächtige Palme aufgestellt war. Um sie herum blühten Geranien und Margeriten. Das Becken war unter Wasser schwach illuminiert, einzelne Strahler erhellten die Palme und die weiße Mauer, die das Becken in großzügigem Rund umgab. Die Mauer wies große, halbkreisförmige Öffnungen auf, die mit schmiedeeisernen Gittern versehen waren. Auf dem Absatz wucherten üppig blühende Pflanzen. Dahinter öffnete sich der Blick auf die sanften Hügel des Bergischen Landes. Auf einer der Terrassen feierte eine Gesellschaft ein Fest. Leise Musik drang zu uns herüber. In einer Nische saßen, beinahe vom Schatten verschluckt, in Korbstühlen ein Mann und eine Frau.

Sie tranken Champagner und unterhielten sich leise. Es war wie im Märchen.

Hand in Hand schlenderten wir durch Paris. Wir kannten es beide noch nicht. Wir erstiegen den Eiffelturm, fuhren mit einem Boot auf der Seine und waren hingerissen von der Show im Lido. Nach vierzehnjähriger Ehe fühlten wir uns wie neuvermählt.

Manfred hatte finanzielle Bedenken gegen diese Reise gehabt. Ich hatte sie ihm mit Engelszungen ausgeredet. Ich wollte so gern nach Paris, jetzt und mit ihm. Ich wollte diese Reise nicht auf später verschieben. Es war, als hätte ich geahnt, daß es bald zu spät sein würde. So wurde sie zu einer meiner schönsten Erinnerungen.

Neben der Trauer empfand ich Dankbarkeit und Glück, als ich die erste Rose jetzt für ihn schnitt. Er hielt sie für einen Augenblick an seine Lippen, dann schenkte er sie mir zurück: »Weil ich doch sonst keine habe!« sagte er.

Vor unserer Garage blühte üppig der Rittersporn. Ich begoß ihn jeden Abend, denn es gab keinen Regen. Als wir vor sechzehn Jahren heirateten, goß es in Strömen. Vor der Kirche blühten in großzügigen Rabatten rote Rosen und dunkel- und hellblauer Rittersporn.

»Sterben — was ist das?« schrieb ich abends in mein Notizbuch. »Ich bin nicht sicher, ob ich es begreife. Kann man das überhaupt? Wenn es geschieht, sieht man das Resultat. Aber was ist es, was geschieht? Ich sehe, ich erlebe, erleide die Zeit davor so intensiv, wie man es wohl nur kann, aber dennoch stehe ich außen vor. Nicht ich bin es, die stirbt. Ich habe es nicht gewollt. Ich kann es nicht verhindern. Ich kann nur zusehen. Ich könnte es beschleunigen. Aber ich will nicht, daß er stirbt. Wird einfach ein Teilchen in einem komplizierten Räderwerk seinen Dienst versagen, so daß es zum Stillstand kommt? Ist es nichts als ein biologischer Prozeß des Vergehens, der mit dem letzten Atemzug endet? Wird ein zarter Seelenvogel dem verfallenen Körper entschlüpfen? Wird er mir entgleiten, sich mir vollends entziehen? Oder habe ich eine Chance, ihn zu halten?«

Vorstellungen, die ich mir noch vor wenigen Wochen gemacht hatte, begannen zu zerrinnen. Wie war das mit der Verabredung bei der Kassiopeia? Mit dem Schneeglöckchen im Winterwind, der zwitschernden Meise im Mandelbaum? Ich betrachtete ihn lange, wie er neben mir lag und schlief. Er war weit fort. Er war schon dabei, mir zu entgleiten.

Eine Woche nach meinem Gespräch mit Stephanie traf Alexander zu Hause ein. Es hatte sich zufällig ein Kollege von Manfred gefunden, der am Wochenende seine Familie samt Gepäck nach Anholt brachte und am Montag morgen, um an einer wichtigen Firmenbesprechung teilzunehmen, noch einmal mit dem auf dem Festland abgestellten Wagen nach Hamburg fuhr. Er brachte Alexander mit. Er hatte mit Manfred ein kurzes, freundliches Gespräch und war sehr froh darüber.

Alexander schien nicht traurig, er war froh, wieder bei uns zu sein. Der Gedanke an seinen Vater hatte ihn auch in den Yachthäfen nicht in Ruhe gelassen. Aber er fragte nicht.

Ich legte meinen Arm um seine Schultern und wanderte mit ihm durch den Garten. Er liebte es, das Wachstum und Erblühen zu beobachten. Gelegentlich hatte er winzige Eiben oder Tännchen vom Schulweg mit nach Hause gebracht. Er hatte sie unter einer Hecke oder am Wegrand entdeckt. Wir setzten uns auf eine Bahnschwelle, die von der Sonne aufgeheizt war.

»Du wirst dich fragen, warum du früher als geplant nach Hause gerufen wurdest«, begann ich. Er sah zu Boden.

»Papi geht es schlecht, schlechter als noch vor ein paar Wochen. Das hast du sicher selbst bemerkt. Alle Medizin hat nicht geholfen. Wir sind machtlos. Die Krankheit ist nicht in den Griff zu bekommen.«

Alexander reagierte scheinbar nicht darauf, aber ich sah, daß es genug war für den Augenblick.

»Ich hab dich lieb!« sagte er. Arm in Arm gingen wir zu den anderen zurück.

Am Tag darauf machten sich unsere beiden Kinder auf den Weg zu einer Erdbeerplantage. Wir hatten auch ein paar Pflanzen im Garten, aber die Ernte reichte nur für eine Nachspeise dann und wann. Seit Jahren fuhr ich zur Erdbeerernte mit den Kindern zu den Feldern, wo man für einen wesentlich günstigeren Preis als auf dem Markt selbst pflücken konnte. Außerdem war es nicht verboten, sich gleichzeitig daran satt zu essen. Wir fanden es himmlisch, einmal so viele zu essen, bis wir wirklich nicht mehr konnten, und brachten noch vierzig Pfund mit nach Hause. Danach war ich stundenlang mit dem Waschen, Entstielen und Einfrieren beschäftigt.

Ich sah den Kindern nach, wie sie groß und schön und tapfer auf ihren Fahrrädern den Gartenweg hinunterfuhren. Sie winkten mir fröhlich zu. Ich war erfüllt von Dankbarkeit und Stolz über sie.

Zwischen den langen Reihen von Erdbeerpflanzen

richtete Stephanie das Wort an ihren Bruder. Sie hatte den Eindruck, er habe nicht begriffen, was ich tags zuvor zu ihm gesagt hatte. Sie fand es richtig, es ihm zu erklären. Er sagte nichts dazu. Er steigerte nur den Eifer und die Geschwindigkeit beim Pflücken.

Ob Manfred nun doch annahm, daß sein Sterben andauerte, wußte ich nicht. Er fand es nicht ganz richtig, daß ich Alexanders Reise vorzeitig abgebrochen hatte. Aber er diskutierte nicht darüber. Er ließ mich handeln und mischte sich nicht mehr ein.

Ob es die defekte Abwasserpumpe oder das verstopfte Regenrohr war, von dem er zufällig hörte — er wollte davon nichts mehr wissen. Es beunruhigte ihn, wenn etwas nicht in Ordnung war. Aber er konnte nicht mehr helfen. So gab er auch keine klugen Ratschläge. Aus seinem Verhalten wurde ganz deutlich, daß er jetzt alles mir übertrug.

Obwohl wir oft unterschiedlicher Meinung gewesen waren, wie ein Problem anzupacken war, und es meist erst zu Diskussionen, dann zu Lösungen kam, die uns beide befriedigten, vertraute er jetzt darauf, daß ich es richtig machen werde. Jedenfalls hatte ich es auch selbst zu vertreten und mögliche Fehler selbst zu verantworten.

Da verstand ich, daß er mir keine Wegweiser aufstellen würde. Er entließ mich in die Eigenverantwortlichkeit. Er vertraute auf meine Stärke und meine Eigenständigkeit und gab mich frei. Er hatte nicht den Ehrgeiz, Weisungen zu erteilen, deren Wirkungen er nicht mehr korrigieren konnte. Erst später sah ich, daß dies seine Größe war und meine Chance.

Für ihn war das Leiden des Körpers ins Zentrum gerückt. Er war damit beschäftigt zu sterben. Ganz allmählich, unmerklich zuerst, trennten sich unsere Gleise.

WIE LANGE NOCH?

Acht Wochen vor seinem Tod verließ er zum letzten Mal unter großen Mühen das Bett, um mit dem Rollstuhl zur Toilette zu gelangen. Dann war auch das nicht mehr möglich. Aber der Darm ließ ihn nicht in Ruhe. Er hatte ständig das Gefühl, ihn entleeren zu müssen. Das quälte ihn und war ihm peinlich.

Ich wußte nicht, welcher Quelle meine Gelassenheit entsprang. Ich dachte nur an die praktische Lösung dieses Problems.

Ich hatte mich vor diesem Zustand gefürchtet. Es hätte schon viel früher sein können, daß er die Kontrolle über den Darm verlor. Ich war froh, daß es jetzt erst begann. Und es war nicht schlimm für mich. Zwar war dem ständigen Geruch kaum mit Raumspray beizukommen, aber es ekelte mich nicht. Ich gewöhnte mich daran und sagte mir: Es geht! Es mußte ja auch. Ich empfand keinen Abscheu. Was zu tun war, tat ich mit Gelassenheit und Selbstverständlichkeit, und ich war froh, daß es mir ohne Überwindung, ohne Verkrampfung gelang. »Für Manfred ist es schrecklich, nicht für mich!« sagte ich mir.

Was mir half, war die Hoffnung, daß es nicht lange dauerte, was mich beflügelte, war der Wille, ihm, den die Krankheit mit so unsagbaren Schmerzen, solcher Schwäche und Hoffnungslosigkeit niederdrückte, den ich uneingeschränkt liebte und der mir so viel gegeben hatte, beizustehen auf diesem schlimmen Weg.

Er konnte jetzt seine Lage im Bett nicht mehr aus eigener Kraft verändern, so sehr schmerzten die Gelenke. Zwischen Knie und Waden legte ich Samtkissen, damit sie nicht scheuerten und drückten. Häufig, auch nachts, bat er mich, die Lage der Beine zu verändern.

Die Haut begann an den Stellen, auf denen er hart auflag, weil er stark abgemagert war, durchzuscheuern. Ich rieb sie dick mit einer Jodsalbe ein und bedeckte sie mit Molton. Wenn ich ihn langsam und ganz vorsichtig auf die andere Seite drehte, konnte ich die andere Schulter und Hüfte pflegen.

Manfred war voller Dankbarkeit und Bewunderung. Wenn ich dabei war, ihn zu pflegen, zu waschen und zu rasieren, sprachen wir miteinander. Wenn er auf der linken Seite lag und meinem Bett den Rücken zuwandte, legte ich mir oft ein Kissen in den schmalen Gang zwischen Bett und Fenster und kniete darauf. Ich streichelte ihn und sagte ihm, daß ich ihn liebte.

»Wie hältst du das nur alles aus?« fragte ich ihn einmal.

»Weil ich nicht einsam bin dabei«, antwortete er.

»Womit habe ich das nur verdient?« fragte er und meinte es zunächst doppeldeutig. Dann fuhr er fort: »Was du alles für mich tust, wie du für mich sorgst und sogar Dinge tust, von denen keiner wünscht, daß ein anderer sie für ihn tut — ich habe nicht geglaubt, daß Liebe so weit gehen kann!« Dankbar und unendlich lieb sah er mir in die Augen und streichelte mein Gesicht.

»Ich hatte es auch nicht geglaubt«, dachte ich jetzt, »aber es ist einfach so.«

»Es ist gut, daß wir beide es erleben«, sagte ich. »Und auch die Kinder«, dachte ich weiter. »Vielleicht gibt es ihnen etwas für ihr weiteres Leben, für ihre eigene Einstellung zur Liebe, zum Partner, da sie auf ihren Vater so früh verzichten müssen, zu wissen, wie ihre Eltern sich geliebt haben und wie Liebe sein kann.« Ich spürte, daß es etwas ganz Besonderes war, was ich erlebte, und ich fühlte mich ausgezeichnet durch die Chance, meine Liebe an den äußeren Rand der Erfahrungen führen zu müssen, sie und auch mich darin zu erleben, zu erfahren. Es lag keine Aufopferung darin, nur Hingabe, keine müde Bekümmertheit, sondern mutiges Ergreifen der Herausforderung durch die Aufgabe.

In dieser Zeit erfuhr ich die Kraft der Familie und Freunde, erfuhr ich mich wie nie zuvor. Und ich erfuhr Leben — gerade durch den Tod —, herausgeschält aus dem Ballast, reduziert auf seine zentralen Fragen. Ich erkannte dies und nahm es als wertvolle Botschaft. Anstatt mich im Strudel des Selbstmitleids zu verlieren, fand ich mich in der Aufgabe. Das machte mich sicher, stark und unbesiegbar.

Früher geführte Diskussionen über Selbsterkenntnis und Selbstverwirklichung, über den Weg des Auslebens eigener Wünsche und Bedürfnisse, oft genug gegen die Interessen der nächsten Mitmenschen, das Wiederkäuen eigener oder für eigen angenommener Probleme, Lüste und Ängste ersanken mir vor diesem Hintergrund in Bedeutungslosigkeit. Die Liebe, nicht die Eigenliebe, wurde mir zur entscheidenden Kraft im Leben wie im Sterben. So gestand ich mir schon zu diesem Zeitpunkt den Wunsch ein, nicht ohne Liebe weiterleben zu müssen. Der Gedanke, nie einen anderen Mann lieben zu können, hatte keinen Raum in meinen Gefühlen.

Die Kinder waren noch immer auf der Erdbeerplantage, als meine Eltern kamen. Es war sehr warm.

Ich lag bei Manfred und war ein bißchen eingeschlafen. Er schlief ganz tief. Unsere Hände waren fest miteinander verschlungen. Ich hörte leise Geräusche, ich spürte mehr als daß ich hörte, daß sie nacheinander zu uns schauten. Ich ahnte, was sie empfanden. Wir boten einen rührenden, schutzlosen, hilfsbedürftigen Anblick gegenüber dem Zwang des Schicksals. Mir stiegen Tränen auf. Ist es Trauer, fragte ich mich, oder ist es Selbstmitleid?

Ich schluckte die Tränen hinunter. Ich wollte keine Rührung, ich wollte mich nicht bedauern. Ich versuchte, sachlich zu denken und ruhig zu sein: Nicht mehr lange, und mein Liebster wird nicht mehr leben. Vielleicht werde ich wahnsinnig. Wahrscheinlich nicht. Ich habe Angst, aber ich will mich ihr nicht ausliefern. Wenn ich ihr ins Auge sehe, kann sie mir nichts antun.

Ich lenkte meine Gedanken in die Zukunft: Ich werde viel mit den Kindern unternehmen. Wenn Manfred in den nächsten Tagen stirbt, könnten wir mit Volker nach Anholt fliegen und mit ihnen zurücksegeln. In den Herbstferien reisen wir mit dem Auto nach Süden. Solange Alexander Gletscherski läuft, sehen Stephanie und ich uns München und Salzburg an. Dann holen wir ihn in Kaprun ab und fahren zusammen nach Florenz. Wir werden die schönste der Städte sehen!

Ob ich wohl Freude daran haben werde? Oder verblaßt alles, was mir jetzt noch schön und erstrebenswert erscheint, weil ich ihn verloren habe? Wird es nichts anderes als Trauer für mich geben? Ich befürchte es. Aber die Zügel werde ich mir nicht aus der Hand nehmen lassen.

Mitte Juli war mein 37. Geburtstag. Seit Wochen hatten meine Eltern Manfreds Geschenk für mich in Verwahrung. Ein paar Tage vorher brachten sie es ihm mit. Als wir allein waren, sagte Manfred zu mir: »Ich fürchte, daß ich es dir nächste Woche nicht mehr persönlich überreichen kann. Möchtest du, daß ich es dir jetzt schenke, oder soll Vati es dann tun?«

Ich wurde sehr traurig. Ich sollte Geburtstag haben, und er war tot? »Ich möchte, daß du es mir selbst gibst«, sagte ich. »Ich werde es mir anschauen und bis zum nächsten Mittwoch wieder einpacken.«

Es war ein großer, achteckiger Teller aus reinem Silber. Ein Silberschmied, bei dem Manfred so manches Schmuckstück für mich gekauft hatte, hatte ihn in seinem Auftrag für mich angefertigt. Ich liebte diese Form, und er war so schön, so klar und so vollkommen, daß mir die Tränen kamen.

»Ein merkwürdiges Abschiedsgeschenk«, entschlüpfte es mir, nicht ohne Bitterkeit.

»Ich möchte nicht, daß du es so siehst«, sagte Manfred. Weinend legte ich mich neben ihn. Eine Woche später schenkte er ihn mir noch einmal.

Pastor L. kam noch einmal zu uns in dieser Woche. Wir waren für den Vormittag verabredet, aber es zeigte sich, daß Manfreds Katheter verstopft und die Blase übervoll war. Als Dr. Timm nach der Sprechstunde zu uns kam, war ein Teil des Blaseninhalts schon nebenher in ein Frotteetuch gelaufen. Obwohl der Vorgang des Einsetzens Blasenkrämpfe verursachte, die mit zusätzlichen Medikamenten gemildert wurden, kam es zu einem Gespräch mit dem Pastor, als er später erschien.

Er wollte Manfred nicht lange strapazieren, aber er

nahm sich Zeit. Mit ruhiger Stimme erkundigte er sich nach Manfreds Interessen und erfuhr, daß die Firma sehr in den Hintergrund gerückt war und er an politischen und wirtschaftlichen Themen keinen Anteil mehr nahm.

»Ich habe es gern, wenn meine Frau mir aus der ›Unendlichen Geschichte‹ vorliest«, sagte er, »aber insgesamt sind die Krankheit, die Schmerzen, die Bewältigung der vielen körperlichen Probleme in den Vordergrund getreten.«

»Ist es immer noch so«, fragte der Pastor, »daß Sie diese Kost häppchenweise zu sich nehmen, wie Sie es taten, als ich vor drei Monaten bei Ihnen war?«

Manfred überlegte. »Ja, es ist immer noch so.«

»Wie ist eigentlich Ihr Verhältnis zur Kirche? Ich weiß, Sie sind katholisch.«

Manfred erzählte bereitwillig und flüssig:

»Ich bin kein praktizierender Katholik, aber ich bin gern Katholik. Ich habe mich früher sehr mit den Inhalten beider großer Konfessionen beschäftigt, und mit den Unterschieden. Ich habe für mich herausgefunden, daß es eine Reihe von Unterschieden vor allem in der äußeren Form gibt. Aber es kommt mir auf den Inhalt an.«

»Möchten Sie, daß ich den Kontakt zu einem katholischen Kollegen herstelle?« fragte er.

»Nein«, antwortete Manfred, »ich habe hier zu niemandem Bezug. Pro forma brauche ich es nicht.«

Der Pastor erkundigte sich, ob wir mit allen anfallenden Aufgaben fertig würden. Ich erzählte ihm, daß die Omi nun schon seit Ende März bei uns wohne und den Haushalt aufrechterhalte, so daß ich viel Zeit hätte, bei Manfred zu sein und ihn zu betreuen. Jedes Wochenende komme Theresa, zweimal in der Woche meine Eltern. Der Arzt stünde jederzeit zur Verfügung, aber wir brauchten ihn nicht sehr oft.

»Dann sind also alle Rollen besetzt«, schloß er daraus. Er riet mir, mich an die Gemeindeschwester zu wenden, wenn ich Schwierigkeiten hätte.

»Welche Rolle spielen die Kinder?« fragte er weiter.

»Alexander scheint es noch nicht ganz zu erfassen, und Stephanie spendet fleißig Trost«, sagte ich. »Aber manchmal muß sie auch getröstet werden.«

Vor ein paar Tagen traf ich sie weinend im Keller. »Heute bin ich ganz schwach. Ich muß andauernd weinen«, sagte sie. Ich nahm sie in die Arme. »Weine nur«, sagte ich, »du mußt nicht fürchten, daß es nach einem solchen Tag immer schlimmer wird, und dich deshalb krampfartig zusammenreißen. Plötzlich sieht man alles wieder in einem anderen Licht, und die Verzweiflung ist verschwunden, ohne daß man weiß wohin.«

Alexander kam dazu. Wir umarmten uns alle drei und weinten zusammen. Plötzlich schoß es mir durch den Kopf: Wenn Manfred jetzt in den Keller kommt und uns so traurig sieht ... Mir fiel augenblicklich ein, daß er unmöglich sein Bett verlassen konnte, aber mich schauderte bei dem Gedanken, daß solche unerfüllbaren Erwartungen vielleicht noch lange, nachdem er gestorben sein wird, in mir geistern könnten.

Ich brachte den Pastor zu seinem Wagen. Vor der Garage spielten die Kinder Ball. Er erkundigte sich bei Alexander nach seiner Segelreise und sprach dann sehr ernst zu ihnen:

»Das ist jetzt das Wichtigste, was ihr tun könnt: eurem Vater die Kuhle bilden, in der er liegt.«

Am Morgen meines Geburtstags schenkte Manfred mir einen Strauß roter Rosen. Stephanie hatte ihn für ihn besorgt. Er war sich nicht sicher, was er mir für mein neues Lebensjahr wünschen konnte. Liebe? Glück? Kraft. Kraft vor allem.

Er öffnete die Augen kaum an diesem Tag. Er litt und zog sich in sich selbst zurück. Das Telefon läutete leise, ich bekam Besuch und freute mich darüber. Ich mußte ihm öfter den Rücken kehren.

Er hielt ein Glöckchen in seiner Hand, mit dem er mich jederzeit rufen konnte. Wenn er mir nachschaute, war sein Blick düster und starr.

An diesem Tag spürte ich deutlich, daß unsere Gleise sich trennten. Die Weiche war gestellt. Sein Gleis endete, ich aber mußte weiter. Und ich wollte es auch.

»Ich werde es schaffen«, bestärkte ich mich. »Ich lasse mich nicht unterkriegen! Ich bin stark und stolz, und ich habe ein Erbe weiterzugeben. Ich werde mich seiner würdig erweisen!«

Es folgten Wochen, in denen das Leiden übermäßig wurde. Ein scheinbar endloses Warten. Wir hielten den Atem an.

Theresa hatte jetzt Sommerferien und blieb ganz bei uns. Sie fuhr von hier aus mit ihrer Mutter und den Kindern an die Ostsee und zur Kirschenernte ins Alte Land. Ich war froh darüber. Sie kochte und buk und verwöhnte uns.

Manfred litt, ohne sich zu beklagen, aber es entfuhren ihm immer öfter Seufzer und Stöhnen. Der Stuhlgang saß vor der Öffnung und war ganz hart. Ich gab ihm Zäpfchen zum Auflösen, aber es quoll nur wenig Flüssiges heraus. Die durchgelegenen Stellen vergrößerten sich trotz meiner regelmäßigen Pflege. Jede Bewegung, ja jede falsche Berührung schmerzte ihn. Er schwitzte so, daß ihm oft sogar meine Nähe unangenehm war. Hinzu kam Übelkeit. Einmal erbrach er in hohem Bogen über mein Bett.

Er war nicht mehr in der Lage zu lächeln, wenn die Kinder ihm gute Nacht wünschten.

Vor Wochen hatte ich herausgefunden, daß er ohne Tränen weinte. Auch das tat er jetzt nicht mehr. Er war in sein Schneckenhaus gekrochen, hatte sich in sich selbst zurückgezogen.

Ich hatte eine Vorstellung von seiner seelischen Verfassung, wenn ich ans Skilaufen dachte. Ich hatte Fahrten im Schlepplift erlebt, da peitschten mir Wind und Schnee ins Gesicht, durch Anorak und Hose, da waren die Hände abgestorben und die Füße gefühllos, da konnte ich nur noch stillhalten und abwarten, daß ich ankam. Da konnte ich nicht mehr sprechen und nicht mehr denken und nicht mehr weinen.

Er jammerte: »Dreh mich wieder um, ich kann so nicht liegen!« und »Gib mir eine Spritze!«

Wenn es doch nur ein Ende hätte! Tod, rief ich, komm! Du bist erwünscht! Du hast deinen Stachel verloren!

Mich erfaßte ein Grauen. Begriff ich ganz, was ich da dachte? War mein Blick verschleiert von der Allgegenwart des Schmerzes? Ich ahnte nur den Abgrund, der sich auftat, wenn ab und zu der Schleier ein wenig beiseite wehte. Die Verdrängungsmechanismen, der Selbstschutz, sie funktionierten nicht mehr so gut. Sie hatten sich abgeschliffen. »Gott im Himmel, laß ihn sterben! Er hat wahrhaftig genug gelitten! Ihm bleibt nichts erspart. Nun laß es genug sein!«

Ich zog zwei Ampullen auf. Ich wünschte, ich könnte ihn erlösen von seinen Qualen. Ich hielt die Spritze in die Höhe, um die Luftbläschen hinauszudrücken. »Wieviel mag man dazu benötigen?« überlegte ich.

Ich gab ihm die Injektion und legte mich zu ihm. Nur unsere Hände konnten sich noch berühren. Daß wir uns, eng aneinandergeschmiegt, Zärtlichkeit und Geborgenheit gaben, war schon lange her. Er wurde ganz ruhig.

Ich flüsterte: »Ich will nicht, daß du so leidest! Was kann ich nur tun?«

»Ich leide doch gar nicht mehr«, erwiderte er. »Wenn ich nur ganz still bei dir liegen kann und weiß, du bist da.«

Könnte doch hier die Zeit für ihn stehenbleiben! Bekäme ich doch ein Gift in die Hand, mit dem ich ihm helfen könnte! Ich nähme für mich das Recht in Anspruch, es zu tun. Wer wagte es, mich anzuklagen!?

Ich konnte es nicht mehr ertragen. Es war nicht um meinetwillen. Ich würde ihn weiter pflegen und betreuen. Aber ich wollte nicht, daß er weiter litt. Dann lag er ganz still neben mir und atmete gleichmäßig. Ich las im Schein der Nachttischlampe.

Die »Unendliche Geschichte« war nun doch zu Ende gegangen, und ich war traurig darüber. Sie war nicht eigentlich zu Ende, aber es stand nichts mehr in dem Buch, was ich noch nicht gelesen hätte. So war mir »Candide« von Voltaire in die Hände gefallen. Er behandelt darin auf eine sarkastische Weise seine Verzweiflung über das Unglück der Welt. Eine Stelle im Begleittext dazu gefiel mir besonders, sie spiegelte die bitter-gelassene Schicksalsergebenheit in meiner Haltung wider: »Mit einem Lächeln rettet sich die Menschheit vor der Verzweiflung. Der Mensch ist zart und zerbrechlich, er ist das Opfer grausamer Gottheiten oder Schicksalsfügungen — trotzdem kann er über sie spotten, denn sie sind sinnlos. Für den Menschen ist dieses Spiel zwar furchtbar, aber entehrt ist nur das sinnlose Schicksal.«

Ich gab ihm Morphium, soviel er brauchte, und war dankbar, daß ich es mühelos bekam. Es wäre ein Alptraum gewesen, übers Wochenende nicht auszukommen. Telefonisch gab ich meine Wünsche an die Praxis durch, die Apotheke brachte die Medikamente ins Haus.

Ende Juli gab es Tage, an denen Manfred geistig verwirrt war. Gedanken, die auf ihn zuströmten, verwirrten sich, Bilder mischten sich mit der Wirklichkeit. Er sah Traumbilder und Phantasien mit offenen Augen: Caesar mußte von Apulien ans Festland, die Kinder sollten Kartoffelpuffer mit ihm teilen, die er eben auf dem Freiburger Münsterplatz geschenkt bekam, er versuchte daher, leise nach ihnen zu pfeifen. Er wollte den Artikel in der »Welt« noch einmal sehen, den ich geschrieben haben sollte — »Mutti und Vati haben dich doch eben noch so dafür bewundert.« Er fragte mich nach kurzen italienischen Sätzen, da er gleich Besuch bekam und italienisch sprechen mußte. Er wollte nach Kopfhörern greifen, aber die Saphire waren das Problem, daher war die Musik so grell. Er wollte wissen, ob wir in der Mellingburger Schleuse einen Raum bestellt hatten, denn er wollte die Leute nicht alle zu Hause bewirten. Es war falsch mit dem Badewasser, denn er konnte ja gar nicht hingehen, und er brauchte einen Chauffeur, da er nicht selbst fahren konnte.

»Kann ich nicht dein Chauffeur sein?« fragte ich ihn.

»Da muß man einen Speziallehrgang machen.«

Er sah auf die Armbanduhr, konnte aber die Zeit nicht erkennen. »Ist es schon halb zwei?« »Nein«, sagte ich, »es ist schon zehn nach sieben.« »Gott sei Dank, ich dachte schon, wir sind zu spät. Ich muß doch in die Klinik!«

»Du bleibst doch bei mir«, sagte ich, »du brauchst nicht in die Klinik.« »Ist denn nichts mit dem Professor verabredet?«

Er sah Menschen um sich stehen: einen Polizisten mit einem Eimer, Stephanie, die ihm nicht genügend entgegenkam, Alexander, der ihm den Drachen bringen sollte.

Er sprach leise und undeutlich. Manchmal konnte ich ihn gar nicht verstehen. Einmal sah ich ihn fragend, liebevoll lächelnd an.

»Du verstehst mich nicht, es ist doch so — ich erkläre es dir noch einmal: Wir waren doch auf dem Süllberg und haben im unteren Geschoß zu Abend gegessen und ...« Er wußte nicht weiter. Es war nicht das, was er eigentlich sagen wollte.

»Bist du so lieb und gehst mit mir ins Kino?«

»Natürlich, furchtbar gern«, antwortete ich und streichelte ihn. »Was wollen wir denn sehen?«

»Kabarett. Mit Liza Minelli.«

Später bemerkte ich, daß sein Stuhlgang blutig war. Wenig zwar, aber immer wieder neu, dunkelrot, braun. Ich wusch ihn und bereitete ihn für die Nacht. Ich streichelte ihn vorsichtig, betrachtete lange sein liebes Gesicht und küßte ihn. Er erwiderte meinen Kuß nicht. Er lächelte nicht. Ich begann zu weinen. Er schloß hilflos die Augen: »Ich kann dich doch nicht trösten!« flüsterte er entschuldigend.

Er hatte es immer so gut verstanden zu trösten. Doch was sollte einer sagen, der sterben mußte, der gezwungen war, seine Liebsten zu verlassen, sein Werk abzubrechen, sein Leben unvollendet zu lassen?

Helga und Volker waren mit ihren Kindern von der langen Reise zurückgekehrt, die Sommerferien gingen ihrem Ende entgegen. Während wir in der Küche beisammen saßen, wachte Theresa bei Manfred. Es kam zu einem langen Gespräch.

Nach der langen Zeit der Abwesenheit empfanden sie seinen Verfall besonders kraß. Der Gedanke beschäftigte sie, ob er seine Situation noch erfaßte, ob er sie akzeptierte und ob er mit mir, mit den Kindern Gespräche geführt, in irgendeiner Weise Abschied genommen habe.

Ich verneinte. Er konnte keinen Abschied nehmen, denn er wollte nicht gehen. Trotz seiner jüngsten Äußerung, er schwanke zwischen Hoffnungslosigkeit und Optimismus, glaubte ich zwar, daß ihm das Ausweglose seiner Situation bewußt war und er erwartete zu sterben. Hatte er doch unlängst zu Pastor L. gesagt: »Daß ich von diesem Bett gebessert aufstehe, glaub' ich nicht mehr.« Hatte ich doch am Tag vorher bemerkt, daß seine Uhr lose an seinem Arm hing, und angenommen, es liege an der Abmagerung. Ich fragte ihn, ob ich sie enger einstellen solle, aber er sagte: »Nein, ich habe sie absichtlich gelockert, weil sie so schwer zu öffnen ist, damit du sie dann besser abnehmen kannst.« Auch fiel ihm plötzlich ein, mir zu erklären, wo er die Reserveschlüssel für seinen Wagen aufbewahrte.

Aber er akzeptierte es nicht. Er wehrte sich gegen das Sterben, da es der Dynamik seiner Persönlichkeit und der Intention, die sein Leben geprägt hatte, nämlich zu arbeiten, Verantwortung zu übernehmen, eine übernommene Aufgabe zufriedenstellend auszuführen und zu lösen, diametral widersprach. Er konnte den Gedanken nicht ertragen, uns, seine Familie, auf halbem Weg zu verlassen. Er mußte, um nicht daran zu verzweifeln, ihn verdrängen, so gut es nur irgend ging. Aber was mochte sich im Unbewußten abspielen?

Wenigstens daran ließ er mich ein wenig teilhaben, denn er fuhr fort, lebhaft zu träumen. Er unterschrieb Verträge, diktierte Briefe, hörte einen Einwand und empfahl: »Dann streichen wir den letzten Satz.« Er sprach und sprach und sprach, gestikulierte dabei, griff nach dem Füller auf dem Schreibtisch oder in der Brusttasche. In seinen Träumen gab es die Krankheit nicht, zumindest nicht ihre niederschmetternde Wirkung. Manchmal unternahm er etwas mit den Kindern. Von mir war nie die Rede — ich war ja da. Ich machte mir keine Gedanken darüber. Es war für ihn nie selbstverständlich oder nicht erwähnenswert, daß ich da war. Häufig hat er mir mit fast ungläubigem Staunen dafür gedankt. Unsere Liebe, unsere Zusammengehörigkeit war die Grundlage seines Schaffens. Ich hatte nicht mehr, wie früher einmal, die Sorge, in seinem Leben eine untergeordnete Rolle zu spielen, nur weil die Arbeit den Hauptteil seiner Zeit und Überlegungen verschlang.

Nur wenn zu Hause alles in Ordnung war, war er gewappnet für den Kampf.

Ein einziges Mal nahmen seine Phantasien eine ungewöhnliche Richtung. Er sprach nicht, aber ich beobachtete, daß er sich in großer Erregung befand. Er kniff sich in die Hand und grub seine Fingernägel tief in die Haut. Ich streichelte seine Hände, rückte ganz nahe an ihn heran und fragte flüsternd: »Warum kneifst du dich?«

»Ich muß mich bestrafen!« erwiderte er, ohne zu erwachen.

»Wofür?«

»Weil ich dich so lieb habe!«

»Dafür mußt du nicht bestraft werden, dafür wirst du belohnt mit meiner unbeirrbaren Liebe«, sagte ich. Ich begriff den Zusammenhang nicht.

Auf eine mir endlos und unsagbar qualvoll erscheinende Nacht folgte ein Morgen, an dem ich begriff, daß jede beliebige Überdosierung nicht half. Als Manfred erwachte, war er überzeugt, mit einer Mitarbeiterin telefoniert zu haben und mit dem Betriebsratsvorsitzenden. Es mußte um wichtige Themen gegangen sein, denn er bestand darauf, gleich noch einmal Rücksprache zu nehmen. Mit Mühe gelang es mir, ihn davon abzubringen.

»Jetzt bin ich ganz verwirrt«, sagte er.

Eine halbe Stunde später war ihm alles klar. Das geträumte Telefonat hatte sich an das Klingeln unseres Telefons angeschlossen. Er wurde scharfsinnig und sprachbereit wie schon lange nicht mehr. Da erzählte ich ihm, daß er sich am Abend zuvor für seine Liebe zu mir hatte bestrafen wollen, und bat ihn, mir das zu erklären.

»Das kann ich dir interpretieren«, sagte er wörtlich. »Ich setze mich im Unterbewußtsein ja doch sehr mit meiner Krankheit auseinander. Daß ich dich verlasse, daß ich dir so viele Schmerzen und Tränen zufüge, weckt in mir Schuldgefühle, die sich in einer Aggression gegen mich selbst ausdrücken.«

Ich war froh, ihn gefragt zu haben.

Es wurde ein beinahe heiterer Morgen. Er verlangte nach einem Frühstück, aber als ich ihm das Brötchen mundgerecht zuschneiden wollte, lehnte er fast entrüstet ab. Er nahm eine Hälfte mit Butter und Marmelade in die Hand und aß sie Bissen für Bissen auf. Wir sprachen freundlich miteinander und beteuerten uns gegenseitig unsere Liebe, bis er wieder einschlief.

Ich hatte begriffen, daß der Tod eine ganz persönliche Leistung war, und daß er erst starb, wenn er es wollte.

Später erst, als er längst gestorben war, änderte ich mein Urteil über seine Einstellung des Krankheitsverlaufs und seine Einstellung dazu. Ich rief mir einzelne Aussprüche und Verhaltensweisen ins Gedächtnis und führte Gespräche mit diesem oder jenem, der ihm in dieser Zeit begegnet war. Zwischen der Japanreise im Januar und unserer Fahrt in die Schweiz hatte er zum Betriebsarzt über Knochenmetastasen am Kreuzbein gesprochen. Es war ihm also bekannt, daß der Krebs sich im Körper ausgebreitet hatte und es sich nicht um ein zufälliges Auftreten zweier Tumoren handelte, wie ich ihn hatte sagen hören.

Aber er ließ die Hoffnung nicht sinken, denn er glaubte an die Wirksamkeit der Röntgenbestrahlung und die Macht des Willens. Als ich ihm im Mai das Todesurteil verkündete, überraschte es ihn nicht. »Ich bin schon weiter als du denkst«, waren seine Worte. Er hatte also wirklich erkannt, daß er werde sterben müssen, ohne ein Aufheben davon zu machen, ohne zu klagen oder durchzudrehen.

Man sagte mir, er sei ein Realist gewesen, und suchte darin die Begründung für sein Verhalten. Er war kein Realist. Er war ein Pragmatiker, der Probleme von ihrer konkreten Seite her anpackte, aber er ging von Idealvorstellungen aus und kam ihnen oft erstaunlich nahe. Er war in der Lage, dafür ungewöhnliche und verschlungene Wege einzuschlagen, und gab sich notfalls mit Lösungen zufrieden, die der Idealvorstellung am nächsten kamen.

Er kämpfte für einen sehr hohen Anspruch, ohne

zurückzuschrauben, und ließ sich von Rückschlägen nicht beirren. Um ein Ziel zu verfolgen, konnte er auch einfallsreiche Tricks anwenden, aber sie waren nie hinterhältig. Für ihn gab es immer Hintertürchen und Ausweichmanöver. Wenn der gerade Weg nicht gangbar war, konnte er Haken schlagen und trotzdem ankommen. Damit verunsicherte er manchmal seine Mitmenschen und war schwer für sie einzuschätzen.

Er war erstaunlich, aber nie erschreckend konsequent. So erzielte er oft Ergebnisse, die weit über den Erwartungen der anderen lagen, und geriet in die Gefahr, sie zu überfordern, wenn er Ähnliches von ihnen erwartete.

Einmal in seinem Leben, nur dies eine Mal, überforderte er sich, indem er die eigene Leistungsfähigkeit, die Kraft seines Willens idealisierte und glaubte, damit die schwere Krankheit niederkämpfen zu können.

Als er dies erkannte, lehnte er sich nicht dagegen auf, klagte nicht und resignierte nicht. Er nahm seinen ureigenen, persönlichen Weg, verschlungen und voller Zufluchtsstätten. Er ging ihn ruhig, ohne Fragen und ohne Hast. Das Gepäck, das er mit sich führte, die Verantwortung für seine Familie und sein Büro, legte er erst ab, als es gar zu schwer wurde. So verhält man sich nicht, wenn man sein Schicksal nicht akzeptiert.

Er rollte sich zusammen in seinem Nest, liebenswert, zärtlich, rücksichtsvoll, und zog eine weiche, zarte Decke aus Novembernebeln, die er so liebte, über sich. So war er nicht unerreichbar und nicht abwesend, ich konnte ihn sehen und erreichen, ihn streicheln, küssen, pflegen und manchmal auch Fragen stellen. Aber er ließ es mich wissen, wenn es genug war, wenn meine Fragen, meine Tränen dabei waren, seine Nebeldecke aufzureißen. Sie bot ihm Schutz und Geborgenheit, und meine ständige Anwesenheit, meine Liebe, war ein Teil von ihr. Langsam, als trüge eine Woge ihn fort, glitt er immer tiefer. Er hatte gelebt mit all seinen Kräften und Leidenschaften. Da die Krankheit ihm keine Chance ließ, trat er ruhig und gelassen zurück. Mein Verhalten gab ihm die Zuversicht, daß sein Haus bestellt sei.

Anfang August schien es mir, als ließe die letzte Verkrampfung seiner Seele nach. Mag sein, daß die Schmerzen ein wenig zurückgingen, mag sein, daß ein Widerstand brach. Während er die Tage verschlief, gab es am frühen Abend regelmäßig zwei, ja sogar drei Stunden, in denen ich ihm erzählen konnte, wer angerufen oder uns einen Besuch abgestattet hatte, welche Blumen im Garten erblüht waren und was die Kinder unternahmen. Sie wurden zu Hafenrundfahrten und in ein chinesisches Restaurant, zum Segeln und zu Ausflügen an die Ostsee von lieben Freunden eingeladen.

Ich ermunterte Manfred, und er erzählte mir Ereignisse aus seiner früheren Kindheit, als er mit seiner Mutter und Schwester auf einem Bauernhof in Thüringen unterkam, während der Vater im Krieg war. Die Erinnerung beflügelte ihn. Spätere Erlebnisse und unsere gemeinsame Vergangenheit waren nicht ansprechbar. Sie hätten wiederholbar sein können und waren es nun nicht mehr. Der Schmerz darüber war unerträglich.

Nur wenn er sich in Verwirrung befand, lenkte ich seine Gedanken manchmal auf den gemeinsamen Ausflug ins Val Bavona, auf das Wasserskilaufen und den Campari in der Ca'Bianca. »Hab' keine Angst«, sagte ich dann, »ich bin ja bei dir. Ich beschütze dich, und alles wird wieder gut.« Aber ich war sehr vorsichtig damit, ihm etwas vorzutäuschen.

»Ich will dir einmal Notre-Dame-du-Haut in Ronchamp von Le Corbusier zeigen«, nahm er sich vor.

Die Wirklichkeit zu sehen muß für ihn quälend gewesen sein. Ein Freund aus seiner früheren Firma besuchte ihn, als er gerade in Hamburg war. Er erzählte von Umsätzen und Karrieren, weil Manfred ihn danach fragte. An seinen Träumen sah ich, wie gern er dabei wäre.

Manfreds derzeitiger Chef kam, als sein Urlaub zu Ende war, wieder regelmäßig zu uns. Auch er gehörte zu den bedeutsamen Menschen, die uns in dieser Zeit umgaben. Er brachte mir zauberhafte Blumensträuße, die mich sehr freuten. Wir setzten uns auf die Terrasse und führten lange Gespräche. Er bot mir freundschaftliche Hilfe an. Zu Manfred führte ich ihn nicht mehr. Ihm genügte es zu erfahren, daß er dagewesen war. Auch das war ein wenig Geborgenheit. Mitte Juni hatte er ihn aufgefordert, für die Firma einen neuen Personalchef zu suchen, aber er hatte abgewinkt: »Der Platz bleibt für Sie frei.« Die Anzeige erschien erst fünf Tage vor seinem Tod.

Am Vorabend des neuen Schuljahrs traf ich beide Kinder im Badezimmer. »Es wird ein schweres Schuljahr für euch«, sagte ich, »denn in kurzer Zeit wird euer Vater sterben. Ihr werdet euch sicher nicht immer auf den Unterricht konzentrieren können und vielleicht manche Klassenarbeit verpatzen. Ich möchte, daß ihr wißt, daß für mich die Welt nicht zusammenbricht, wenn ihr dieses Jahr wiederholen müßt.«

Sie waren wohl froh, daß ich das sagte, aber beide stimmten überein in der festen Absicht, es trotzdem zu schaffen. Wie war es möglich, daß sie so stark waren?

Wir waren traurig und weinten, miteinander oder im Verborgenen. Aber wir bedauerten uns nicht. Wir wenigstens blieben einander erhalten. Wir wollten uns gegenseitig stützen.

»Es wird immer wieder vorkommen, daß einer von uns ganz traurig und verzweifelt ist«, sagte ich, »aber dann wird immer einer dasein, der ihn tröstet.«

Manfreds lange Leidenszeit hatte uns das Einverständnis zu seinem Tod abgerungen. »Weil wir unseren Papi so liebhaben, hoffen wir, daß er nicht mehr lange leiden muß«, sagte Stephanie zu einer Freundin. Wir konnten uns um seinetwillen keinen Tag des Aufschubs wünschen. Wir wußten, daß wir ohne ihn würden weiterleben müssen, und auch, daß wir es schaffen würden. Es mag ihm den Mut zu sterben gegeben haben, daß wir ihn gehen lassen konnten.

Ganz zu Beginn hatte ich mich voller Verzweiflung gefragt, wie ich das Schicksal, das mir zufiel, ertragen könnte, ohne daran zu zerbrechen. Ich tat das, was meiner Struktur entsprach: Einschließlich sämtlicher Phasen des Auflehnens, des Widerstands und der Verzweiflung akzeptierte ich schon sehr früh, was mir zufiel, nahm den Zufall als etwas, was auch zu irgendeinem Zweck mir zugedacht war, und unternahm es, ihn zu gestalten, zu formen, zu meinem eigenen Werk zu machen.

Dieser metaphysische Ehrgeiz, seit Schülertagen Bestandteil meines Denkens, auf eine Formel gebracht im Schillerwort: »Freiheit ist Einsicht in die Notwendigkeit«, machte mich in der Enge des Krankenzimmers wirklich frei. Ich befand mich im Einklang mit dem Zufall, Mensch und Schicksal waren kongruent. Freier kann man nicht sein.

In all diesen qualvollen Monaten setzte ich mich mit der Trennung, dem Abschied auseinander und begriff, daß eine Grundvoraussetzung unseres Lebens ständiger und schließlich endgültiger Abschied ist. Die Bereitschaft, das Nahen dieses denkbar schmerzlichen Abschieds anzunehmen, vor dessen Hintergrund sich so vieles relativierte, ließ mich eine Entwicklung zur Einsicht und Reifung nehmen, die es mir ermöglichte, die Bürde zu tragen, ohne von ihr erdrückt zu werden und in die Knie zu sinken.

Die Verletzbarkeit und Zerbrechlichkeit des Körpers erschienen mir als etwas Natürliches, das zu leugnen sinnlos war. »Wir dürfen nicht so leben, als müßten wir nicht sterben«, notierte ich in meinen Aufzeichnungen, »wir dürfen nicht so lieben, als gäbe es nie einen Abschied. Das Wissen um die Vergänglichkeit verleiht der Gegenwart Gewicht und dem Augenblick Tiefe, den süßen Geschmack des Unwiederbringlichen.«

Ein Vers aus dem 90. Psalm rückte in den Mittelpunkt meines Denkens: »Herr, lehre uns bedenken, daß wir sterben müssen, auf daß wir klug werden!«

Er machte mich vielleicht klug, aber er machte mich nicht schwerblütig. Es war in der Tat nur eine Zuspitzung meiner ureigenen Lebensauffassung, die mich mit Begeisterungsfähigkeit und Lebensfreude ausstattete. Nicht Schwermut und Resignation resultierten daraus, sondern der Drang, meine Zeit zu nutzen, zu genießen, meinen Lebensbereich zu gestalten und mit Liebe, Wärme und Geborgenheit anzufüllen.

Mit Manfred beschäftigte ich mich jetzt manchmal mit heiterer Gelassenheit. Ich wusch ihn mit warmem Wasser, rieb ihn mit Franzbranntwein ab und pflegte seine durchgescheuerten Stellen. Ich putzte ihm die Zähne, wusch ihm sogar einmal die Haare, cremte sein Gesicht ein und streichelte ihn dabei, und manchmal lächelte er jetzt sogar wieder. Als ich mich mit dem Rasierapparat näherte, gab er vor, tief und fest zu schlafen. Er hatte keine Lust und wollte es auf morgen verschieben. Ich ließ mich nicht täuschen. Ich sprach ihn leise an und berührte sein Gesicht. Da lächelte er verschmitzt.

»Es ist doch merkwürdig, daß du mich noch immer liebst«, sagte er, als ich ihn küßte.

»In guten und in bösen Tagen«, erwiderte ich. »Wir haben die Formel bei unserer Hochzeit nachgesprochen, ohne uns etwas Konkretes dabei vorzustellen. Wir haben einfach ›Ja‹ zueinander gesagt, ohne zu wissen, was auf uns zukommt, und das ist gut so. Es sieht so aus, als hätten wir sie zu Recht gesprochen.«

Ich sprach leise, ganz nahe an seinem Ohr – er war längst eingeschlafen. Erst später, während ich mein Strickzeug wieder aufnahm, ging mir die Formel noch einmal durch den Kopf, und mir fiel ein, daß es schon die nächste Zeile war, die da lautete » ... bis daß der Tod uns scheidet.«

DIE LETZTEN TAGE

Er lag schon fast drei Wochen lang auf der rechten Seite. Da ich von der Vorstellung ausging, daß es nicht mehr lange dauern werde, wollte ich ihm die Strapaze, die ein Umlegen bedeutete, ersparen. Jetzt ließ es sich nicht länger aufschieben.

Es widerstrebte mir, eine Fremde an ihn heranzulassen, aber ich kam nicht mehr darum herum. Ich bat die Gemeindeschwester um Hilfe. In mühsamen, für Manfred qualvollen Etappen gelang es der Schwester mit Theresas und meiner Hilfe, ihn auf die linke Seite zu drehen, das Fell, auf dem er lag, auszuwechseln und ihm ein frisches Oberteil anzuziehen. Er schrie vor Schmerzen. Die Knochen, die Gelenke waren krank, die Muskulatur vollständig erschlafft. Er war ganz schmal und dünn geworden, die Rippen auf seinem vormals so kraftvollen, breiten Rücken drückten sich durch die Haut. An mehreren Stellen war sie rot und blau verfärbt. Der Bauch und das linke Bein dagegen täuschten Fettpolster und Muskeln vor, doch es waren nur Wasserablagerungen im Gewebe.

Die Schwester holte eine rote Flüssigkeit, eine Quecksilberverbindung, aus dem Auto, mit der sie die kranken Hautpartien betupfte. Bei all ihren Arbeiten ging sie bewundernswert sicher und routiniert, behutsam und umsichtig vor. Als sie das letzte Mal zu uns kam, schien sie mir unsicher, fast ein wenig linkisch mir gegenüber, aber das mag an der bedrückenden Situation gelegen haben, in die sie eindrang. Durch den Arzt war sie über das Ausmaß der Erkrankung sowie meine leidenschaftliche Hingabe an den Kranken informiert. Die Erfüllung ihrer Aufgabe und damit sie selbst aber waren überzeugend. Sie stieß nicht versehentlich etwas an oder um, es fiel ihr nichts aus der Hand. Mit Überlegung und Einfühlung, ja geradezu liebevoll tat sie jeden ihrer Handgriffe. Heikle Dinge wie Penis waschen oder Po abwischen erledigte sie mit Selbstverständlichkeit. Ihr Griff war bestimmt, aber nicht fest. Um Manfreds Lage zu verändern, leistete sie unter Berücksichtigung der krankhaften Gegebenheiten ganz langsam und vorsichtig der natürlichen Bewegung Vorschub. Sie sprach leise und freundlich, ermutigte Manfred zu schreien, wenn es nötig war, und legte ihm nach getaner Arbeit die Armbanduhr fürsorglich wieder um. Bevor sie ging, sammelte sie die Abfälle zusammen und stellte alles wieder an seinen Platz. Das ging flink, aber ohne Hektik. Im Gehen erinnerte sie mich, daß ich sie jederzeit anrufen könnte, wenn ich sie brauchte.

»Bevor sie wiederkommt, packe ich meine Koffer und verschwinde«, sagte Manfred mit gespieltem Trotz.

In den letzten drei Wochen kam sie jeweils dreimal zu fest verabredeten Zeiten. Ich verabreichte Manfred eine halbe Stunde vorher eine Spritze mit der doppelten Dosis. So war er während der gesamten Prozedur ziemlich schläfrig und schrie nicht einmal. Die dämpfende Wirkung kam uns allen zu Hilfe. Er mußte nicht so stark leiden und war entspannter, und wir konnten besser arbeiten. Sein Jammern und Stöhnen hatte uns hilflos und betroffen gemacht.

Wir drehten ihn jetzt jedesmal auf die andere Seite,

wenn die Schwester kam, um die kranken Hautstellen abwechselnd zu pflegen. Jedesmal mußten sich die Gelenke an die veränderte Lage gewöhnen, jedesmal schmerzten sie wieder verstärkt. Der Kopf lag auf der Seite, der Schultergürtel ein wenig verdreht, damit nicht die ganze Last auf dem Gelenk ruhte, sondern sich auf den Rücken verteilte, ebenso auf das Becken. Zum Stabilisieren der Lage befand sich ein festes Kissen unter ihm. Die Beine leicht angezogen hintereinander, das obere durch ein zusammengefaltetes Fell erhöht.

Der Katheter verstopfte jetzt öfter, so daß wir den Arzt rufen mußten. Der Urinbeutel hing in einem Gestell an der Bettkante. Ich wechselte ihn morgens und abends.

Manfred konnte sich kaum noch bewegen. Häufig bat er mich, tags und nachts, jammernd manchmal, die Lage der Beine zu verändern. Er konnte nur noch die Hände und ganz vorsichtig und langsam die Arme bewegen. Wenn er eine Fliege aus dem Gesicht vertreiben wollte, bewegte er die Hand im Zeitlupentempo darauf zu. Sie war geschwollen. Als ich sie hochlagerte, ging die Schwellung langsam zurück.

Auch den Kopf konnte er nicht mehr zur Seite wenden. Wenn er mit dem Gsicht zum Fenster lag und jemanden kommen hörte, versuchte er manchmal hinzusehen. Es ging nicht.

Um zu prüfen, ob der Katheter wieder verstopft war, weil sich der Beutel nicht füllte, bewegte ich ihn vorsichtig ein wenig hin und her, wie ich es beim Arzt gesehen hatte.

»Du bist so grob zu mir«, beklagte Manfred sich vorwurfsvoll. Ich begann zu weinen, denn das war das letzte, was ich sein wollte.

»Hilf mir mal, ich möchte den Arm um dich legen«,

sagte er daraufhin tröstend. So lag ich da und genoß die wenigen Minuten, die er in dieser Haltung ausharren konnte.

»Ich weiß nicht, wie meine Kondition ist«, sagte er später, »aber ich würde schon liebend gern mit ins Theater kommen.«

Ich hielt nur weiter den Atem an. Ich bekam keine neuen Impulse, dachte keine neuen Gedanken mehr. Es reihte sich Woche an Woche. Die Zeit verging mir schnell. Es waren kaum mehr als sechs Wochen bis zu den Herbstferien. Wie lange sollte es so weitergehen?

Manfreds Sorge galt allein der richtigen Lage seines Körpers. Er hatte Schmerzen bei der kleinsten Bewegung, Angst vor dem nächsten Besuch der Krankenschwester und Schwierigkeiten beim Stuhlgang und Wasserlassen. Er verlangte nicht mehr nach der Armbanduhr. Die Ringe blieben auf dem Nachttisch liegen. Sein liebes Gesicht war schmal geworden, die Wangen ausgehöhlt. Sein Anblick erinnerte mich an die letzten Selbstbildnisse van Goghs.

Er schien die Verschlechterung seines Zustands nicht mehr zu registrieren. Er erwähnte nichts dergleichen. Schon lange hatte er seine gewohnte Bewußtseinsebene verlassen und war vollständig unter seine Nebeldecke geglitten. Er brauchte mich nicht mehr um eine Spritze zu bitten. Ich sah, wann er sie brauchte. Er erwachte nicht einmal dabei.

Aber es gab doch auch noch so etwas wie Wohlbefinden. Er lächelte genüßlich, wenn ich ihn vorsichtig an einer Stelle kratzte, die ihn fürchterlich juckte. Er bedankte sich, wenn ihm einmal ein Schluck Kakao oder ein Löffel Grießbrei besonders gut schmeckte. Auch sein Bedürfnis nach Zärtlichkeit erwachte wieder. Häufig bat er mich mit verträumtem Blick um einen Kuß, spitzte dann die Lippen und schloß die Augen. Einmal erlaubte mir seine Lage sogar, ganz nahe an ihn heranzurücken. Ich legte meinen Arm auf seine Schulter, es war fast eine Umarmung. Mir liefen die Tränen über das Gesicht.

Ich wollte ihn gern in meine Arme schließen, zärtlich, hingebungsvoll, beschützend. Ich liebte ihn unsäglich. Wie weit entfernt war die Zeit, da wir einander glücklich machten! Wir hatten Freude an uns und unseren Körpern, wir wußten sie zu beherrschen, mit ihnen umzugehen. Welch ein Martyrium lag zwischen damals und heute!

Im Schlaf murmelte Manfred: »Was ist mit uns geschehen?« Er erwartete keine Antwort. Aber plötzlich überfiel mich wieder diese entsetzliche Hilflosigkeit, das Gefühl der Verlorenheit in dieser Welt, und ich weinte bitterlich.

Ich setzte mich unter die Lampe in einen Sessel und versuchte, ein wenig zu lesen. Ich hörte sein gleichmäßiges Atmen. Ich konnte sein Gesicht nur undeutlich erkennen, denn er lag im Schatten. Es waren keine Spuren der Krankheit zu erkennen. Er lag und schlief, als sei er nach einem anstrengenden Arbeitstag vor mir ins Bett gegangen. Wie lange war es schon her, daß er, braungebrannt, voller Dynamik und Schaffenskraft in den Tag ging, daß unsere Ehe voller Liebe und Glück, Verständnis und Hingabe war? Hatte sich das eigentlich geändert? Hatte ich mich verändert? Es war vor genau einem Jahr, daß Manfred zur Diagnose in der Klinik war. Wir bangten nur, wir wußten noch nicht. Was war mit uns geschehen?

Mit einem Tonfall, als wolle er sagen: »Zieh mir bitte die Decke über die Füße!« murmelte er: »Ich will da vorne links abbiegen. Darf ich das?« Ich lachte leise. »Ich bin in Schwetzingen und will da vorne auf die Autobahn. Darf ich da abbiegen?« wiederholte er. »Ich glaube schon, daß du das darfst«, sagte ich. Er war zufrieden.

Zehn Tage vor seinem Tod überraschte Manfred uns mit mehreren humorvollen Äußerungen. Er schlief wenig an diesem Tag, sprach aber kaum. Als Stephanie aus der Schule kam und, wie üblich, als erstes leise an sein Bett trat, um nach ihm zu sehen und ihm einen Kuß zu geben, fand sie ihn wach und begrüßte ihn.

»Wer bist du denn?« fragte er. Sie stand da, zögerte, überlegte. Erkannte er sie nicht, oder machte er Spaß? Den Kopf zur Seite geneigt, ihn liebevoll-schelmisch anlächelnd, machte sie einen Versuch: »Ich bin der Weihnachtsmann.« »Aber ich habe doch gar nichts Böses getan«, ging er darauf ein. Wir lachten.

Abends kam ein Freund ihn besuchen. Er hatte ihn seit zwei Wochen immer nur schlafend angetroffen. Manfred lächelte bei der Begrüßung und fragte: »Was hast du heute für einen Tag?« Wir verstanden nicht, was er damit meinte. »Auch Dienstag, genau wie wir«, antwortete ich. »Darf er oder darf er nicht?« Da begriff der Freund: »Ich habe heute meinen trockenen Tag«, sagte er. Um seinen Verbrauch zu kontrolliren, hatte er sich angewöhnt, konsequent nur jeden zweiten Tag alkoholische Getränke zu sich zu nehmen. Wir alle waren sehr überrascht. Es war Monate her, daß wir darüber gesprochen hatten.

Wir ließen die beiden allein. Vielleicht hatte Manfred das Bedürfnis, mit ihm über sich oder uns zu sprechen. Aber sie unterhielten sich über wirtschaftliche Themen. Manfred sprach, da seine Konzentration es zuließ, genau wie früher, in derselben Ausdrucksweise, folgte den gleichen Gedankengängen, als dächte er durch einen Tunnel, sich selbst ausklammernd, und läge nur mit einer Grippe im Bett.

Als seine Zunge schwer und der Mund trocken wurde, reichte der Freund ihm ein Glas Wasser und führte ihm den Strohhalm an den Mund. Er war sehr froh, ihn noch einmal gesprochen zu haben.

Als ich Manfred später einen Kuß geben wollte, warnte er mich: »Vorsicht, Luftballons!« Ich vermutete, er sähe Trugbilder, aber ein kräftiger Rülpser entfuhr ihm statt dessen. Ich mußte lachen.

Irgendwann wird der Augenblick da sein, in dem ich erkenne, daß Manfred nicht mehr lebt. Ich hatte den Gedanken daran lange aufgeschoben, ihn einfach ausgeklammert, obwohl ich viermal glaubte, dem Tod unmittelbar gegenüberzustehen.

Ich setzte mich mit den Problemen des Tages auseinander und versuchte, sie zu bewältigen. Oder ich übersprang einige Zeit und plante den Anzeigentext und die Beerdigung. Ich stellte mir einen schwarzen Sarg vor und Blumen entsprechend der wechselnden Jahreszeit. Ich wollte eine schöne Witwe sein und einen schwarzen Schleier tragen. Aber in Gedanken versprach ich mich jedesmal und sagte Braut statt Witwe.

Ich malte mir Gespräche mit den Kindern, gemeinsame Unternehmungen und Reisen aus. Was dazwischen lag, der Augenblick des Sterbens, beschäftigte mich nicht. Ich konnte nicht wissen, wie und wann es ablief. Darum wollte ich es mir nicht vorstellen. Aber plötzlich bekam ich Angst davor.

Schon vor Wochen sprach ich mit meinem Vater darüber, was ich zu tun hätte, ich vergaß es auch nicht, aber ich bedachte es nicht weiter. Jetzt war es an der Zeit, sich damit auseinanderzusetzen, denn meine Eltern traten eine dreiwöchige Sommerreise an. Sie taten es ungern, aber es war alles so geplant, und sie brauchten Erholung. Zudem hatten sie den Eindruck, Manfred auch hinterher noch anzutreffen. Für alle Fälle sprachen wir alles noch einmal durch.

Ich werde also Manfred auf den Rücken drehen müssen, lang, ausgestreckt, den Kopf etwas erhöht, ich werde die Augen zudrücken und das Kinn hochbinden. Das letzte erschreckte mich am meisten. Ich werde ihm die Hände über der Brust falten und ein paar Blümchen hineinlegen. Die Totenstarre tritt erst nach zwei, drei Stunden ein, später löst sie sich wieder. Wenn er also nachts stirbt, und ich es morgens bemerkte, muß ich das abwarten. Den Arzt brauche ich nachts nicht zu rufen, er kann doch nichts ändern. Ein Laken soll ich über ihn legen anstelle der Decke. »Es ist weder giftig, wie der Volksmund manchmal behauptet, noch strömt es einen Geruch aus«, sagte mein Vater.

Mir graute. Ich hoffte nur, daß er nicht starb, wenn ich schlief. Entsetzen würde mich packen, wenn ich morgens feststellte, daß es vollbracht war und ein lebloser Körper neben mir lag. Ich wünschte mir, ihm im Augenblick des Sterbens ganz nahe zu sein.

»Du mußt das Fenster öffnen, damit die Seele hinausfliegen kann«, sagte meine Mutter und lächelte dabei.

O Gott im Himmel, gib mir Kraft!

Nach vielen strahlenden Sommerwochen goß es in Strömen an dem Sonnabend, als meine Eltern abreisten. Sie riefen ganz kurz an, bevor sie sich mit dem Wagen auf dem Weg zum Lago Maggiore machten.

Alexander war von Freunden zu einer Barkassenfahrt auf der Elbe eingeladen und stand mit seiner gelben Öljacke am Fenster, bis er abgeholt wurde. Sein erstes Fußballspiel nach der Sommerpause, nach seinem Beinbruch im März, hatte er schon wieder erfolgreich bestritten. Für Stephanies Mannschaft war ein Hallenturnier angesagt, aber es fiel aus wegen des Regens.

Ich lag neben Manfred und schaute aus dem Fenster. Von meinem Bett aus sah ich nur die gewaltige Krone des Apfelbaumes: Die Früchte bekamen langsam rote Backen. So lagen wir hier schon seit mehr als vier Monaten.

Im Frühling schaute ein Ast zu uns herein, übersät mit unzähligen rosa-weißen Blüten, zart und kräftig zugleich, wie Bauernstickerei. Jetzt hing er schwer herab von Früchten. Alexander hatte ihn mit mehreren Latten abgestützt, damit er nicht brach. Im Beet blühte weißer Phlox.

Manfred sprach und gestikulierte lebhaft im Traum, aber ich konnte ihn nur noch in wenigen Fällen verstehen. Er sprach leise und undeutlich und führte keinen Satz zu Ende. Manchmal schreckte er auf. Dann streichelte ich ihn und flüsterte ihm beruhigende Worte ins Ohr. »Was ist nur mit uns geschehen?« fragte er noch einmal.

Fast täglich riefen meine Eltern an. Ich gab ihnen immer die gleiche Auskunft. »Es hat sich nichts verändert.«

Manfred lag jetzt fast auf dem Rücken, sein Kopf war zur Decke gerichtet. Im Schlaf fiel das Kinn herunter, so daß er aussah, als stieße er einen Schrei aus, einen tiefen, tonlosen Schrei. Sein Anblick erinnerte mich an eine Lithographie von Edvard Munch.

So lag er stundenlang, ohne sich zu bewegen, ohne die Augen zu öffnen. Bei jedem Atemzug hörte ich Schleim hin- und herziehen. Ich rieb seine Brust mit Kiefernöl ein. Wenn sich die Schmerzen verstärkten, begann er zu stöhnen oder Seufzer auszustoßen, die wie ein tiefes, eindringliches »Buuu« klangen. Dann gab ich ihm eine Spritze.

Er aß schon lange nichts mehr, aber der Arzt hielt mich an, ihm möglichst viel zu trinken zu geben. So bot ich ihm, sobald er nicht ganz so fest schlief, ein Getränk mit einem Strohhalm an. Folgsam sog er daran. In seinem Körper klang die Flüssigkeit, wie wenn man Waser in eine leere Flasche füllt.

Ich lag, wie immer, bei ihm und betrachtete seine Hände. Es waren kräftige, eher gedrungene Hände gewesen, die anpacken konnten, wenn es ein Stück Land umzugraben gab, und die sanft und zärtlich streicheln konnten, so daß sich ihre Wärme auf mich übertrug. Jetzt kamen sie mir vor wie Vögelchen, zart und zerbrechlich. Die Finger waren aristokratisch schmal geworden, die Adern lagen blau auf den Handrücken. Zaghaft streichelte ich sie aus Angst, sie zu zerdrücken. Ich wünschte, sie an mich zu drücken, von ihnen umfangen zu sein.

Ich hob den Kopf, um zu sehen, ob er schliefe. Er lag mit offenen Augen. Ich betrachtete lange sein geliebtes Gesicht. Seine Veränderung hatte für mich nichts Erschreckendes. Er formte die Lippen zu einem Kuß. Ich beugte mich über ihn und erwiderte den Kuß, die unmittelbarste, intensivste Berührung, die uns geblieben war.

»Ich liebe dich!« sagte er und sah mich lange aus großen dunklen Augen an, deren Pupillen stark erweitert waren. Ich empfand Trauer, Wehmut und Abschied in diesem Blick.

»Was ist denn?« fragte ich eindringlich in der Hoffnung, er werde etwas von Bedeutung sagen.

»Mein Postsack muß doch ...« Er brach den Satz hilflos ab.

Er wurde nicht mehr richtig wach. Zwar gab es Stunden, in denen er die Augen nicht schloß und umhersah, empfänglich für Zuwendung und Zärtlichkeit war und registrierte, wer das Zimmer betrat, aber seine Äußerungen erschöpften sich in Satzanfängen.

»Du kannst nachher doch ...«, »Gib mir mal ...« Jedesmal horchte ich gespannt auf und hoffte, etwas für ihn tun zu können. Er mußte aufstoßen. Danach erinnerte er sich nicht, überhaupt etwas gesagt zu haben. Würde man ihn fragen, warum er im Bett liege, wüßte er wohl keine Antwort. Aber als Stephanie ins Zimmer trat, um ihm eine gute Nacht zu wünschen, lächelte er sie mit einem fast pfiffigen Gesichtsausdruck an und sagte zu mir: »Guck mal, wie schick!«

Am Mittwoch vormittag drehten wir Manfred wieder auf die linke Seite, so daß er mit dem Gesicht zum Fenster lag. Als die Krankenschwester gegangen war, machte ich mich daran, seinen Nachttisch ein wenig aufzuräumen. Außer dem Radiowecker lagen zwei Stapel von Büchern und Zeitschriften darauf, die er alle hatte lesen wollen. Er würde sie nun wohl nicht mehr brauchen. Es kam aber auch ein gerahmtes Bild zum Vorschein, das ich irgendwann einmal schamhaft unter den Büchern versteckt hatte. Es zeigte ein eng umschlungenes Liebespaar. Ich hatte es ihm in farbiger Tusche zu seinem neunundzwanzigsten Geburtstag, dem ersten, an dem ich ihn kannte, gemalt. Er liebte diese gefühlvolle Darstellung sehr, aber mir war sie immer ein bißchen peinlich.

»Weißt du, was das ist?« fragte ich ihn und hielt das Bildchen in seine Blickrichtung. Er lächelte.

»Ich wollte es dir hier aufhängen, damit du es betrachten kannst.« Hammer und Nagel hatte ich schon bereitgelegt.

»Du bist aber lieb!« sagte er, immer noch lächelnd, mit fast ungläubigem Staunen. Es waren seine letzten Worte.

Sein Blick aber heftete sich auf dieses Bild und ließ es nicht mehr los bis zu seiner letzten Stunde.

Am Abend hatte ich vor, ein Bad zu nehmen. Aber ich traute mich nicht, mich von Manfred zu entfernen. Er schien mir verändert. Schweiß stand ihm auf der Stirn. Er atmete zeitweise unregelmäßig. Auch Theresa und seine Mutter hielten sich in der Nähe auf. Wir waren alarmiert. Es war auch Hoffnung, die uns den Tod erwarten ließ. Aber nach der nächsten Spritze normalisierte sich die Atmung, und er schlief wieder ruhig.

Am Donnerstag morgen hatte sich sein Zustand verschlechtert. Er atmete unregelmäßig, manchmal hechelte er nur. Dann setzte die Atmung für Sekunden aus, um das Versäumte anschließend in einem heftigen Zug nachzuholen oder auch mit kleinen, flachen Atemzügen wieder zu beginnen. Der Puls zählte ständig 160 Schläge, mittags sogar 180. Er war mit einem Laken und einer leichten Wolldecke zugedeckt. Die Herzschläge waren so heftig, daß sie sich auf beides übertrugen. Seine Augen waren halb geöffnet, wobei ein Teil der Iris und der großen Pupille, oft mehr als die Hälfte, zu sehen war.

Seine Gesichtsmuskeln zuckten unruhig, manchmal nahmen seine Züge einen Ausdruck an, als quäle ihn etwas, als wolle er weinen. Manchmal riß er die Augen weit auf. Selten schüttelte ein Krampf den ganzen Oberkörper.

Der Mund war halb geöffnet. Ich sah undeutlich, wie die Zunge sich bewegte. Sicher war sie sehr trokken. Aber es gelang mir nicht, ihn zum Saugen an einem Strohhalm zu bringen. Ich ließ ihm vorsichtig ein wenig Wasser in den Mund tropfen, aber er verschluckte sich und mußte husten.

Eingeklemmt zwischen dem Bett und der Heizung unter dem Fenster hockte ich auf einer Fußbank. Ich konnte mich keine Minute entfernen. Voller Erregung beobachtete ich, was geschah. Ich wollte dies niemals vergessen. War dies der Todeskampf?

Die Augen öffneten sich weiter, so daß sein Blick auf das kleine Bild an der Wand gerichtet schien. Aber wenn ich mich in unmittelbarer Nähe bewegte, reagierte er nicht. »Vielleicht hört er mich«, dachte ich, »vielleicht tut es ihm wohl, meine Stimme zu hören.«

»Siehst du uns beide auf dem Bild?« fragte ich ganz ruhig und leise. »Siehst du, wie ich dich liebe?«

Manchmal streichelte ich ihm über das Haar oder die eingefallenen Wangen. So verstrich der Vormittag.

Helga kam herüber, um sich zu verabschieden. Volker nahm an einer Tagung in Travemünde teil, und sie begleitete ihn. Ihren Jüngsten hatten sie bei einem Freund untergebracht, die beiden Großen, Jan und Ulf, blieben allein zu Hause. Es waren Alexanders Freunde. Helga warf einen letzten, scheuen Blick auf Manfred.

Zum Essen setzte ich mich nicht zu den anderen. Ich holte mir meinen Teller und aß am offenen Fenster, damit Manfred nicht von dem Geruch belästigt würde. Dann klemmte ich mich wieder auf meine Fußbank, bis mir die Knie schmerzten und der Rücken die Heizungsrippen heftig spürte. Ich legte mich hinter Manfred auf mein Bett, während Theresa sich auf einen Stuhl am Fußende setzte. Seine Mutter saß ganz in der Nähe im Ohrensessel und stopfte Strümpfe. Wir warteten und sprachen kein Wort. Stunden vergingen.

Es schien, als wolle das Leben ihn nicht loslassen. Möglicherweise war er in ein anderes Stadium hinübergeglitten. Aber wir waren mißtrauisch geworden.

Vielleicht beanspruchte auch dieses Stadium noch seine Zeit. So entschloß sich Theresa, zum Einkaufen zu fahren. Sobald sie zurück war, setzte ich mich mit Alexander in die Küche. Wir übten ruhig und konzentriert eine lateinische Übersetzung. Zehn Minuten nach fünf entließ ich ihn. Er fuhr mit dem Fahrrad zu seinen Freunden. Stephanie verließ das Haus wegen schulischer Verpflichtungen.

Ich legte mich wieder zu Manfred und beobachtete ihn. Theresa erhob sich, um einige Arbeiten in der Küche zu verrichten. »Du kannst doch jetzt nicht fortgehen!« hielt ihre Mutter sie zurück. Sie setzte sich wieder.

Manfreds Atem wurde immer unregelmäßiger. Er setzte manchmal sekundenlang aus. Auch ich konnte in dieser Zeit keine Luft holen. Ich betrachtete ihn gebannt und konnte den Blick nicht von ihm wenden.

Es war halb sieben, als wir erkannten, daß es wirklich zu Ende ging. Einer der nächsten Atemzüge mußte der letzte sein. Mutti und Theresa erhoben sich. Sie standen am Fußende. Ich beugte mich, hinter ihm liegend, über sein Gesicht. Im Haus war es ganz still. Theresa kam näher. Mir stockte der Atem, ein Brausen erfüllte meinen Kopf. Ich zitterte vor Aufregung und ließ die Augen nicht von ihm.

Seine Atemzüge wurden zu kleinen Seufzern. Dann setzte die Atmung aus. Unbeweglich beobachteten wir ihn. Ein kleines, leichtes Schaudern ging durch seinen Oberkörper, der Unterkiefer zitterte. Die Augen schlossen sich ein wenig. Wie wenn man sich einer schweren Last entledigt, wie wenn man unter Schmerzen ein Kind gebärt, war ein letzter tiefer Seufzer zu hören.

Gebannt und reglos verharrte ich in meiner Haltung. Ich sah die Halsschlagader noch einmal pulsieren und legte meine flache Hand darauf. Die Herzschläge wurden langsamer und oberflächlicher. Seine Mutter näherte sich und drückte ihm die Augen zu. Sie öffneten sich wieder. Dann erstarb auch das Pochen der Halsschlagader. Manfred war tot.

Ich blickte zum Fenster und sah, daß es offen war. Mir ging durch den Kopf, was ich zu tun hatte. Seine Mutter drückte immer wieder die Augen zu und hielt das Kinn fest. Ich wußte, daß es keine Eile hatte. Da erst begann ich zu weinen. Ich küßte ihn und legte meinen Arm um seinen Oberkörper. Schluchzend ergriff ich seine Hand und legte meinen Kopf auf seine Brust. Er war tot.

Theresa legte ihre Hand auf mein Haar. Ich setzte mich auf, um ihr und der Mutter den Weg frei zu machen. Ich konnte ihn nicht für mich allein beanspruchen. Ich lehnte mich kraftlos gegen das Kissen an der Wand. Wenn seine Seele noch in der Nähe war, sollte er mein Gesicht sehen, das er geliebt hatte, auch wenn es jetzt verzerrt und naß von Tränen war.

Mehrmals schüttelte mich ein Tränenausbruch, umschlang ich ihn vorsichtig mit meinen Armen. Dann begannen wir, ihn herzurichten. Wir zogen ihm die Schlafanzughose an und legten ihn auf den Rükken. Der Kopf war sehr schmal. Die Farbe hatte ihn sofort verlassen.

Ich faltete ihm die Hände über der Brust. Die beiden anderen deckten ihn mit einem frischen Laken zu. Kopf und Oberkörper ließen sie frei.

Ich ging mit dem Küchenmesser in den Garten und suchte nach einer schönen Blüte. Ich entschied mich für eine kräftige Hortensie und legte sie ihm in die Hände. Sie erinnerte mich an glückliche italienische

Sommerwochen. So blieben wir noch eine Weile ganz ruhig, erschöpft wohl auch, bei ihm, bis ich den Arzt rief. Dann ging ich hinaus und holte die Kinder. Sie waren beide in der Nähe, ich brauchte ihnen nur zu winken. Auch Jan und Ulf kamen herüber. Leise sagte ich zu jedem meiner Kinder: »Jetzt ist es soweit: Papi ist eben gestorben.«

Stephanie brach in Tränen aus, fuhr eilig mit dem Rad zum Haus und stürzte ins Schlafzimmer. Sie kniete vor dem Bett nieder und streichelte und küßte weinend ihren Vater. Alexander reagierte verhaltener, aber auch er weinte. Langsam näherte er sich dem Bett, blieb stehen und betrachtete seinen toten Vater. Tränen liefen ihm lautlos über das Gesicht. Ich legte meine Arme um ihn.

Seine beiden Freunde, deren Eltern mittags abgereist waren, hatte ich nicht hilflos draußen stehen lassen wollen. Sie saßen wie versteinert am Küchentisch.

Während wir noch so verharrten, die Kinder im ersten Schmerz, traf Dr. Timm ein. Er blieb in einigem Abstand stehen, bis ich ihn ansprach. Erschütterung stand ihm im Gesicht. Bevor er den Totenschein ausstellte, untersuchte er den leblosen Körper. Er sah bejammernswert aus. Sein Gesicht war wächsern und ganz klein, es war gezeichnet von einem schweren Martyrium.

Die anderen hatten zuvor das Zimmer verlassen. Ich aber kniete auf meinem Bett und bewachte ihn. Er gehörte noch immer mir.

Der Pastor kam, ich hatte ihn gleich nach dem Arzt gerufen. Er trat zu uns ans Bett und betrachtete Manfred lange schweigend. Dann zog er eine kleine Bibel aus der Tasche und las daraus:

»Der Herr ist mein Hirte; mir wird nichts mangeln. Er weidet mich auf einer grünen Aue und führet mich zum frischen Wasser. Er erquicket meine Seele; er führet mich auf rechter Straße um seines Namens willen. Und ob ich schon wanderte im finsteren Tal, fürchte ich kein Unglück; denn du bist bei mir, dein Stecken und Stab trösten mich. Du bereitest vor mir einen Tisch im Angesicht meiner Feinde. Du salbest mein Haupt mit Öl und schenkest mir voll ein. Gutes und Barmherzigkeit werden mir folgen mein Leben lang, und ich werde bleiben im Hause des Herrn immerdar.«

Dann wandte er sich an Alexander und lächelte: »Mal sehen, ob du das Vaterunser schon gelernt hast.«

»Das konnte ich schon vor dem Konfirmandenunterricht«, sagte er, »das habe ich von Mami gelernt.«

Wir standen im Halbkreis am Fußende des Bettes: Mutti, Theresa, die Kinder, Dr. Timm und ich, der Pastor stand in unserer Mitte. Wir beteten das Vaterunser gemeinsam. »Befiehl dem Herrn deine Wege, er wird's wohl machen«, schloß der Pastor.

Wir standen schweigend, versunken da, bis Pastor L. vorschlug, zu einem Gespräch ins Wohnzimmer hinüberzugehen. Manfred ließen wir allein zurück. Alexander und die beiden anderen Jungen zündeten den Kamin an und spielten mit dem Feuer. Er verbreitete Wärme und Lebendigkeit. Es war Donnerstag, der 26. August. Jener Montag, an dem uns die niederschmetternde Botschaft erreicht hatte, lag ein Jahr und zwei Tage zurück.

Ich glaube, daß keiner von uns zu diesem Zeitpunkt ein persönliches Bedürfnis hatte, außer zusammenzusitzen und ein wenig miteinander zu sprechen. Wir ließen uns von dem Pastor führen, und ich bat ihn, dies auch auf dem Begräbnis zu tun. Wir erzählten

Begebenheiten aus Manfreds Leben, riefen uns Besonderheiten seines Charakters und seiner Lebensweise in Erinnerung, wir erzählten und lachten dabei. Ich war entspannt und ohne Trauer. Voller Begeisterung und Liebe sprach ich über ihn. Zwischendurch stellte Pastor L. einige Fragen, deren Lösung wichtig war. So bestellten wir die Träger, damit sie Manfred noch an diesem Abend abholten. So beschlossen wir gemeinsam, ihn im Schlafanzug zu belassen, ihn keiner weiteren Betrachtung auszusetzen, sondern endgültig Abschied zu nehmen, wenn sich der Deckel über ihm schloß.

Von Zeit zu Zeit ging ich zum Totenbett. Es dämmerte inzwischen. Der Anblick bekam etwas Unwirkliches. Ich streichelte und küßte sein Gesicht, seinen Mund. Er war kalt. Ganz allein stand ich an seinem Bett, betrachtete ihn und erkannte, daß dieser leblose Körper nicht Manfred, mein Geliebter, mein Mann war. Was ihn ausgemacht hatte, war nicht mehr da.

»Aber es waren doch nicht nur seine Seele und sein Geist, die ich liebte«, überlegte ich, »sondern auch seinen Körper, seine warmen kräftigen Hände auf meiner Brust, seine breiten Schultern, die ich so gern umfaßte, wenn ich, viel kleiner, vor ihm stand, und seine langen, geraden, besonders schön geformten Beine, vergleichbar denen des Davids von Michelangelo.« Ich hatte den Körper geliebt. Aber was hier vor mir lag, war eine leere, leblose Hülle. Der Körper war von Krankheit und Schmerzen zerfressen. Er war zerstört.

Ich hatte auch die Seele geliebt mit ihren Eigenheiten und Überraschungen, gekannt und geliebt. Seine Seele war nicht zerstört. Sie war nur nicht mehr hier. Ich empfand Leere, denn ich vermochte nicht zu spüien, wo sie sich befand. Ich spürte nur ihre Abwesenheit. Alles, was ich mir vorher ausgedacht hatte: das Wiegen der Blätter, den Sonnenstrahl, das Zwitschern eines Vogels, in dem ich ihn erkennen würde, sagte mir nichts. Ich trat ans Fenster. Es zwitscherte kein Vogel. Ich sah in die Dämmerung, den langsam dunkler werdenden Horizont zwischen den Zweigen — es gab kein Zeichen.

Ich weinte nicht. Ich betrachtete ihn. Ich hatte meine Lektion gelernt, ich war bescheiden geworden. Ich war erleichtert, daß der Tod friedlich und undramatisch eingetreten war, daß es still im Haus gewesen und wir drei Frauen bei ihm waren, daß die lange Leidenszeit ein Ende gefunden hatte. Erleichterung und Dankbarkeit nahmen Besitz von mir, Dankbarkeit vor allem, und sie beherrschte mich wochenlang: für all die wunderbaren Stunden, die glücklichen Ereignisse, alle Freude und allen Kummer, die wir uns bereitet hatten, denn sie machten unser gemeinsames Leben aus. Ich war dankbar, daß ich ihn gehabt hatte, und glücklich über seine letzten Worte, die letzten Worte seines Lebens. Ich bedauerte keinen Augenblick, auch nicht den letzten. Es war gut so. Wir waren bis zuletzt vereint. Es war ein tief beeindruckendes, faszinierendes, bereicherndes Erlebnis gewesen, ihn sterben zu sehen.

Während ich an seinem Totenbett stand, erinnerte ich mich an meine erste Entbindung. Meine Betroffenheit und Ergriffenheit von dem Vorgang des Sterbens war ebenso groß wie die damalige. Ich war erschüttert gewesen, welche großen Schmerzen zu erleiden waren, bis unser kleines Mädchen zur Welt gekommen war. Ich empfand einen unmittelbaren, kreatürlichen Bezug zwischen beiden.

Inzwischen war es ganz dunkel geworden. Ich

stellte zwei Kerzen auf die Fensterbank am Bett. Ich betrachtete ihn immer noch. Ich wußte sicher, daß er es nicht mehr war. Ich war ein bißchen müde, ein bißchen leer im Kopf. »Wo mag er wohl sein?« überlegte ich. »Darüber muß ich ein andermal nachdenken.« Ich ging zu den anderen an den Kamin.

Wir saßen in lebhaftem Gespräch, als die Träger eintrafen. Ein letztes Mal ging ich an das Bett, aber das Gesicht war mir fremd. Der Pastor hatte sie gebeten, uns zu holen, bevor sie den Sargdeckel schlossen. Er stellte sich ans Kopfende, wir anderen bildeten einen Halbkreis. Er sprach noch einmal den 23. Psalm. Es weinte keiner von uns. Stephanie sagte mir später, dies sei ein feierlicher, ein schöner Abschied gewesen. Ich selbst empfand wenig in diesem Augenblick, nur daß es gut war, den Pastor bei uns zu haben. Er war mit dieser Situation vertraut und konnte ihr eine würdevolle Form geben. Ich mag mich in einem Zustand der Erschöpfung befunden haben, aber auch des Einverständnisses. Ich folgte dem Sarg nicht durch den dunklen Garten. Theresa tat es, und der Pastor. Ich suchte die Wärme und Geborgenheit unseres Hauses.

Spät am Abend besuchten uns Anne und Elmar. Anne kam mit gesenktem Kopf und kämpfte mit den Tränen. Ich kämpfte nicht mit den Tränen, und auch nicht die Kinder. Mir war nicht schwer ums Herz, mein Hals war nicht zugeschnürt. Ich brachte ein Gespräch in Gang, und Theresa holte Wein aus dem Keller. Wir saßen bis Mitternacht zusammen. Die drei Jungen waren schon im Bett. Als ich zu ihnen ging, um ihnen eine gute Nacht zu wünschen, lasen sie Mickey-Mouse-Hefte. Aber am nächsten Tag erschienen sie alle drei in der Schule mit verweinten Augen.

Stephanie wollte bei mir schlafen. Ich bewunderte ihre Tapferkeit. Um mich zu beschützen, legte sie sich in Manfreds Bett, in dem er so lange gelitten hatte und eben gestorben war. Bald nachdem er abgeholt worden war, hatte ich alle Kissen und Bettücher in den Keller gebracht, so daß die Matratze lüften konnte. Am nächsten Tag stellte ich fest, daß sie an der Unterseite schimmelte, später warf ich sie fort.

Ich schlief tief und ruhig in dieser Nacht. Nur manchmal wachte ich auf und ertappte mich dabei, daß ich auf Stephanies Atem lauschte, ob er auch nicht stockte.

Die Tage bis zur Beerdigung verbrachte ich in gelassener, fast heiterer Verfassung. Das Wetter war freundlich, und ich trug am liebsten das Sommerkleid, das ich in Paris getragen hatte, dasselbe, das ich anhatte, als Dr. Timm mir in seinem Wagen das niederschmetternde Untersuchungsergebnis mitteilte.

Wir suchten den Sarg aus, gaben die Traueranzeigen in Auftrag, deren Text ich mir schon lange zurechtgelegt hatte, und besprachen und entschieden Einzelheiten. Wir wählten die Grabstelle auf dem Friedhof und beim Gärtner den Blumenschmuck und reservierten einen Raum für die Trauergesellschaft. Theresa und Stephanie überließ ich die Auswahl der Musikstücke.

Die Kinder hatten an allem teil. Wenn sie nicht selbst dabei waren, erzählte ich ihnen davon. Ich wollte, daß sie sich mit dem bevorstehenden letzten Akt beschäftigten und der Tag der Beerdigung für sie ein Gesicht bekam, mit dem sie schon vorher vertraut waren. Beide gingen zur Schule. Sie wollten ihren gewohnten Tagesablauf fortführen und ihre Freunde sehen.

Der Pastor kam öfter in diesen Tagen, und wir freuten uns über seine überraschenden Besuche. Wir führten lange Gespräche miteinander. Er wollte wohl auch unsere Stimmungslage im Auge behalten. Ich fühlte mich von ihm bewacht und behütet. Stephanie gestand ihm, als sie mit ihm allein war, ihre Angst vor der Beerdigung. Er nahm sich viel Zeit für sie.

Verwandte kamen und Freunde, sie waren einfach da und nahmen Anteil. Sie ließen sich erzählen, wie alles abgelaufen war, und wir hörten viel Liebes und Anerkennendes. Im Mittelpunkt stand immer Manfred, seine außergewöhnliche und liebenswerte Persönlichkeit. Bernd und Barbara kamen mit einer gekühlten Flasche exzellenten Champagners. »Wir haben uns überlegt, was Manfred getan hätte«, sagten sie. Auch Dr. Timm kam, um nach uns zu sehen. Mir lag daran, keinen Augenblick den Eindruck zu erwekken, daß ich mich gehen ließe. Mein Abgleiten war das einzige, wovor ich ein bißchen Angst hatte.

In den ersten Tagen ihres Italienaufenthalts hatten meine Eltern regelmäßig angerufen, um sich nach Manfred zu erkundigen. Daß sie sich nun schon den dritten Tag nicht meldeten, beunruhigte mich. Nicht daß ich mir um sie Sorgen machte, aber sie mußten doch wissen, was geschehen war. Ich konnte sie nicht erreichen. Petra war bei ihnen, und Matthias war in Amerika. Am Samstag endlich erreichte ich Wolfgang in München. Er hatte fortlaufenden Krankenhausdienst gehabt, so daß auch er nicht zu Hause gewesen war. »Soll ich kommen?« fragte er, »ich setze mich gleich ins Auto.« Er brauchte nicht zu kommen, ich bedurfte keiner Stütze, aber seine spontane Bereitschaft tat mir wohl. Ich fühlte mich durch das Telefon von ihm umarmt.

Sonntag endlich riefen meine Eltern an. Sie wußten

es inzwischen schon. Mutti teilte mir klar und sachlich mit, daß sie am Dienstag mit dem Flugzeug kämen. »Sie hat sich ein seelisches Korsett angelegt, um nicht zusammenzubrechen«, dachte ich. Auch Vati kam kurz an den Apparat. »Ich bin so traurig«, sagte er nur. Ich hörte, daß er weinte.

Am Vorabend der Beerdigung rief Pastor L. mich noch einmal an. »Haben Sie Angst?« fragte er. »Nein«, antwortete ich, »ich habe keine Angst.«

»Das brauchen Sie auch nicht. Wer einen Menschen in den Tod begleitet hat, braucht sich vor der Beerdigung nicht zu fürchten. Sie ist gegen das, was hinter Ihnen liegt, ohne Bedeutung. Die anderen nehmen am Grab Abschied von Ihrem Mann — Sie haben es längst, in all den langen Wochen und Monaten und am vergangenen Donnerstag.«

Ich wußte nicht, warum ich so ruhig war. Es war gut, diese Erklärung zu hören. Ich schlief in dieser Nacht und erwachte erfrischt. Stephanie lag neben mir.

Während wir alle gemeinsam am Frühstückstisch saßen, traf Dodo aus Freiburg ein und setzte sich zu uns. Die Sonne schien durch ein paar Regenwolken hindurch und warf freundliches Licht in die Fenster. Wunderschöne Blumensträuße wurden gebracht. Die Familie und eine Reihe von Freunden trafen bei uns ein.

Ich setzte einen Hut mit einem schwarzen Schleier auf. Ich nahm mir vor, erhobenen Hauptes und sicheren Schrittes dem Sarg zu folgen. Manfred sollte stolz auf mich sein. Ich wußte, daß er in mir war und um mich herum. Niemand sollte meinen, ich sei gebrochen, verzehrt, ein bunter Luftballon, der zerplatzt war, in sich zusammengefallen, weil der Inhalt verlorenging. Er war in mich eingedrungen, um in mir fortzuleben. Es war große Dankbarkeit und ein tiefes, zärtliches Gefühl, was ich für ihn empfand.

Bernd fuhr die Kinder und mich zum Friedhof. Sie waren beide sehr blaß, aber stark und aufrecht. Festen Schrittes gingen wir auf die Kapelle zu, wir weinten nicht. Als wir uns den Trauergästen näherten, faßte ich jedes Kind bei der Hand. So bestand keine Gefahr zu schwanken. Mit gesenkten Lidern durchschritten wir die Menge. Nach wenigen Minuten im kleinen, hellen Warteraum, wo der Pastor sich zu uns gesellte, betraten wir die Kapelle: Es eröffnete sich uns ein wunderschöner Anblick. Der dunkelbraune Eichensarg stand erhöht, mit einer ausladenden Krone kräftiger, leuchtendroter Rosen, davor die beiden darauf abgestimmten Kränze der Familie. Zu beiden Seiten dieses ruhigen Zentrums türmten sich wunderschöne Kränze und Gestecke von berauschender Farbvielfalt. Die Musik klang rein und schön, festlich, aber nicht elegisch. Wir setzten uns, betrachteten die Kränze und Schleifen und hielten uns an den Händen. Hinter uns füllte sich die Kapelle.

Der Pastor beschrieb nicht den Lebenslauf und nicht die Krankheit. Er sprach in schlichten Worten und Tonfall, ein Meister des Weglassens. Er sprach die Kinder einzeln an und lenkte ihre Gedanken auf Ereignisse des vergangenen Jahres, in denen ihr Vater eine Rolle gespielt hatte: Stephanies Konfirmation, bei der Manfred seine Teilnahme so wichtig gewesen war, Alexanders Beinbruch, der ihm zu einigen intensiven Tagen allein mit seinem Vater verholfen hatte. Auch für meine Schwiegermutter, die vor eineinhalb Jahren ihren Mann und heute ihren Sohn zu Grabe trug, fand er wohltuende Worte. Manfred habe seine

Krankheit geduldig ertragen, sagte er, und habe uns Gesunde im Sterben zu leben gelehrt. So wies er auf das Gute in seinem Leben und in seinem Sterben und auf die Gnade, ihn gehabt zu haben, ohne uns mit dem Verlust allein zu lassen. »Ihm geschehe, wie er geglaubt hat«, schloß er.

Beim Verlassen der Kapelle sah ich, wie voll sie war. Alle Sitzplätze waren besetzt, und viele standen. Es waren wohl einhundertfünfzig Menschen. Ich freute mich darüber, zeigte es mir doch, wie viele Anteil nahmen, wie vielen Manfred etwas bedeutet hatte. Wir waren nicht allein.

Der Sarg wurde hinausgetragen, der Pastor folgte ihm, und wir schlossen uns an. An einer Wegbiegung wandte er sich um und fragte: »Wie ist der Seelenhaushalt?« »Gut«, antwortete ich und lächelte über seine Wortwahl. Der Weg war nicht weit, wir blieben an der Grube stehen und hörten die Worte des Pastors: »Befiehl dem Herrn deine Wege und hoffe auf ihn; er wird's wohl machen.«

Ich betrachtete das Hinabsenken des Sarges ohne Wallung. Ich wußte, daß Manfred sich nicht darin befand. Auch die Kinder wußten es. Die Zeremonie war gut und richtig, aber sie war nur von symbolischem Gehalt für uns. Sie war wichtig, weil sie Form und Gerüst war für diese Stunde, die für uns kein Abschied war. Es war eine Verbeugung vor seinem Leben.

Ich warf als erste einen Rosenstrauß hinab. Es war wie der Hochzeitsstrauß, den wir vor sechzehn Jahren, ganz vertrocknet, gemeinsam von einer Brücke in Freiburg in die Dreisam geworfen hatten. Ich dachte schnell an etwas anderes.

Wir stellten uns neben der Grabstelle auf und nahmen die Anteilnahme der Trauergäste entgegen. Der

Zug reichte von uns bis zur Kapelle zurück. Ich hatte alles im Auge. Wir schüttelten unzählige Hände, bekamen schüchterne Küsse. Ich sah Betroffenheit, Trauer, Erschütterung in den Gesichtern. Viele weinten. Dieters Züge waren ganz starr, seine Mundwinkel zuckten, Herr Fuchs war leichenblaß. Ich dankte ihm, daß er mit Manfred nach Japan gereist war. »Auch für mich war es ein Erlebnis«, antwortete er mit trockener Kehle. »Ich muß ihn gelegentlich fragen«, dachte ich, »ob sie miteinander über die Krankheit und das Sterben gesprochen haben.« Ein früherer Vorgesetzter verbeugte sich vor mir: »Ich würde Ihnen und Ihren Kindern gern sehr viel mehr Lobendes über Ihren Mann sagen, als es an dieser Stelle möglich ist«, sagte er, »nur dies: Ich habe sehr viel von ihm gehalten.« Ich freute mich über diese beiden Worte. Die meisten sagte gar nichts, viele sahen mich nicht einmal an. Sie fürchteten, in Tränen auszubrechen.

Pastor L. stand ein paar Schritte hinter mir und bewachte mich. »Geht es noch?« fragte er, als ich mich einmal zu ihm umwandte. Ich lächelte. Noch am Vorabend war ich mir nicht sicher gewesen, ob ich dieses durchstehen würde. Es konnte sein, daß ich fassungslos weinend fortgeführt werden mußte, daß ich es haßte, irgend jemanden zu sehen. Auch das hätte ich akzeptiert. Pastor L. wollte mich nicht überreden, aber er sagte: »Nicht jedes, aber dieses Ritual hat einen guten Sinn.« Wir einigten uns darauf, es von meiner Verfassung abhängig zu machen.

Ich stand stolz und aufrecht. Es tat mir gut, sie alle zu sehen, ihr Mitleid und ihre Erschütterung zu erfahren. »Sie haben Angst davor«, dachte ich, »wir haben es überstanden. Sie fürchten sich vor der Trauer, das macht sie so schrecklich. Ich bin mittendrin. Ich stehe in der Aufgabe, sie zu bewältigen. Es scheint schlimmer zu sein, unvermittelt darauf zu stoßen, als tagein, tagaus damit zu leben.« Ich wunderte mich über die Tränen fast Unbeteiligter. War es denn so tragisch, was uns widerfuhr? Ich fand es normal und menschlich, daß einer starb. Es war ein natürlicher Vorgang. Das Leben war eine Leihgabe, der menschliche Körper zerbrechlich und anfällig. Er war nicht für die Ewigkeit gebaut, hatte viele Feinde, und mit der Geburt trug er den Keim der Zerstörung in sich. So sehr hatte sich mir alles relativiert.

Mir kam der Text eines persischen Mystikers des 13. Jahrhunderts in den Sinn, den ich einmal gelesen hatte:

»Beim Tod jedes Lebewesens kehrt der Geist in die geistige Welt zurück, der Körper aber in die körperlich-materielle. Nur der Körper ist veränderlich. Die geistige Welt ist der einzige Geist, der wie ein großes Licht hinter der materiellen Welt steht. Dieses Licht scheint durch jede Kreatur hindurch wie durch ein Fenster. Je nach Größe dieses Fensters fällt mehr oder weniger Licht in die materielle Welt. Das Licht selbst verändert sich nicht.«

Er war ein großes Fenster gewesen, und viel Licht hatte durch ihn geleuchtet. Nach und nach und stufenweise hatten sich die Läden geschlossen, hatte sich das Bewußtsein von ihm zurückgezogen. Ich wußte, daß dies auch seiner Vorstellung entsprach, wenngleich wir kaum darüber gesprochen hatten. So war er den Weg, den auch ich, auch alle anderen zu gehen hatten, nur schon vorausgegangen. Es war kein unmenschliches Leid, das ich ertragen mußte, da mein Liebster starb. Es war menschlicher als so vieles im Leben, das man tat oder ertrug. Wenn ich das Selbstmitleid von der Trauer trennte, blieben Zärtlichkeit, Dankbarkeit und große Sehnsucht übrig. Die Sehnsucht aber war zu diesem Zeitpunkt noch überdeckt von dem Eindruck des unsagbaren Leidens und der Erleichterung über seine Beerdigung.

Der Zug der Trauergäste nahm ein Ende, die Menschen verstreuten sich. Wir blieben noch ein wenig, betrachteten die tiefe Grube, in die der Sarg hinabgelassen war, über und über bedeckt mit roten Rosen, und die prachtvolle Menge bunter und zarter Kränze und Gestecke. Manche waren ganz weiß, sie wirkten edel und streng, andere lachsfarben oder gelb wie die Sonne. Es gab einen zauberhaften Kranz, dicht und üppig besteckt mit weißen Lilien und blauen Astern, und einen, der ganz mit roten und rosafarbenen Rosen besteckt war. Wir zupften die Schleifen zurecht und lasen die Aufschriften. Alexander war stolz, denn einer der schönsten Kränze war von seiner Fußballmannschaft. Die Schleife nahm er gleich mit, damit nicht Regen sie unansehnlich machte, und hängte sie abends in seinem Zimmer auf.

Im Restaurant stand alles in Grüppchen beisammen und unterhielt sich gedämpft, als wir eintrafen. Der Raum bot genügend Platz und einen zauberhaften Ausblick in den gepflegten, sonnigen Park. Manfred war gern hier gewesen.

Die Kinder waren von ihren Freunden umgeben und saßen nicht bei mir. Wir brauchten uns nicht zu stützen. Stephanie sagte mir abends, dies sei ein schöner Tag gewesen, und Papi, der uns bewache, sei sicher stolz auf uns.

Ich war froh, es bis hierher geschafft zu haben. Unser letztes gemeinsames Fest war meine erste Feuerprobe. Ich war allein, aber ich ging meinen Weg weiter.

Wenige Wochen darauf stand ich, die mittelalterliche Burg im Rücken, mit den Kindern auf den Klippen von Lerici und blickte weit über das Ligurische Meer. Ein heißer Schauer erfüllte mich beim Anblick des märchenhaften Sonnenuntergangs.

»Ich nehme diesen Anblick ganz in mich auf und schenke ihn dir, Liebster«, dachte ich. Aber ich wußte die Adresse nicht.

»Wo bist du? Ich kann dich nicht finden!« hatte ich manchmal gerufen, es war dieselbe Frage, die ich Gott immer wieder stellte.

War er, waren sie denn überhaupt irgendwo? Gab es für ihn eine Gegenwart?

Wenn ich an ihn dachte, war er mir ganz nah. Er spiegelte sich in mir, ich lebte von ihm, und er lebte in mir. Aber seine Seele, die ich am Leben hoffte, war mir entglitten. »Ich hätte keine Angst, wenn ich jetzt sterben müßte«, dachte ich, »aber ich hätte keine Hoffnung, ihn zu finden.« Hier und im Bewußtsein meiner selbst war ich ihm näher. Ich war ihm im Tod ganz nah und ich war dem Tod ganz nah gewesen, fast so, als hätte ich ihn selbst durchlitten. Ich hatte dieses Leben nicht von seinem Anfang, aber ein gutes Stück weit und in den Tod begleitet, und es erhellte sich mir gerade von hier aus, denn es hatte sich im Tod vollendet. Es schien mir nun nicht mehr abgebrochen. Dieses ausgeprägte, höchst bewußte und höchst intensive Leben hatte seinen individuellen Tod gefunden. Manfred erlitt keinen Massentod, keinen plötzlichen Unfalltod, er wurde nicht ermordet, er wurde nicht alt. Das lange, schwere Leiden gab ihm, auf dem Höhepunkt seiner Entwicklung, eine harte Aufgabe, gab ihm Zeit zur Reifung. So machte er seinen Tod zu seiner eigenen Leistung, da seine Seele unversehrt blieb inmitten des körperlichen Verfalls und den Sieg davontrug. So hatte die Stunde des Todes den feierlichen, furchtbaren Charakter der Krönung. Er durchlitt ein Martyrium, er flehte: »Herr, ist's möglich, laß diesen Kelch an mir vorübergehen!«, aber er fragte nicht, warum er ihn verlassen habe. Sein Bild schob sich mir vor den Gekreuzigten, und ich konnte niederknien und beten: »Liebster, hilf mir, es zu ertragen!«

Mir stellte sich nicht einmal mehr die Frage nach dem Warum. Nach diesem qualvollen, kostbaren Jahr war ich bereit, in dem, was uns zufiel, ihm, den Kindern, mir, einen Sinn zu sehen, einen Sinn zu sehen im Leben, seine Gestaltung als Chance und Aufgabe zu begreifen und es zu nutzen. Diese Erkenntnis machte mich gelassen und heiter, denn sie stellte mich in die Gegenwart, und jeder Augenblick gewann seine Bedeutung.

Ich breitete die Flügel aus auf den Klippen von Lerici und sog das Glitzern der Wellen und das Farbenspiel des weiten Himmels auf voller Dankbarkeit und Leidenschaft.